JN185580

占星術夜話

鏡リュウジ

説話社

はじめに

占星術の世界に魅せられてかなりの時間が流れました。

10歳のころから星や神秘の世界に惹(ひ)かれ、十代の半ばにさまざまな縁に導かれ雑誌などのメディアの世界にデビュー。

大学院などで少しばかりアカデミズムの空気も吸ったものの、結果として、いわゆる実業というか実社会の荒波にさらされることもないまま、この歳になるまで星をテーマに生きてこられたのは、星が与えてくれた恵みでもあり、また、ある意味での試練でもあるのだと感じています。

現代において「占い」を看板に生活をしていくことは、実はあまり賢い選択であるとはいえないでしょう。

合理的に考えれば、〝占い〟には強いエビデンスはありません。だからこそ、マーケットはあるとはいえ、社会的な信用という意味ではとても不安定な立場に置かれることは避けられません。占いを「信じている」といえば、知的な人々の間では、よくて迷信に耽溺する愚か者、場合によっては科学教育の敵とみなされます。かといって占いを「信じていない」といえば、意図的に詐術を弄して人々を惑わせ、弱みにつけこむ詐欺師ということになってしまいます。

信じる、信じないという黒か白かの問いを突きつけられたとき、現代の「占い」は極めて旗色の悪い立場に置かれてしまうのです。

しかし、それでも僕が占い、とくに西洋の占星術に惹かれてきたのは、占星術が持つこの曖昧で白黒割り切れない、スペクトラムの幅広さのせいでもあります。

占星術は、単に信じる、信じないの対象ではありません。それは宗教や文化や科学と同じように、ある種の世界観ではあります。ただ、占星術では近代に入ってから通常、僕たちが分けて考えがちなさまざまな要素が渾然一体となって存在しており、どこに力点が置かれるかによって、まったく異なる相貌を見せてくるのです。

英国を代表する占星術家にして歴史学者ニコラス・キャンピオンは、その該博な占星術史書において占星術をこのように説明します。

「占星術は一枚岩の思考法からなっているのではない。占星術には世界中に存在する自然に関する多数の語り（ナラティブ）が盛り込まれている。注意深く歴史を検証すれば、占星術とは魔術にして予言体系、また心理的成長の理論的モデルであり、科学的であり霊的な道具であり、宗教にして占い（ディビネーション）の体系でもあり、多面的な存在であることがわかる。定義上、それぞれの面は互いに重なり合い、相互排除しない」『世界史と西洋占星術』（鏡リュウジ監訳、宇佐和通・水野友美子訳、柏書房）

ここに集めた星をめぐるエッセイは、そんな占星術の多様な顔の一端をご紹介するものです。ここには1章から終章に至る1本の流れはありません。それは僕自身の能力不足もありますが、それ以上に、これだけの多様性を持つ占星術を「これが本当の占星術だ」と体系的に示そうというのは、無謀というよりも不誠実ではないかとさえ思います。堅苦しいものはありません。むしろ、あちこちに寄り道しつつ、たくさんの占星術の姿を、それこそ、アラビアンナイトの夜語りのように、占星術の魅力的なエピソードを思いつくままにお話ししていきます。どこからでも一篇、一篇、お時間の許すときにでもお読みいただければ幸いです。

雑誌の星占いや硬い科学史、あるいは実践的な占星術スクールでのレクチャーなどではこぼれてしまいがちな、ささやかな、しかし、魅力を伝えるエピソードがそこここにちりばめられているはずですから。

目次

contents

はじめに……3
第1話 「水瓶座時代」の神話……12
第2話 星の動きと人体のかかわり……18
第3話 天空の星と大地との結びつき……24
第4話 美しい星空を見上げれば……30
第5話 星から来た魂は一人ひとりに存在する……36
第6話 悲しみを抱くことも魂の働き……42
第7話 メルクリウスが引き起こす奇妙な偶然……48
第8話 プロメテウスがもたらす科学の〝火〟……55
第9話 月の女神からのメッセージ……61

第10話　彗星は地上の異変を告げる前触れ……67
第11話　星の動きが教えてくれる人生の「節目」……73
第12話　太陽は「大切な自分」を教えてくれる……80
第13話　クリスマスと占星術の深い関係……86
第14話　星の力を届けてくれる宝石（パワーストーン）……91
第15話　無意識との対話が生んだ『赤の書』……96
第16話　宇宙の霊気が春の豊かな大地を生む……101
第17話　ガリレオの素顔、知っていますか？……106
第18話　四つの体液があなたの性質を定める……111
第19話　ビオディナミに見る天と地の結びつき……116
第20話　スピリチュアル・バースに見る死の瞬間……121
第21話　タロットの素顔～前編～……126
第22話　タロットの素顔～後編～……131
第23話　運命を導く存在であるダイモーン……136

第24話　ローマの占星コイン……141
第25話　２０１２年の金環食……146
第26話　「海王星的な時代」とはどんな時代か？……151
第27話　ユング思想に見る四位一体……156
第28話　月が人を人たらしめている……162
第29話　『薬草大全』に込めたカルペパーの想い……167
第30話　アセンダントと容姿の関係性……173
第31話　「おとぎ話」に潜む星のシンボリズム～前編～……179
第32話　「おとぎ話」に潜む星のシンボリズム～後編～……185
第33話　占星術と手相の関係性……191
第34話　月の相とタロット＋７惑星の結びつき……197
第35話　ユングとフロイト、そしてシュピールライン……203
第36話　妖しきグリフの魅力……209
第37話　「傷と癒し」のカイロン……215

第38話　二十四節気と占星術……220
第39話　占星術的彗星論〜前編〜……226
第40話　占星術的彗星論〜後編〜……231
第41話　占星術と魔女狩り〜前編〜……237
第42話　占星術と魔女狩り〜後編〜……243
第43話　ルノルマンカードの魅力〜前編〜……248
第44話　ルノルマンカードの魅力〜後編〜……253
第45話　相性占星術〜前編〜……258
第46話　相性占星術〜後編〜……264
第47話　占星術と統計学……270
第48話　トリックスターとしての天王星……276
第49話　占星術と精神医学理論〜前編〜……282
第50話　占星術と精神医学理論〜後編〜……288
第51話　魂と星の心理学者ジェイムズ・ヒルマン……294

第52話　グラストンベリー・ゾディアック……300
第53話　エレメントに見る創造性のイメージ～前編～……306
第54話　エレメントに見る創造性のイメージ～後編～……312
第55話　惑星記号の秘教的意味～前編～……320
第56話　惑星記号の秘教的意味～後編～……327
第57話　ウィリアム・リリーのオカルト占星術……332
第58話　サビアン・シンボルの系譜……338
第59話　エヴァンジェリン・アダムス……344
第60話　ハーバルアストロロジー……350
おわりに……356
著者紹介……359

占星術夜話

鏡リュウジ

第1話

「水瓶座時代」の神話

月が第7宮に入り
木星と火星がよりそうとき
平和が惑星を導き
愛が星々を統べる
それが水瓶座時代の夜明け
アクエリアス、アクエリアス

これは、60年代の終わりから70年代に、熱狂的人気を博したミュージカル『ヘアー』の主題歌、「輝く星座~アクエリアス」（フィフス・ディメンション）の冒頭部分。

来るべき理想の時代の到来を予言し、期待する賛歌だった。

当時、大人社会の秩序や体制に反旗を翻し、カウンターカルチャー運動にエネルギーをかたむけた若者たちは、自分たちが「水瓶座時代」の申し子であり、進んだ意識を持つと信じていた。そして、来るべき新時代こそ、完全な自由と愛に満ちたユートピアだと、希望に胸を膨らませていたのだ。

それから30年経つ（連載当時）今でも、「水瓶座時代」という言葉が持つ新鮮な響きと、新しい時代への予感は衰えてはいない。いわゆるニューエイジャーから「いつから水瓶座時代に入るのでしょう?」と聞かれることもままある。

新時代を迎えつつあることを、確信した人々の目は、希望の光に満ち溢れている。

「水瓶座時代」という言葉は、天文学的な現象にその基準を持っている。

占星術では、太陽の見かけ上の通り道（黄道）を12に等分割し、その一つひとつを「星座宮（サイン）」と呼んでいる。占星術が体系化されたころには、その星座宮と、その背景にあった実際の星座は一致していたのだが、地軸のブレによって、星座宮と星座は徐々にズレていった（これを「歳差運動」という）。

そのため星座宮の起点である春分点は、約２１５０年で一つの星座を通過し、ズレていく。

そして不思議なことに、この２１５０年が世界の歴史を区分する大きな尺度となる、というのだ。

20世紀に英国でスタンダードな占星術教科書を著した占星術家マーガレット・ホーン女史ら

によれば、春分点が牡牛座にあったときにエジプトで牛の崇拝が起こり、ピラミッドをはじめとする巨石文化が築かれた（牡牛座は大地の星座）。

次に春分点が牡牛座へと移行したとき、モーセがユダヤ人を連れて出エジプトを敢行、新しい予言をもたらした。

そして、魚座時代の始まりに、イエス・キリストが登場。ギリシア語で「われらが救い主イエス・キリスト」という言葉の頭文字をとると「魚（イクトゥス）」となる。実際、原始キリスト教は魚を重要なシンボルとしていたのだ。

しかし、同時に魚座は犠牲の象徴で、西洋の歴史は弱者の犠牲の上に成立したものでもあった。だからこそ、知性に裏打ちされた人を象徴する水瓶座時代には、完全な自由が期待されている。

肝心の水瓶座時代の始まりの時期については、さまざまな議論がある。産業革命の時代にすでに水瓶座時代に入ったという説や、西暦３０００年を過ぎないとやってこない、という計算もある。が、ほとんどの水瓶座時代待望論者は「もうすぐ」だと期待している。

60年代末のカウンターカルチャーの支持者から、現代のニューエイジャーまで、水瓶座時代を新時代の旗印として掲げ続けているのだ。

この「星座の時代」は、しばしばプラトンの名前を冠して語られ、古い占星術の教説であると喧伝されることが多いが、実際はそうではない。プラトンの歴史観と占星術の春分点移動が結びつけられたのは、長い占星術の歴史のなかでは、比較的、最近のことである。

英国を代表する占星術家、ニコラス・キャンピオン博士によれば、春分点の位置を占星術的に意味づけた記録は、１８７０年ごろより前には発見できないという。「星座の時代」という説は、どうやら19世紀後期の占星術の発明らしい。

だが、「星座の時代」の予言が無効になるわけではない。過去を見ていくと、春分点の移動と歴史の重要な出来事は奇妙にも一致しているのだ。

興味深いことに、春分点移動をめぐる占星術をもっとも壮大なスケールで、かつ詳細に展開したのは、占星術家ではなく、心理学者のカール・ユングであった。ユングは、その著書『アイオーン』のなかで、魚座を構成する2匹の魚を神と人間、宗教と科学の二つに対応させる。教会が興隆した神中心の時代から、人間が尺度となる時代へと移行するのが、西洋の精神の歴史だと、見ているのだ。

そして、1匹目の魚（宗教）と2匹目の魚（科学・唯物論）時代をつなぐリボンのあたりに春分点がさしかかったときに、教会を揺るがす異端運動が噴出し、引き続いてルネサンスが起こったのだった。

占星術研究家マギー・ハイドの著書『ユングと占星術』（鏡リュウジ訳、青土社）は、ユングのこの説を紹介するとともに、詳細な魚座の星の位置と春分点の通過を比べる年表を掲載している。

この年表を見ると、ニュートンやマルクス、ダーウィンら、教会の権威を根底から揺さぶった人々が、２匹目の魚の最初の星に春分点が到達したときに生まれているのは、実に印象的ではないか。

ユング自身、「わたしたちの宗教の心理的な発達は、魚座を進んでいく春分点の歳差運動から、その時期についても内容についても、ある程度予言することができる」という、驚愕（きょうがく）のコメントを前掲書で言い放っている。

このような一致は、単なる歴史と星の動きのこじつけなのだろうか。あるいは、真実の法則なのだろうか。僕自身、いまだ確信は持てないし、「水瓶座時代」の到来も予言できない。

ただ、占星術とは、このように歴史や地上の出来事と星をつなぐ壮大な想像力の上に成立する、途方もなく魅力的な営みだといえよう。その魅惑は今も人々を突き動かし、「新時代」を予感させ、明日に向かって人々を導いているのだ。

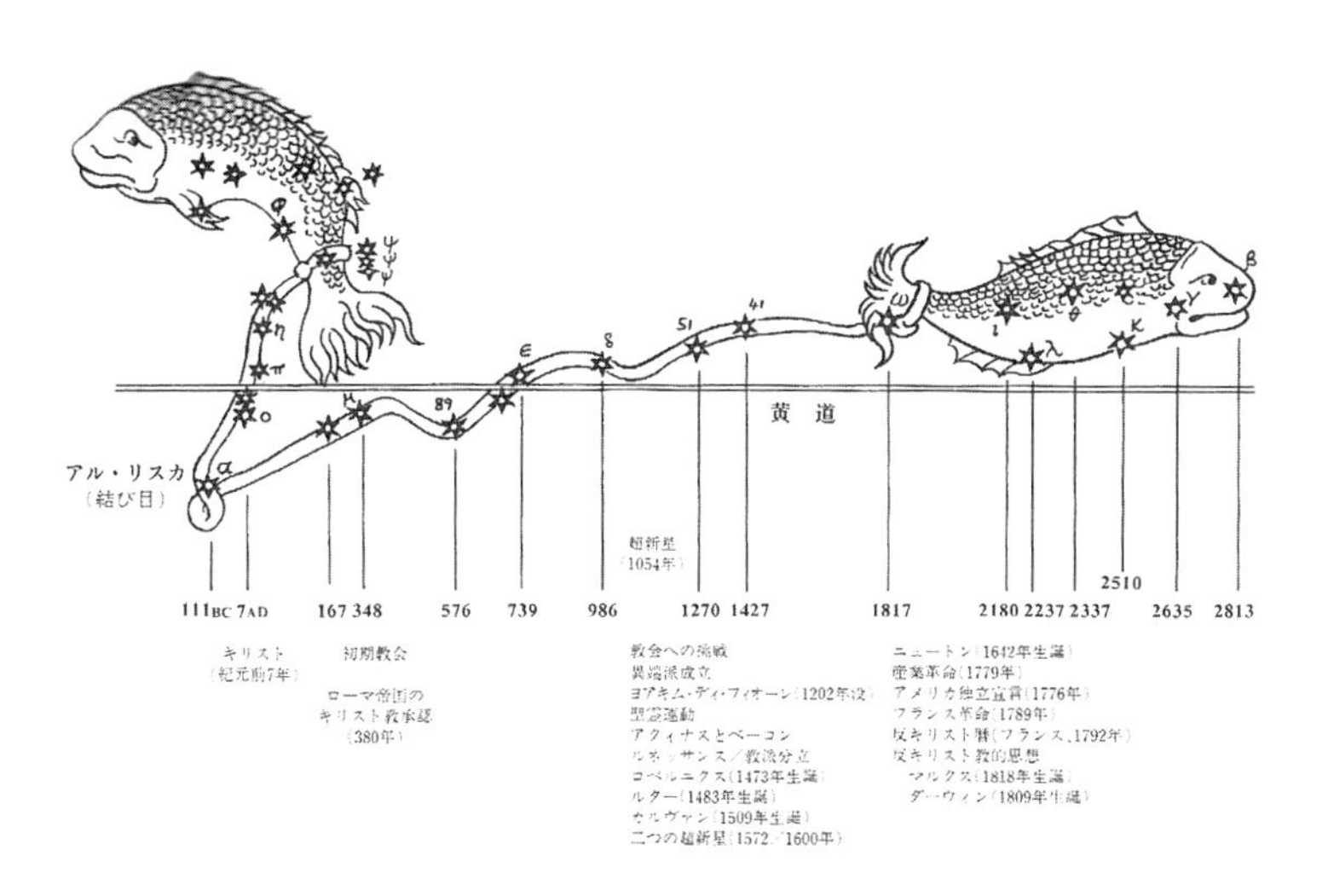

ユングは春分点の歳差移動と西洋の精神の変遷に対応関係があると考えた。
これはマギー・ハイド著『ユングと占星術』（鏡リュウジ訳、青土社）より。

第２話

星の動きと人体のかかわり

まず、23ページにある1枚の絵を見てほしい。

これはアルブレヒト・デューラーという、北方ルネサンスを代表する画家が残した版画である。図の中央には、一人の人物がいる。よく見ると、衣服の下からのぞく脚にただれたような斑点がある。明らかにこの人物は病んでいる。

そしてその人物の頭上には12星座が描かれている。

15世紀後期に猛威をふるったのは梅毒であったが、これは当時の医師たちが流行病は星の影響力で起こる、と考えていたことを明確に物語っている。１４８４年、蠍座に惑星が集合したことによって梅毒が流行したのだと考えられたのである。

人の病気は、星とかかわっている。そして宇宙との関係性を修復することよって、その治療も可能だと信じられてきたわけだ。

そんな考えは、今ではまったくの迷信に思える。体調が悪くて医者にかかったとき、医師が血液検査やレントゲンを差し置いて、望遠鏡で星を見上げたり、カルテの代わりにホロスコープを検分しはじめたら……。占星術の看板を掲げている僕だって、ほうほうの体（てい）で逃げ出すだろう。

現代人にとって、宇宙と健康はかけ離れている。しかし、かつては違った。宇宙と人体には切り離せない結びつきがあったのだ。占星術と医学はどのようにかかわっていたのだろうか。そしてそれは、現代人にも何かの意味を持っているのだろうか。今回のお話では、そんなことを考えていきたい。

現在の僕たちからすると、ほとんど信じがたいことだが、ほんの３００年ほど前までは、医学と占星術は不可分の関係にあった。

医学の歴史は、紀元前5世紀、ギリシアのコス島で活躍したヒポクラテスに始まるといわれている。医学の父、ヒポクラテスはこういっているという。

「占星術の知識を持たぬ医師は医師ではない」

また、2世紀のローマで活躍したガレノス。彼の書いた医学の教科書は、17世紀までヨーロッパで不動の権威を誇っていたのだが、そのガレノスはこんな言葉を残している。

「たとえば、誕生のときに幸運の星が牡羊座、強運の星が牡牛座にある人が、月が牡牛座、獅子座、蠍座、水瓶座にあるときに病気をすれば、極めて致命的なものになる」

つまり、星の配置が病気の結果までを支配している、ということなのだ。

12世紀ごろになって、ヨーロッパに大学という知的機関が成立するようになっても、その状況は変わらなかった。13世紀ごろには、すでに正式科目として占星術が取り入れられて、星の学問は医学の基礎素養としての扱いを受けるようになっていたのだ。

パリ、オックスフォード、ボローニャ。今に残る数々の名門大学には、軒並み占星術の講座が設けられていた。

大学では、ときおり、疫病と星との関係を結びつけて発表することもあった。

たとえば、ヨーロッパを席巻した黒死病＝ペストは、１３４５年に火星、木星が水瓶座に集合したことが原因だと考えられたし、１４８４年に惑星が蠍座に集合したときには、梅毒の流行と結びつけて考えられた。

ちなみに、蠍座は「死とセックス」の星座といわれているが、その守護星である冥王星が蠍座に入った１９８４年ごろから、本格的にエイズの危機が話題になったのは印象深い。

今でも疫病、流行病のことを「インフルエンザ」と呼ぶのは、ラテン語の「影響力」という言葉に由来したものだ。これは元来「星の影響力」を意味していたという。突然始まり、各地に広がっていく流行病は、まさに宇宙からやってきた病であったのだ。

では、星の力はどのようにして体に入り込むのだろう。

中世からルネサンスの医学では、人間の気質は、粘液・血液・胆汁・黒胆汁の四つの体液のバランスによって決定されると考えられてきた。この四つの体液とは、火・地・風・水の四つの元素と直接的に符合している。そして、その四つの元素の地上での循環は、惑星の動きに左右されていると考えられていたのだ。

たとえば、月はもっとも湿った星だという。この月が過剰な作用を始めたときには、水の要素が強くなる。一方、太陽や火星は火の要素が強く、人体のなかの「火＝熱」に働きかけるわけだ。

占星術の素養のある医師は、患者のホロスコープや患者が病にかかり床に伏した時間の配置（医学占星術では「病床チャート（デカンビチュア）」と呼んでいる）を手がかりに、患者の体のアンバランスを探ろうとする。

そして、本来あるべきバランスを取り戻すために、不足している要素を補給するハーブを与えたり、ときには宝石を処方したり、場合によっては散歩や音楽まで用いたのだ。

近代の医学は、人間の体をまるでそれ自体で機能する機械のようにみなすことによって発達してきた。かつて心臓（ハート）は、人体の中心、命の熱を生み出すミクロコスモスの太陽だった。しかし、今やそれはポンプにすぎない。

しかし、それでいいのだろうか。よくいわれる笑い話のように、手術で病気は治ったが本人は死んでしまった、という悲劇が起こりかねない気がする。

今、人間を環境とのかかわりのなかで全体的に見ようとする視点が、ようやく医学の世界でも生まれつつある。かつて迷信的だと思われていた東洋医学が、今、新たに評価されているが、実は西洋医学でも、宇宙のなかに人間を見出す壮大な視点が埋もれていたのだ。

「健康（ヘルス）」という言葉は、そもそも「全体（ホール）」を表していたのだという。占星術はまさに宇宙と人間がつながり、人体は環境に対して一体なのだ、ということを雄弁に示している。一見、時代遅れに見える占星術のなかから、僕たちが学び直せる知恵は、実はとても大きいのではないだろうか。僕にはそんな気がしてならない。

Theodericus Ulsenius Phrisius medicus Universis litteratis patronis in Epidimicam scabiem que passim toto orbe grassatur vaticinium dicat.

bũ mirabile vulgus
ocet stipendia turbe
a crimes scalpere Mx geta
i succurrere pesti
ius consertt medelam
a totas corda Empyrio
dii orz consio discors
opuli clamoribus [illegible]
scũt membra quietem
erulat in ethere phebum
gatis Cumea sacerdos
i dum sacris colla remollit.
s fletto gramine gressus
nácz sotos euolat arcu
dibus [illegible] eandem
moderator lucis [illegible]
itrque cerpiomo [illegible]
urus mihi [illegible]
r gat lacerari [illegible]
olus cepisset honos
a robora eterna recludã
facta atqz miscera deorũ
i [illegible] prestare salute
herbis [illegible] sano
Maurus [illegible] aula
n sane male successerit
genere indulgere [illegible]
[illegible] olympi
gram [illegible]
Sirius Jouis altera cura
nimio [illegible] improba luru
sqz [illegible]
m° adest dũqz arma tro [illegible]
osor qui prodedit [illegible]
ras que chelifer ambit
libramina sphere
[illegible] pocula ponũt
celius est laudare [illegible]
atro inserere venenũ
[illegible] in ede
at meminisse nefanda
rumor defert ad aram
[illegible] psonat [illegible]
eratus predia mauors
Sic speramus istis
nostra alterna squallent
[illegible] cucullas
ausa murmurat umbra.
formes mirãna marplos
stra terimẽ Mineruia

Vigetequos bilenqz
Almaqz vitali scandal
Nichil omne genus [illegible]
Libera simplicitas vit
Discusserunt super [illegible]
Semina dira mali co
Posteraque genitus [illegible]
Haud secus ac silicis e
Crescit in immensum [illegible]
Sulfure [illegible]
Hinc pestis hinc [illegible]
Marcia nõ [illegible]
Vt videat natura sag
Quãta volubilib⁹ tãta
Cernere sub medias [illegible]
Ausa diu tentare nihil
Deficiat lento [illegible]
Per vada secalem pall
Harmoniã distenta [illegible]
Emicat hinc bullas [illegible]
Maculat [illegible]
Feda [illegible] sputo [illegible]
Crustosi bene nota ca
Nemo putet celoqz sed
Pecheteo timidos quo
Fusca [illegible]
Olecta sulfure vibrab
Dicona fugans pesti
At quia forte roget que
Est locus alato subeu
Vniusecuiqz solum mus
Hinc helicon seu [illegible]
Hominis [illegible]
[illegible] flam
Qua secat in precep [illegible]
Collis, vbi coos inter
Minua virgineo [illegible]
Hi genus [illegible] ope
Asclepiũ [illegible]
Sacra loceri placabo
Antidotũqz serã [illegible]
Me duce [illegible]
Innocu⁹ [illegible]
[illegible] Dist [illegible]
Homa hunc [illegible]
Queso [illegible]
Phillirid [illegible]
Hõne vides Astrea [illegible]
Quod [illegible]
Nauima [illegible]

Insigni Archyatrie Studio Sacrum

梅毒患者を描いたデューラーの 15 世紀の木版画。医師ウルゼンによる占星医学的解釈がつけられている。

第３話

天空の星と大地との結びつき

星ばかり見上げている天文学者は、足元の穴に気づかずに落っこちてしまった……というジョークがある。遠い星のことばかりを思う天文学者、あるいは天文学の姉妹たる占星術家の夢想癖について、皮肉を込めたものだ。

確かに、占星術家はロマンチストだろう。遥か彼方の星へと心を寄せ、星を動かす永遠の秩序と同じ原理が、この無常の地上世界でも働いている、という信念を占星術家はみんな抱いているのだから。

占星術が「当たる」ことを願うのは、そんな星の原理と僕たち人間の間に、何かのつながりがあってほしいという、せつないまでの祈りの表れなのだ。

しかし、占星術家が天上のことばかりを考え、僕たちが立っている大地を忘れているというのなら、それは誤りだ。占星術は、この大地、地上のことをしっかり捉えようとしている。

それは、占星術の偉大な父の一人、プトレマイオスの著書『テトラビブロス』を見ても明らかだろう。

クラディオス・プトレマイオス（英語では「トレミー」と発音）は、紀元2世紀のアレクサンドリアでその名を轟（とどろ）かせた、大天文学者である。プトレマイオスの天文学書『アルマゲスト』は、コペルニクスやケプラーが現れて、宇宙観（コスモロジー）が一転するまで、何と1500年間にもわたって、ヨーロッパの宇宙観を支配したのだ。プトレマイオスの名は、ルネサンスまで学者の間では絶対の権威であった。

プトレマイオスは、同時に占星術の教科書も書いている。『テトラビブロス』がそれだ。この4巻の書物は、それまでの占星術の知識を集大成したもので、現在に至るまで占星術家がときおり参照する、占星術の古典中の古典である。

この占星術の古典『テトラビブロス』の2巻目を開いてみよう。

ここで、個人の星座があるように、国や土地にも星座が存在することをプトレマイオスは語っている。では、いったいどのようにして、大地と星座は結びつくのだろうか。

プトレマイオスは、当時ギリシアで知られていた世界を四つに分けた。その四つの部分を宇宙を構成する四つの元素、つまり火・水・風・地の四大元素と対応させたのである。

ご存じのように12の星座それぞれが一つの元素と対応しており、その一つひとつがその対応に従って、地上の国と結びつく。

幸い、手元にあるニコラス・キャンピオンの著書『ブック・オブ・ワールド・ホロスコープス』には、プトレマイオスの大地と12星座の対応を地図の形で整理した図が付されている。それをもとに12星座世界地図を作成してみよう。

29ページに挙げた図が、それである。

一目見てわかるように、当時の世界の北西、つまりヨーロッパが火、北東が風、南西が水で、バビロニアを含む南東が地の星座に当てられている。

こうして当てられた星座たちは、その地の雰囲気や民族性と深くかかわっていくことになる。

プトレマイオスの説明によれば、たとえば、イギリスやフランスは牡羊座に当たり、彼らが好戦的なのは、戦いの星たる牡羊座に支配されているためだという。

あるいは、イタリアやシチリアは王者の星座である獅子座に支配されているために、陽気でにぎやか、そして誇り高い。

独立心に富み、自由を愛するスペイン人の性質は、旅人の星座である射手座に由来するからだという。

紀元前6世紀から前2世紀までの間、地中海における通商で覇を競ったカルタゴが、水の星座に支配されているのも、不思議と納得させられる話ではないか。

プトレマイオス以来、国と星座との対応は、さらに発展している。現代占星術においては、たとえば日本は天秤座、ロシアは水瓶座、アメリカは双子座、中国は蟹座など、その対応はより細かく考えられている。

多少専門的になるが、地球をそのまま12星座の帯に対応させるという方法もある。「ジオデティック法」と呼ばれる方法で、ギザのピラミッドを牡牛座の15度として、そこから地球の経度と12星座をぐるりと対応させていくのである。

この方法によると、東京は獅子座の18度に当たる。過去を振り返ると、1923年9月1日の関東大震災は、海王星が獅子座18度ぴったりに位置し、ほかの星と悪い角度を作ったときに起きている（日本の占星術家、訪星珠（ほうせいじゅ）氏の指摘による）。

ギリシア神話で海王星（ポセイドン）は、その三つの叉（また）の矛で大地を揺るがす地震の神だ。僕自身は、占星術で地震を含めた具体的な予言がいつでも可能だとは思っていない。けれど、このような不思議な符合が過去に実際に起こっているのも、占星術の面白いところだろう。

現在ではさらに、コンピューターを駆使し、世界地図にホロスコープを投影する「アストロカートグラフィ」などの方法も確立され、占星術家と宇宙の、天と地の結びつきは、ますます緊密なものとなっている。大地には、星空が美しくレイアウトされているのだ。

ニュートンの力学を習った僕たちは、時間や空間は均質で、世界のどこでもリンゴは同じ加速度で落下することを頭では知っている。

しかし、一方で地球はそんなのっぺらぼうの空間ではないことも、心のどこかで知っているはずだ。

旅先で感じる土地のムードの変化は実感としてある。風水や地霊信仰は、そんな感受性が生み出したものだろう。世界中に同じファーストフード店が乱立する現代、そのような感受性は失われつつある。そう、世界は均質化しつつある。だが、それではあまりにさびしい。

占星術のイマジネーションは、空と大地に広がっている。景観のなかに、人々の息のなかに、星を、星座を数えている。そして人と、星と大地の出会いが運命の軌跡を織り成していく。

こんな繊細な感受性を、今こそ大事にしたい、と僕は思うのだ。

①

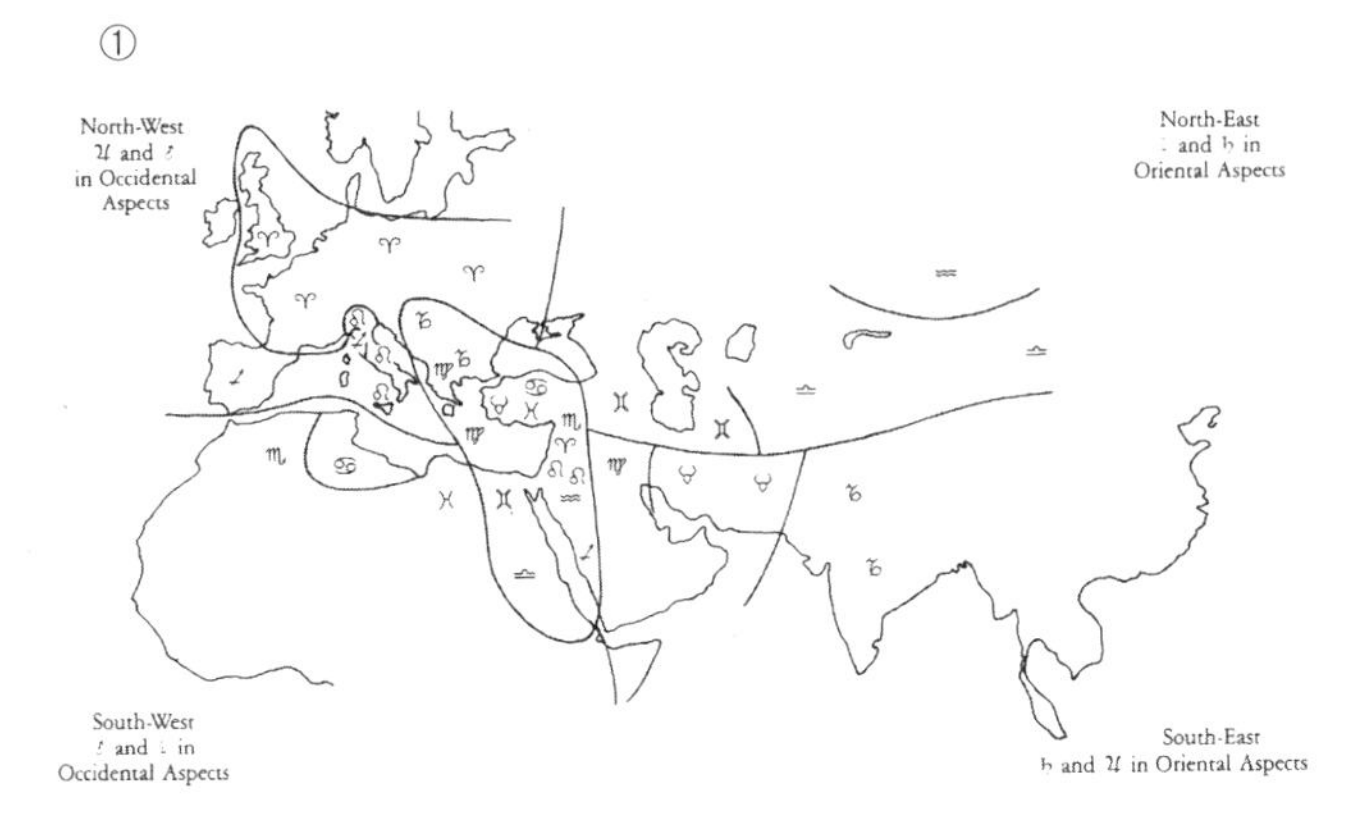

②

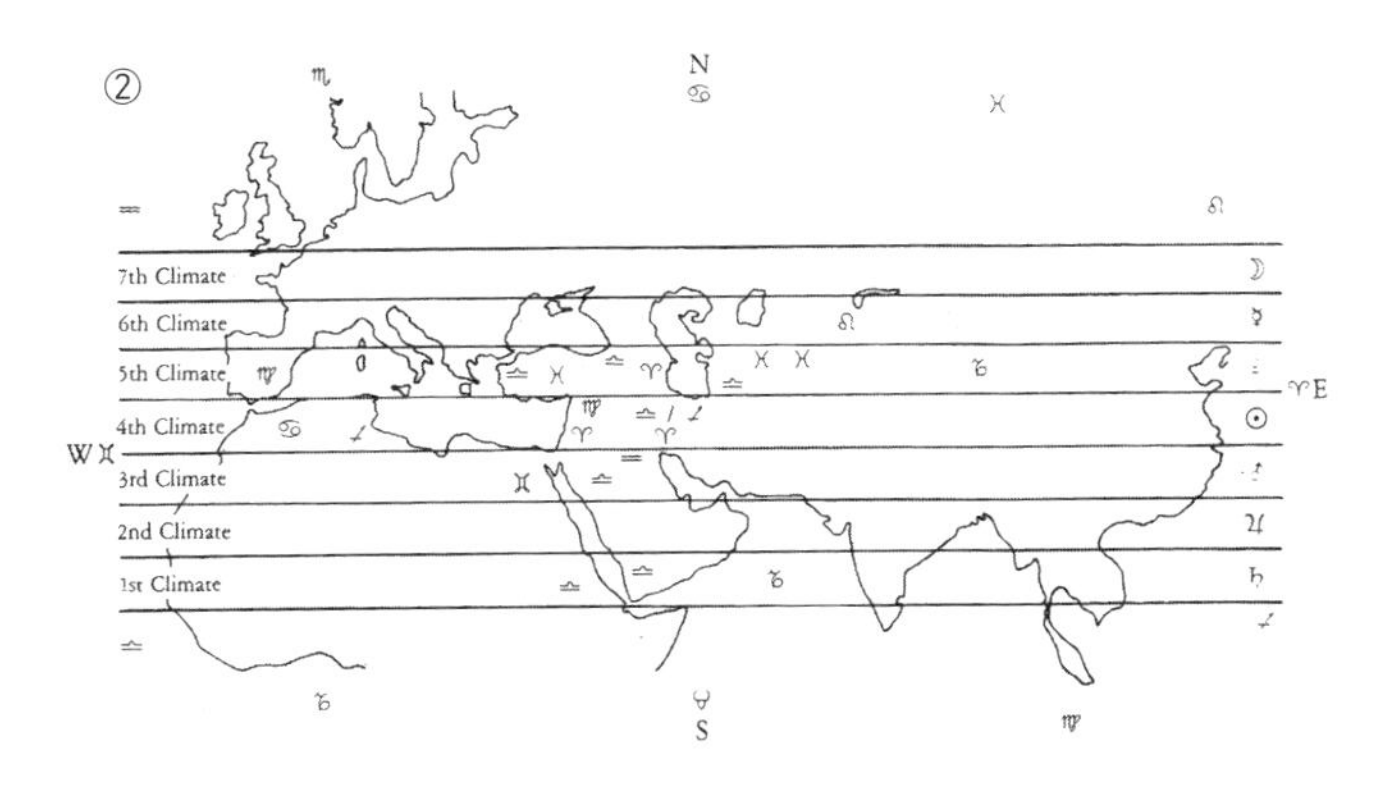

Nicholas Campion "The Book of World Horoscopes"（Aquarian 1988）より
①プトレマイオスによる星座と国の対応
②アル・ビルニーによる星座と国の対応

第４話

美しい星空を見上げれば

原稿執筆に追われていたある年末、突然、友人から電話があった。

「鏡さん、ちょっと外に出てください。あの星、金星ですよね。すごくきれいですよ」

宵の刻、西の空に金星や月、火星、木星が並んで素晴らしい天体ショーが見られたときだった。

「そうそう、それに新月に火星ね」

と僕。

「ああ、愛の星ヴィーナスに情熱の星マーズですよね、やっぱり」

僕の出演するラジオ番組のディレクターだった彼は、体系的な占星術のことはまったく知らない。が、毎回、番組の打ち合わせをしているうちに、いつのまにか星の神話に詳しくなってしまったのだ。

彼曰く、「門前の小僧、習わぬ星を読む」である。

星読みの小僧は、こう続けた。

「でね、僕の前に手をつないでいる素敵なカップルがいるんですよ、すごくいい風景なんです。金星は愛の星だし、何となく僕もあんな恋ができそうな気がして」

まったく恥ずかしくなってしまった。占星術を看板に掲げながら、こんな、何年に一度の美しい星空のドラマを見もしないで、パソコンの画面をにらみながら原稿を書いているなんて。占星術の魂という意味で、僕などより彼のほうが、よっぽどそのスピリットを持っているといわなければならない。

そう、占星術の精髄(せいずい)は、宇宙の星を見上げたときに人の心をかき乱す、神秘的な感動にあったはずだ。そしてまた、星と人との結びつきを感知する、一種詩的な感受性にあったのではないだろうか。

たとえば、占星術に関する最古の記録の一つ、バビロニアのエヌマ・エンリルを見てみよう。紀元前２０００年ごろに刻まれたといわれる、この粘土板には、こんな警句(アフォリズム)が書かれている。

「もしネルガル（火星）が蠍座に接近したら、王の宮殿が侵犯されるであろう」

面白いことに、これと同じように、蠍座に火星が入ることを凶兆とみなす占いが中国にもあるのだ。「熒惑(けいごく)、心(しん)を守る」というらしいが、ここでいう「熒惑(けいごく)」とは、中国での火星のこと。そして、「心(しん)」とは蠍座の心臓の意味で、恒星アンタレスのある星宿(せいしゅく)（中国での星座）のことを指す。

中国の言い伝えによると、この星の配置が起こったときに「大臣変をなし、天下諸国並び起こる」とか「その国の宰相が死す」といわれている。

火星といえば、ご存じのように血を思わせる赤い星であり、バビロニアでは戦争神ネルガルに、またギリシアでは残忍な軍神アレスに結びつけられてきた。ローマでは、アレスは文化的で正義を守る神、ローマの守護神マーズになるが、しかしそれでも火星が戦いの神であることには違いない。

一方、蠍座の心臓、アンタレスも赤く輝く星だ。夏に雄大なS字を描いて天をうねる蠍の、ちょうど心臓に当たるこの星は、日本では「赤星（あかほし）」、中国では「大火（たいか）」ともいわれてきた。アンタレスとは、そもそもアンチ・アレス、つまり火星（アレス）に敵対するもの、の意味だ。

火星が蠍座に入り、アンタレスと接近する。その光景は、二つの血なまぐさい星が競い合うように輝く、いかにもまがまがしい凶兆に見えただろう。

バビロニアの古記事と中国の星の伝承の間に、直接の知識の伝播（でんぱ）があったかどうか、確信をもって語ることはできない。

僕などは、同じような発想が文化を別にしてそれぞれ生まれたのだ、と想像したいところだ。しかし、実際に伝播（でんぱ）していたとしても、神秘性が減じられることはない。同じように赤い二つの星の姿に、人々が異様な予感を感じることがなければ、そんな伝承は早々に立ち消えただろうからだ。

おそらく、発生当時の占星術は、このような素朴な直観と経験則の集積だったのだろう。

それは、やがて惑星の運行の組織的な観測と記録を生み出しはじめ、宇宙の背後にある秩序の写し絵として、星の運行が捉えられるようになる。ときおり、気まぐれに現れる星の世界の異変を読むばかりではない、よりシステマティックな占星術が生まれていくのだ。

紀元前2世紀ごろになると、星の配置を書き込んだ「ホロスコープ」が大量に現れるようになる。さらに、より天文学が進むと、天文暦が作られるようになり、占星術家は星ではなく数表ばかりを追うようになっていく。ましてや現代の占星術家たちは、星空を見上げることがめっきり少なくなってしまった。占星術で用いるホロスコープは、今やコンピューターのプログラムが瞬時に算出してくれる。

それればかりか、未来の星の位置も、相性を見るときに必要な二人のホロスコープを重なり合わせる作業も、高度な現代占星術の統計的な演算も、コンピューターならごく簡単だ。

確かに、この情報機械のおかげで、占星術の技法はかつてない進歩を遂げている。

しかし、その反面、プリンターが吐き出す大量のデータに埋もれながら、美しい星空を見上げる余裕を、現代の占星術家は失っている。実際、自分の誕生星座を即座に指し示すことのできる占星術家は、どれほどいるだろう。

僕の友人、星読みの小僧の言葉は、占星術の原点が星のもたらす透明で神秘的な直観だった、ということを思い出させてくれた。天の運行に国家のいきさつを読み取ろうとした神官たちにとっても、星に未来への願いと祈りをかける気持ちは、同じだったはずではないだろうか。

そして、そんなイマジネーションと感受性を回復することができたら……。それこそ、現代人にとって未来の予言や性格分析などよりも、ずっとずっと大切な、占星術の使命なのだと僕は思うのだ。

占星術家は長い歴史のなかで星を観測してきた。

大英博物館に展示されている、バビロニア時代の天文、占星術予兆関連の粘土版。

第５話

星から来た魂は一人ひとりに存在する

最近、子供たちがどうもおかしい。

ニュースを見ていると、連日のように中学生、高校生の犯罪が報じられている。まるで１９９７年の神戸連続児童殺傷事件をきっかけに、全国で子供たちの暴走が始まったかのように見えてしまう（連載当時）。

かつて、錬金術のシンボリズムでは、子供は年老いた王を打ち倒し、新しい生命をもたらすものであった。子供のきらめきと生命力は、硬直化した社会に新しい風を吹き込むものであった。大人は子供に癒されるはずだったのだ。

しかし、今や病んでいるのは、子供たちのように見える。また、それ以上に僕が不安を覚えてしまうのは、大人たちの反応である。

識者たちは、したり顔でいう。家庭が悪い。教育が悪い。社会のシステムを変えて、抑圧された子供たちを救済すべきだ……。

　一方で、原因を子供の身体に求める意見もある。たとえば、インスタント食品や砂糖の過剰摂取がもたらす微量栄養素の不足が、子供たちを「キレ」やすい状態にするのだ、と。

　確かに、それぞれの説には真理がある。家庭も学校も、深い問題を抱えている。子供たちの生理学的な状態も、決して健全だとはいえまい。

　しかし、それがすべてなのだろうか。

　こうした意見の背後にあるのは、人間が「身体（肉体的な反応、遺伝的な内容）」と「環境（家庭や学校、社会）」によって作られる一種の産物（プロダクト）だ、という世界観だ。

　人間はこの二つの要因が複雑にからみあってできる、一種のプラモデルのようなものと考えられるわけだ。これでは、学校や家庭は子供を作り出す工場で、それが変われば子供というオモチャも変わる、といわんばかりではないか。

　子供の才能も、逆に恐るべき犯罪も、すべて肉体の条件と環境の「結果」にすぎない……。こんな現代社会の「常識」に対して、占星術の視点は、果敢な挑戦を向ける。それ以上に何か大事なものがある、と考えるのである。

　ご存じのように、占星術ではだれかを占うとき、出生年月日、時刻と場所に基づいた、出生天宮図（ホロスコープ）を作るのが通例だ。ホロスコープとは、ある人物が生まれたときの、太陽系の惑星の配置を表したものである。

　では、なぜこんな宇宙図を作るのであろうか。

　一説によれば、魂がこの世に降下するときの経路を示しているという。古代の宇宙論では、地球が宇宙の中心で、それをとりまくように月や太陽、火星など惑星たちの軌道を乗せた透明な天球が幾重（いくえ）にも存在し、それぞれの速度で回転しているのだと考えられていた。

　そして、人間の魂は、そんな宇宙の天球の外側からこの地上へとやってくる。そのとき、一つひとつの天球をくぐり抜けながら、惑星たちからさまざまな性格と運命を受け取る、と考えられていたのだ。

　たとえば魂が、戦いの星である火星の天球を通過するときに勇敢さを、愛の星である金星の天球を通過するときには愛（エロース）を受け取る。出生天宮図は、魂に刻印されたさまざまな星からの祝福や呪いの象徴なのである。

　このような考え方は、ヘレニズム時代に完成する新プラトン主義によって完成されたものだが、その思想上のルーツは、哲人プラトンにある。

　宇宙の外側から降りてくる魂について、プラトンはその著書『国家』で語っている。魂は、あの世の女神モイラの下で、自分の運命のくじを引く。そして女神は、本人が自分で選んだくじに従って、魂に才能と運命を与える神霊を与えてやる、というのだ。

地上に降りた僕たちは、そのことをすっかり忘れているが、ときおり、その心霊からのかすかな呼び声が響く。本当にこれでいいのだろうか、本来の自分はこんなものではないはず、というこの世への違和感。あるいは夜空を見上げたときに感じるなつかしさは、守護神（ダイモーン）の声かもしれない。

人間は、肉体と育ちの環境に還元できない、一人ひとり固有のユニークな運命と性格を持って生まれる！

この神話的な人間観と、科学的な社会学や心理学が唱える「製品」としての人間のイメージの違いの、いかに大きなことか。

ホロスコープを見つめることは、この世で忘れてしまいがちな、いや、どうあがいても完全には思い出すことのできない自分の「運命」と「生き方」を求める、せつない営みではないか。ただし、ここで大きな危険も存在している。「星」が運命の「原因」だと考えたり、ホロスコープですべてを判断できると想像してしまうことである。

たとえば、神戸の事件が起きたときにも、当時の星の配置から犯人を推理しようとした占星術家がいたし、なかには、僕の意見を求めようとした占星術家も何人かいた。強いていうなら、星の上から見れば、現在、牡羊座にある土星（連載当時）は、鬱積（うっせき）した怒りなどを象徴するものだともいえる。

しかし、これはとても危険な推理だ。

ここで、星で犯人捜しをしたり、半端な知識で状況を「分析」して終わってしまっては、意味がない。現代的な常識の一番いけない点は、すぐに何かの「原因」を求めようとすることにある。問題を星に求めたり、星が象徴する心理や社会状況のせいにしたりするのは、タチの悪い欠席裁判のようなものではないか。

そうではなく、星に照らしてあれこれイメージを膨らませながら、社会や家庭や学校や遺伝子などに押しつけられない、強いていえば遥(はる)かな星からやってきたとしか思えない、自由で個性的な魂が、一人ひとりのなかに存在すると考えること。

そして、それはどんな占いでも科学でも解けない神秘だと心にとめておくこと。人間のなかにある神秘なX。占星術の一番大事なエッセンスはここにあるのだと僕は思う。

ここで一つ思い出したのは、精神療法家ロベルト・アサジオリに強い影響を受けた現代占星術の一つの流派「フーバースクール」のことだ。フーバー夫妻によって創始されたこの占星術の流派は、独自の理論をいくつか発達させているが、その門下生はホロスコープを作成するときに円の中央は必ず小さな空欄の円を残しておかなければならないという。それはどこまでいってもホロスコープでは解読しきれない、本人の神秘的実存があることを想起するためなのだという。これ、なかなかよいアイデアではないか。星は、人の未知の何かを指し示しているのだ。

運命の女神モイラ。一人が運命の糸を紡ぎ、もう一人が測り、最後の一人が切る。人は自分の運命のくじをこの運命の女神の下で引いてからこの地上に生まれるとプラトンは解く。

第6話

悲しみを抱くことも魂の働き

のっけから自分のことで恐縮なのだが、つい先日、誕生日を迎えて30歳の大台に乗った（連載当時）。

盛大に祝おう、という友人たちの申し出を断り、僕は誕生日を一人で過ごした。静寂、一人だけの空間。僕には、それが占星術的に正しい30歳の迎え方に思えたからだ。それは僕だけの「土星」の祭りであり、第二の成人式でもあった。

「30歳」は、ただキリのいい歳であるばかりでなく、占星術の上でも、とても意味深い年齢なのだ。この時期を占星術では「サターン・リターン」と呼ぶ。

土星は太陽を1周するのに、約29年かかる。つまり、だれにとっても29歳から30歳のときに、自分が生まれたときと同じ位置に土星が戻ってくるわけだ。

30歳を前に、人は人生の方向性について不安になることが多い。実際、結婚や離婚、親の問題が浮上してくることもあるという。

発達心理学では、このときの揺れを、「30歳前の過渡期」と呼んでいる（心理学者ダニエル・J・レヴィンソン博士の命名）。

土星周期のほかの時期についても考えてみよう。土星周期の半分、つまり土星が出生の位置に対して正反対の時期にくるのが、14~15歳のころ。今や「キレ」やすくなってくるといわれている子供たちの年代だ。また、土星が1周半する42歳から45歳ごろは、いわゆる厄年であり、心理学でいう「中年の危機」と合致する。

占星術という伝統は、確かに人生の大きな節目に当たる年を、星の周期によって的確に指し示している。星と人との不思議なつながりが、ここにも見られるわけである。

では、土星はどんな星なのだろうか。実は少し古い教科書を見ると、土星についてはロクなことが書かれていない。

星のなかで最大の凶星であり、災いや障害、死をもたらす、などとある。中世の占星術の文献などを見ると、もっと悲惨だ。土星は冷たく乾いた惑星で、人を貧しくしたり、病気にしたり、ときには死に追い込んだりもするのだ。それに従えば、サターン・リターンの時期は、人生においても厄年だということになる。

しかし、そんな解釈だけでいいのだろうか。土星は本当にそんな悪い星なのだろうか。いや、そんなはずはない。

初めて望遠鏡で土星を覗いたときのこと。レンズを通して、揺らめきながら像を結んだ、黄金色のタイガーアイのような美しい星。見事なリングを直接見たときの感動。寒さも忘れ夢中で望遠鏡を覗き、僕は思わずつぶやいた。

「ああ、こんな美しい星を凶暴だなんていったのはだれだ？」

土星は本当に凶暴なのか。そのことを真剣に考えた思想家に、ルネサンス時代の有名な哲学者マルシリオ・フィチーノがいる。フィチーノは自分の天宮図（ホロスコープ）で、土星が重要な位置にあることもあってか、土星の意味を深く掘り下げた。そして、土星を「メランコリー」と結びつけたのであった。

メランコリーは、今ではかっこよく「憂鬱（ゆううつ）な気持ち」くらいの意味で使われることが多いが、当時は体のなかの黒胆汁（土星が支配する体液）が過剰になり、気持ちが滅入（めい）ってしまう病気だと考えられてきた。現代なら鬱（うつ）病と診断され、抗鬱（うつ）剤が処方される症状だ。

そら、やはり土星は凶暴ではないか、といわれるかもしれない。

だがフィチーノは、このメランコリーはつらいものではあるが、深い思索をするには必要な資質、とりわけ哲学者には必要なものだと読み換えた。そもそも、若さが賛美されるのはなぜか。鬱（うつ）や暗さがなぜいけないのか。思索には内向性が必要だ……。

有名なアルブレヒト・デューラーの版画「メランコリアⅠ」は、フィチーノの土星観を体現しているという。ほおづえをついた黒い顔の天使は、メランコリアの寓意だ。

「考える人」のポーズに連なるこの姿勢は、さまざまなことにじっくり思いめぐらせる天使を示している。この天使は、永遠の世界から有限の世界へ降りてきて、すべてを実現できない事実を前に、歯がゆい思いをしているのだろうか。あるいは有限の世界から永遠の世界を夢見て？

土星は時の神でもある。土星が通過するときには、自分がもう若くはない、時間は無限にあるのではないということを否応なく意識させられる。14歳のころには、もう子供ではいられないことを、29歳のころには永遠に「若者」ではいられないことを、42歳のときには人生も折り返し点だということを、突きつけられる。

ある錬金術の図柄に描かれている「砂時計を頭につけた時間の神、土星」が「うつろいやすい若さの神である水星の足」を、鎌で断ち切ろうとする姿がそれを象徴的に表している。

それは、かなり厳しい事実である。子供の持つ全能感は打ち破られる。しかし、だからこそ土星は重要な星といえるのだ。

フィチーノの研究家であり、著名な心理療法家であるトーマス・ムーアは、「土星のもたらす暗さや重さが、明るく元気なときには、つい見落としがちな、魂の深みを垣間見せるのだ」という。

この有限の人生、限られた自分の能力で、無限に思える自分の夢や気持ちをどんなふうに実現できるのかを考えられるようになる。そしてそれは、永遠の少年が成熟した大人へと変容するときでもあるのだ。

先に挙げた年齢のときばかりに、土星の力が働くのではない。悲しみや孤独感、鬱(うつ)、無気力、せつなさ、それらはすべて土星のもたらす感情だ。

現代の躁病的な文化は、そんな「暗さ」をテレビや音楽、ポジティブ・シンキング、ときには薬物で無理に追い払おうとする。それでは、魂の深みについて、思いをめぐらせる大切な機会を見失うことになってしまう。

メランコリアの天使の翼に包まれて、一人、鬱(うつ)に過ごす夜があってもいい。重い気持ちを引きずったり、悲しみを抱いたりするのも、魂の大事な働きなのだから。そんなときには、土星の天使が、きっとあなたのそばに降りてきてくれているはずなのだ。

アルブレヒト・デューラーの「メランコリアⅠ」。さまざまな象徴的事物が描き込まれている。

若々しい少年神メルクリウス（水星）の脚を断ち切る時の翁としてのサトゥルヌス（土星）を描く錬金術図版。

第７話

メルクリウスが引き起こす奇妙な偶然

愛弟子マリー＝ルイズ・フォン・フランツをつれて、自宅近くを散策していた心理学者Ｃ・Ｇ・ユングは、急に足を止め、茂みのなかを覗き込んだ。

「どうされましたか？」

と、若き女弟子。

「いや、人の顔が見えたような気がしてな。あれは、メルクリウスの顔のようだった。ひょっとしたら、あの実験の結果は、メルクリウスの神のいたずらなのかもしれんな」

メルクリウスとは、ローマ神話で水星を表す知恵の神。そしてこの神は、いたずら好きなことで有名だ。これはフランツによるユングの伝記に登場するエピソードである。

「あの実験」とは、ユングが当時取り組んでいた、占星術に対する統計実験のことである。

スイスの心理学者、ユングといえば、その師フロイトと並んで、臨床心理の世界を切り開いたパイオニアだが、数々のユングの理論のなかでも、もっともユニークな考えが「シンクロニシティ」だろう。

シンクロニシティとは、一般に「共時性」と訳されている。この概念は、うんとルーズにいってしまえば、「意味のある偶然の一致」である。

心はときとして、物理的には何のつながりもないもの同士を結びつけ、そこに意味の感覚を生み出す。

難しく感じるかもしれないが、要するに、物理的な因果関係は何もないけれど、不思議な偶然の一致が起こること、それがシンクロニシティなのだ。

たとえば、占星術。星の配置からなされた、ある予言について、彼方(かなた)の星が運命に紡いだなど普通は考えられない。そこで、ユングはシンクロニシティの現れとして、占星術研究に取り組んだ。

ユングは、占星術で伝統的にいわれている相性の法則が当たっているかどうかを、統計によってチェックしようとしたのである。そこで集められたのが、結婚したカップルの占星術による相性である（ユング『自然現象と心の構造』河合隼雄訳、海鳴社）。

実験は、結婚しているカップルを数多く集めて、三度繰り返して行われた。

一般に占星術では、相性を占うときには、二人のホロスコープを重ね合わせて、その関係性を見る。
ギリシア時代以来、相性が最良だとされているのは、二人の太陽と月が同じ位置にあることだ（男の太陽―女の月でも、男の月―女の太陽のどちらの組み合わせでも可）。最初に集められた180組の夫婦では、はたして太陽―月の会合（コンジャンクション）がもっともよく現れて、占星術のルールが証明されたように見えた。

しかし、追試のためのデータが加えられえると、状況は怪しくなってくる。月同士のコンジャンクションなど、別の組み合わせが現れてきて、最終的に厳密な統計分析を加えると、最初の優位な結果は、偶然の組み合わせの数字のなかに埋没してしまったのだった。

ユングがフォン・フランツを相手に、「いたずらの神メルクリウスがからかっているのかもしれない」、とつぶやいたのも、そんな気持ちだったのだろう。

ここで、ふつうの科学者なら、占星術は統計的に否定されたとみなし、すべてのデータを捨て去ってしまったかもしれない。

しかし、ユングは初めの結果を大事に考えた。もしかすると、シンクロニシティは客観的な物理現象としては扱えないのかもしれない。こちらの心の状態が、実験結果に反映されるのだとしたら……。

ユングは、次の実験に取りかかった。先に集めたホロスコープをシャッフルし、ばらばらになったホロスコープを第三者にくじ引きのように引かせ、そこから相性チャートを作ってカウントしたのだ。するとどうだろう、そこで現れてきた星の組み合わせは、くじを引いた協力者の心の状態を表すものとなったのだ、

たとえば、激しい興奮状態を無意識のなかに抱えている者は、火星の組み合わせが顕著に見られるようなホロスコープの組み合わせを引き出した。火星の古典的な意味は、もちろん、戦い、興奮、情熱などだ。

次に、社会のなかで自分をどのようにして表記すべきかという問題を抱えている女性がくじを引いた。そこで強調されていたのは、上昇宮（アセンダント）と呼ばれるポイント。ホロスコープ上の東の地平線に当たる場所で、占星術では本人が社会に向けて見せるイメージや顔だとされている。彼女は、社会人としてどのように振る舞うべきか悩んでいたわけである。

つまり、占星術の統計実験は、ただ客観的な科学実験では収まらないことを、ユングは見出したのだ。他者のホロスコープの象徴が、まるでタロットのように引く者の心理や運命を表してくる、というわけだ。

いつ、だれがやっても同じ結果が出るのが科学実験の条件（反復性、再現性）。しかし、占星術ではそうはいかない。だれが、どんなふうにデータを集めるかによって、これほど深い偶然が生まれてくるのだから。

ちなみに、ユングの実験の場合には、なぜ、太陽―月の組み合わせが現れたのだろうか。そこには占星術に通じていたユングが、夫婦の相性には、太陽―月の組み合わせが現れるはずだ、という期待をしていたことも考えられる。

しかし、それ以上に興味深いのは、ユング自身の「星」だ。54ページのホロスコープを見ると、ユングの月は、師であるフロイトの太陽とぴたりと重なっていた。フロイトとユングの愛憎渦巻く関係は、あまりにも有名である。

ユングは、はじめこそフロイトを「わが人生でもっとも重要な人物」と呼び、またフロイトはフロイトで、ユングを「わが皇太子」と賛美し、二人は20世紀の精神分析と思想に巨大な影響を及ぼした。だが蜜月は続かず、わずか数年で二人は決定的に袂（たもと）を分かつ。

ユングのこの実験は、二人の別れから何十年も後のことだ。しかし、この実験においても、偶然はフロイト―ユングの星のパターンを再現していたことになる。それはユングが、二人の人間の関係という神秘の元型を、若かりし自分と師の出会いと別れに重ねてみたことのしるしではないだろうか。

人生を取り巻くシンクロニシティ。ユングが茂みのなかに見た、共時性の神メルクリウスは、人生のなかに奇妙で、しかも意味深長な偶然を引き起こしては、今もニヤリと笑っているのかもしれない。

第一群				第二群				第三群			
結婚組 180 組				結婚組 220 組				結婚組 400 組			
月	☌	太陽	10.0%	月	☌	月	10.9%	月	☌	月	9.2%
上昇宮	☌	金星	9.4%	火星	☍	金星	7.7%	月	☍	太陽	7.0%
月	☌	上昇宮	7.7%	金星	☌	月	7.2%	月	☌	太陽	7.0%
月	☌	月	7.2%	月	☍	太陽	6.8%	火星	☌	火星	6.2%
月	☍	太陽	7.2%	月	☍	火星	6.8%	下降宮	☌	金星	6.2%
火星	☌	月	7.2%	下降宮	☌	火星	6.8%	月	☍	火星	6.2%
金星	☍	月	7.2%	下降宮	☌	金星	6.3%	火星	☌	月	6.0%
火星	☌	火星	7.2%	月	☍	金星	6.3%	火星	☍	金星	5.7%
火星	☌	上昇宮	6.6%	金星	☌	金星	6.3%	月	☌	上昇宮	5.7%
太陽	☌	火星	6.6%	太陽	☍	火星	5.9%	金星	☌	下降宮	5.7%
金星	☌	下降宮	6.1%	金星	☌	下降宮	5.4%	金星	☌	月	5.5%
金星	☌	上昇宮	6.1%	金星	☌	火星	5.4%	下降宮	☌	火星	5.2%
火星	☌	下降宮	6.1%	太陽	☌	月	5.4%	上昇宮	☌	金星	5.2%
太陽	☌	上昇宮	6.1%	太陽	☌	火星	5.4%	太陽	☍	火星	5.2%

☌…コンジャクション＝0度（会合）、☍…オポジション＝180度（衝）を表す。

C・G・ユング、W・パウリ『自然現象と心の構造』（河合隼雄訳、海鳴社）

トリックスターとしてのメルクリウス。ユングにいたずらを仕掛けたのはこの神だったのだろうか。この図版では太陽と月を結びつける神として描かれる。

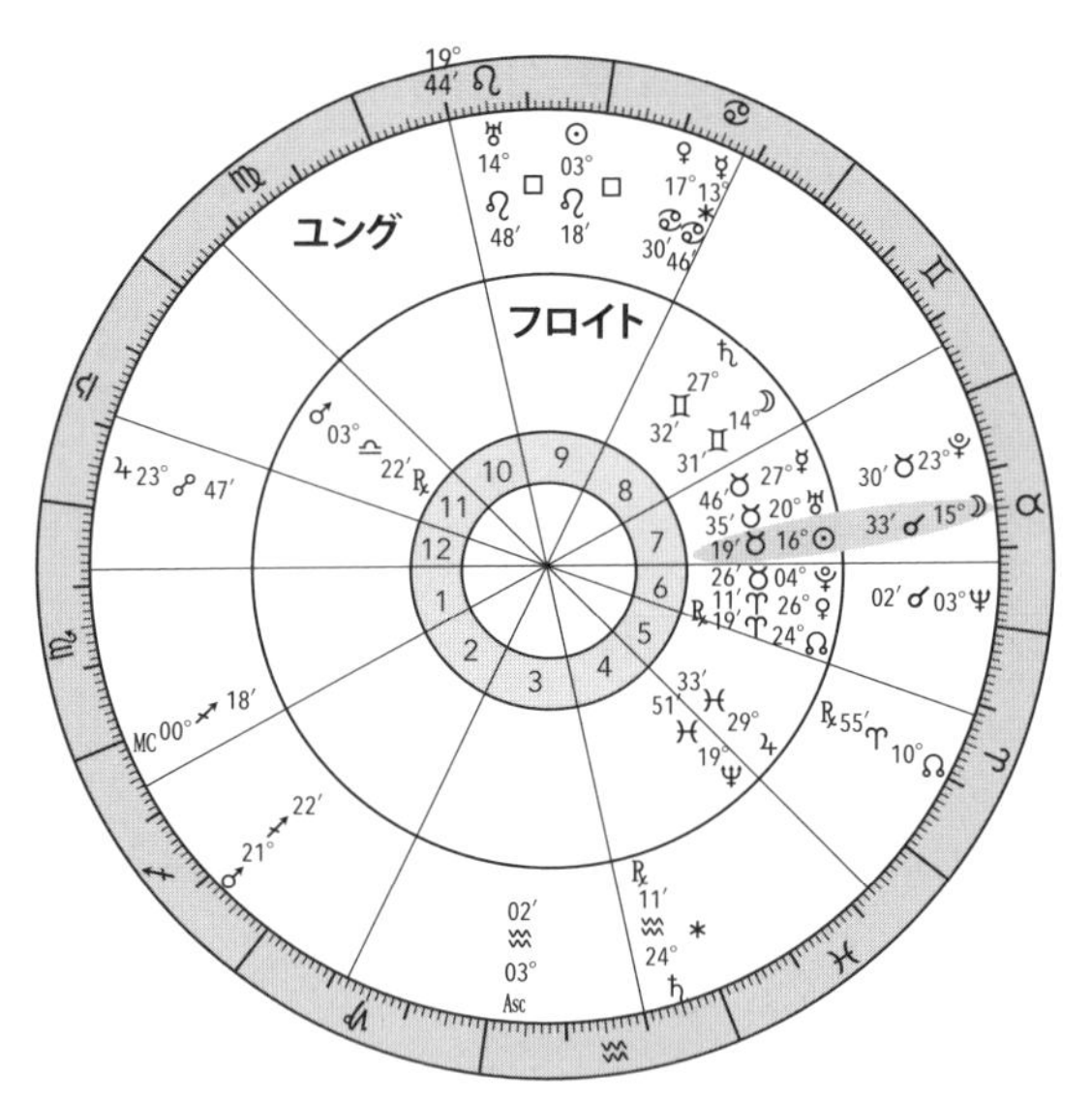

フロイトとユングのホロスコープを重ねたもの。ユングにとってフロイトは「生涯でもっとも重要な人物」の一人であった。二人のホロスコープではユングが結婚のサインだと考えた太陽と月の合が見られることが興味深い。

第８話　プロメテウスがもたらす科学の〝火〟

「コペルニクス、ケプラー、ガリレイ、デカルト、ニュートン、フロイト……。これらの人物の共通点を述べよ」

このクイズに、あなたならどう答えるだろうか。既成の固定概念を突破して、偉大な科学的発明をなしとげた人物――。平均的な答えはたぶん、こんなところだろう。

そして、占星術マニアなら、こんなふうに答えるはずだ。

「ホロスコープのなかで、天王星が大きな影響力を放っている人物」

確かに、ここに挙げた人物は例外なく出生天宮図(ホロスコープ)で、太陽と天王星が重要な位置関係にある(これを専門用語で「アスペクト」という)。人類の科学の歴史を大きく塗りかえた巨人ばかりだが、全員に天王星が深くかかわっているというのは、非常に印象深い。

占星術の教科書には、天王星のキーワードとして、「革命、発見、革新」などとあるが、まさにそれは的確な表現だといえるだろう。

だが、この天王星、占星術において古くから知られた星ではない。何しろ、天王星は、肉眼ではまず見えない星なのだ。

古代や中世の占星術では、太陽と月、水星、金星、火星、木星、土星の肉眼で見える七つの惑星のみが用いられてきた。

しかし、１７８１年に２０００年近く続いたこの宇宙観が崩れる。

イギリスの天文学者、ウィリアム・ハーシェルが、土星の外側にもう一つ惑星を発見したのだ。これが天王星である。

以後、海王星、冥王星、そして最近では冥王星の遥（はる）か外側から飛来する「ケンタウロス族」と呼ばれる彗星の類まで、数々の星が発見されている。これらの先鞭（せんべん）となったのが天王星の発見だった。

占星術家は、伝統的な七つの惑星のシンボリズムが崩れたことにショックを受けた。しかし、すぐに「新しい惑星の発見は、その時代に生まれた新しい意識を象徴するのではないか」と考え出した。

奇しくも天王星が発見されたのは、フランス革命に代表される、旧体制の崩壊、革命の時代である。自由の意識が人々の間に広がりはじめたときだった。

天王星のキーワードである革命や自由などは天王星が人類の意識のなかに入り込んできたときに起こっていた事象とも一致する。そして、奇妙なことに、偉大な科学革命の主人公たちの出生天宮図のなかでは例外なくといっていいほど、天王星が重要な役割を果たしていたのであった。

ところが、困ったことが一つあった。天王星は英語ではウラノス、つまりギリシアの天空神になぞらえて命名されたのだが、この神の性質は革命や発見とはまったくそぐわないのだ。ウラノスは、オリンポスの神々に先だつ古い神で、大地の女神ガイアと交わり子供たちをもうける。しかし、新しい神々を育てず、子供たちを次々と地下世界へ投げ落としていく。つまり、新しい可能性を抑圧する原理がウラノスであって、変革を目指す天王星の意味とは正反対となるのだ。

そのため、占星術家は、天王星の神話とその意味合いを切り離して考えてきたが、天王星の名前さえ変えるべきだと大胆な主張をする人物もいる。

しかも、それはマニアックな占星術家ではない。サンフランシスコにある大学院大学ＣＩＩＳ（カリフォルニア統合学研究所）の心理学・哲学の教授であり、アメリカの多くの大学で教養課程における哲学の教科書として広く用いられている『西洋の知性の情熱／受難（原題"Passhion of the Western Mind"）』の著者、リチャード・タルナス博士である。

タルナス博士は、『目覚めをうながすもの、プロメテウス（原題"Prometheus the awakener"）』というパンフレットで、ウラノスではなく、プロメテウスこそ、天王星のイメージにふさわしい、と述べている。

プロメテウスとは、神話に登場する文化英雄で、それまでのタブーを破り、本来神々の専有物であった火を盗み出して人類に与えた存在だ。

人類が文明を手にできたのは、プロメテウスのおかげなのだが、プロメテウスはその代償として絶壁に縛られ、毎日のように猛禽類に内臓をついばまれる苦難を受けることになる。

この神話は、科学、文明という力を手に入れた代償として、無垢な自然から切り離されたり、核の脅威におびえるようになってしまった人類の状況をよく表しているような気がする。

プロメテウスは、その功罪をも含めて科学、文明と人類の関係を、実に見事に象徴している。先の科学史上の偉人たちの名を、タルナス博士は天王星＝プロメテウス元型説を証拠だてるものとして挙げている。さらに博士は、こうした人々が何かを発明、発見したときに、天王星が絶妙なタイミングでそのホロスコープにかかわっていることを、多数の例を使って説明している。

タルナス説は、心理学的占星術の権威、リズ・グリーン博士も受け入れており、占星術界では認知されている。それにしてもこんな大胆な説が、占星術家ではなく、心理学者から出てきたというのは心強い。

タルナス博士は、このほかにも人間精神と惑星の動きの相関関係で重要な発見をしている。1998年5月にも、アトランタで開催された占星術の国際学会で、次のように発言して、最前列で講義を聴いていた僕の度肝を抜いた。

「21世紀の心理学者たちは、20世紀の心理学者や精神医学者が、占星術を用いずに人間の心を探求しようとしていたことを気の毒に思うかもしれない。ちょうど、現代のわれわれが望遠鏡のない時代の、かつての天文学者のことをそう考えるように」

天王星は今、最大の力を発揮するという水瓶座を進行中だ。コンピューター、遺伝子工学などと並んで、占星術もまた、21世紀の科学に大きな影響力をもつようになるのだろうか。それは、プロメテウスのみが知るところなのだろう。

天王星と太陽のアスペクトを持つ歴史上の人物	
コペルニクス	ポーランドの天文学者。地動説を提唱。
ケプラー	ドイツの天文学者。「ケプラーの法則」を発見。
ガリレイ	イタリアの天文学者。自作の望遠鏡で観測を行う。
デカルト	フランスの哲学者。近代哲学の父。
ニュートン	イギリスの物理学者。万有引力を発見。
ロック	イギリスの社会思想家・哲学者。三権分立を説く。
カント	ドイツの哲学者。批判主義哲学を確立。
フロイト	オーストリアの精神医学者。精神分析の創始者。
バイロン	イギリスの詩人。ロマン派の代表詩人。
T・ジェファーソン	アメリカ合衆国第3代大統領。「独立宣言」を起草。
M・キュリー	ポーランドの物理学者。ノーベル物理学・科学賞受賞。
M・シェリー	イギリスの女流作家。『フランケンシュタイン』を著す。

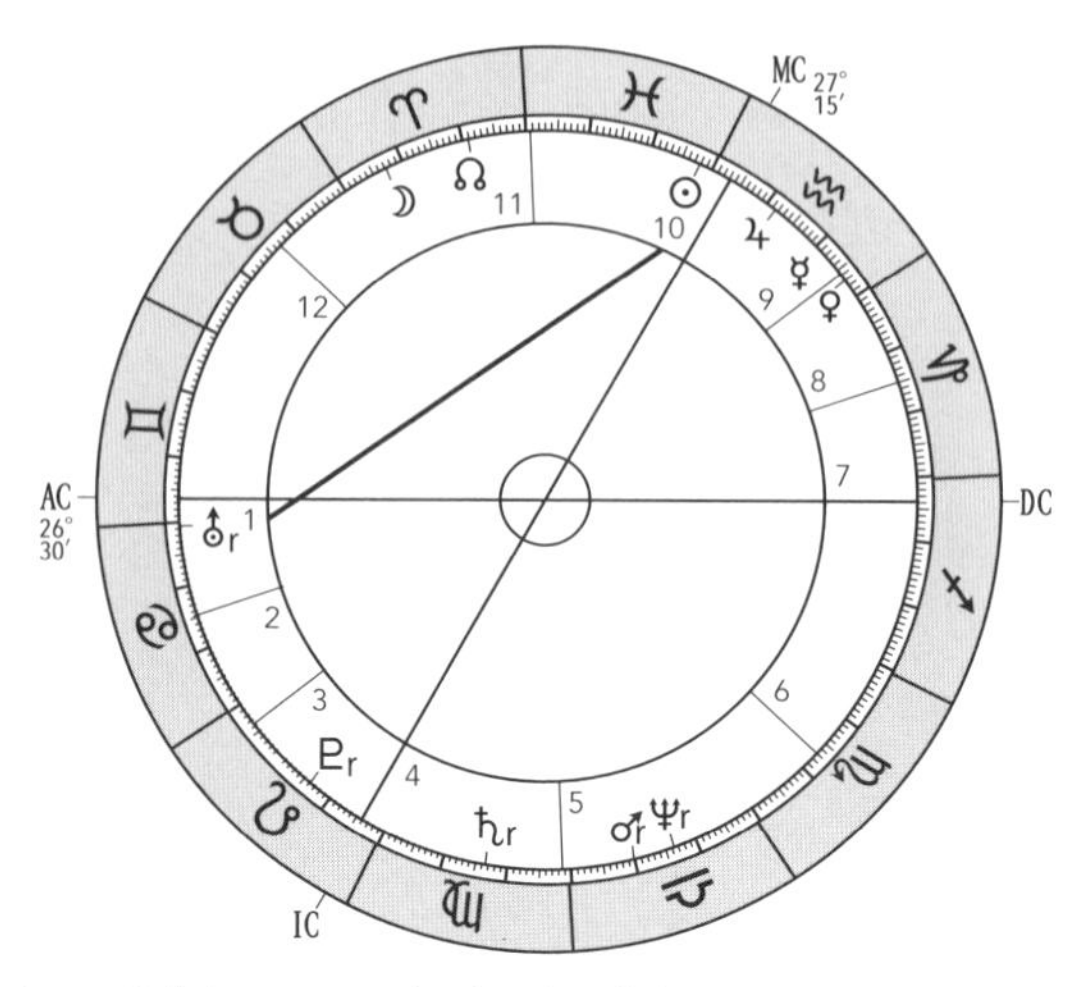

タルナスの出生ホロスコープ。タルナス本人のチャートでも天王星が上昇し、太陽と 120 度であり天王星が強調されている。タルナス自身、自分が天王星＝プロメテウス元型を担っているという意識があるのではないだろうか。

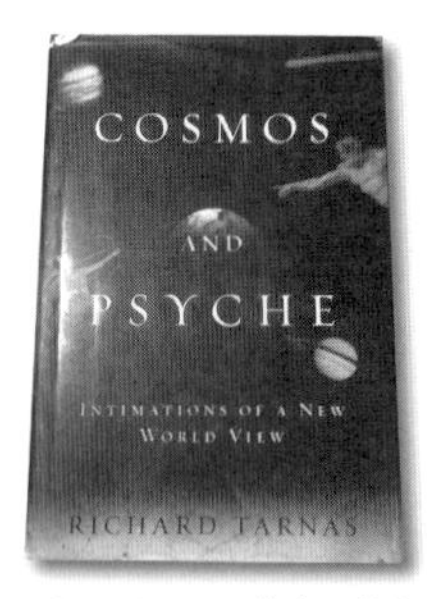

タルナスの著書、『宇宙と魂』。

タルナスの著書、『西洋の知性の情熱／受難』。該博な西洋哲学史でベストセラーになった。

天王星とプロメテウス元型を結びつけたタルナスの著書、『目覚めをうながすもの、プロメテウス』。

第９話

月の女神からのメッセージ

9月といえば、中秋の名月の時期である。

ススキと団子を飾り月を愛(め)でる、そんな風流なしきたりを守っている人は、今では少ないだろうが、美しい月を見たときに感じる神秘的な感情は、夜空が人工の灯(あかり)ですっかり明るくなった今でも、変わることはない。

その証拠に、このところ月をめぐる本が静かなブームとなっている。

ダイアナ・プルートン『月世界大全』（鏡リュウジ訳、青土社）も2年間で7版を重ねている（連載当時）し、林完次『月の本』（角川書店）、ヨハンナ・パウンガー、トーマス・ポッペ『月の癒し』（小川捷子訳、飛鳥新社）などは、いずれも隠れたロングセラーとして書店の棚を飾っている。

月をめぐるホームページも増え続け、日本のサイトで月に関する総合ページ「The Moon Age Calendar」〈http://www.moonsystem.to/〉のアクセス数は、うなぎ上りだという。

現代人は、月に何か心のよりどころを求めているように見える。いや、それればかりではなく、月が実際に不思議な影響力を自分に振るっていることを実感している人も少なくないのだ。

「何となく胸騒ぎがして空を見上げると、必ず満月なのよ」

そう話してくれたのは、20代後半の女性。デザイナーをしている感性豊かな人物だ。

「新月と満月のころは、どうも感覚が鋭くなりすぎて、かえって調子が悪い。客観的な判断ができない気がする」

といったのは、30代のタロット占い師。また別の友人、ラジオのディレクターは、

「満月が過ぎて、月が欠けていくころに、気持ちが落ち着くんだ」

と報告してくれている。

これらは、いずれも主観的な気分にすぎず、「客観的な事実」であるとはいえないかもしれない。

しかし、月が生命体に大きな影響を与えていることを示す証拠は、いくつも挙げられる。

有名なところでは、アメリカの精神医学者、アーノルド・リーバー博士の「バイオタイド理論」がある。

リーバー博士は、満月の前後に殺人事件や事故が、マイアミで不思議に増加することに気づいたのだ。博士の取った統計もまた、その仮説を裏づけていた。

博士の仮説では、人体の80パーセント近くを占める水分にも、海と同じ潮汐（ちょうせき）があり、満月の

直後に海が大潮を迎えるように、人体にも大潮が起こり、それが神経伝達にかかわるイオンのバランスを狂わせたのではないか、というのだ。

これが体内潮汐（ちょうせき）、つまりバイオタイド理論である。

このほかにも、出生率と月の満ち欠け、地震と月の相との関係など、相関関係の有力なものはいくつもある。

もちろん、これらのデータをすべての科学者が認めているわけではない。そうした統計に欠陥があると批判するものが大勢を占める。

だが、今日の迷信が明日の科学とならないとは、だれもいいきれない。

人間が直観的に感じる、あの月の神秘的なエナジーに何かリアルなものがあると感じるのは、僕一人ではないだろう。

そして、月の神秘的な力を感じてきたのは、人類の歴史が始まったばかりの人々にとっても同じだったことを知れば、さらにその感動は増すのではないだろうか。

66ページにある写真は、フランスのローセルから出土した、旧石器時代のレリーフである。石器時代のヴィーナスと総称される、豊穣（ほうじょう）の女神を描いたものの一つで、強調された乳房や女性器が、生命を生み出す神秘的な大地や、女性の力を印象的に表している。

何より目をひくのは、この女神が手にした動物の角だ。これは三日月の形をしており、ずっと後の時代のエジプトの女神の頭を飾る、三日月冠を思わせる。

そして、そこに彫り込まれた刻み目の数に注目しないわけにはいかないだろう。その刻み目は、13本。これは明らかに月の数である。

なぜなら月は、1年に約13回満ち欠けを繰り返すのだから。

女性の月経とも深いかかわりを持ち、欠けては満ちる月は、古代の人々にどのような思いを抱かせたのだろうか。

いわゆる原始社会の神話では、女性を妊娠させるのは男性ではなく、月の光だと考えるものもあるという。

自然の生命のサイクルを根底から支え、豊穣（ほうじょう）と死を司（つかさど）る月は、どの文化でもとても重要だった。

バビロニアのイシュタル、ギリシア女神のアルテミス、エジプトのイシスやキリスト教のマリアまで、世界中で月の力と深くつながる女神や神の存在には事欠かない。

実際、月の神話だけを集めても、ゆうに1冊の書物を編むことができるだろう。また、われらが占星術では、月は情緒や感情を司（つかさど）る天体だ。

しかし、その後、文明の発達とともに、月的価値はどんどん軽視されていくようになる。それは、無意識や自然を抑圧し、理性を至上の価値とする、近代の誕生とつながっているのではないだろうか。

象徴としての月の女神の凋落を示すもっともシンボリックな事件は、宇宙船アポロ（理性や意識を象徴する太陽の神）が月面着陸を果たし、月があばただらけの岩の塊であることを暴いてしまったことだろう。

そのときから月は、意識の上では大いなる自然の女神であることをやめてしまった。

しかし、心理学者のユングは、次のようにいう。

「一度でも魂の一部であった内容は、失われることはない。生を十全に生きるためには、心を最古の層にまで降り立ち、それを取り戻さなければならない」

もし、この言葉が正しいとすれば、僕たちの心の古層には、あの石器時代の女神のイメージ、大いなる女神が眠っている。満月を見たときに、だれもが感じる女神からのメッセージなのだろう。

中秋の名月。ときには、月を見上げて、体の奥底にひめやかに響く月のリズムを、感じとってみてはいかがだろうか。

ルネサンス時代の木版画より。
月の影響で出産する女性を描いている。

ローセルのヴィーナス像。２万年も前に人類は月と女性の周期、さらに生命誕生の神秘がつながっていることを知っていたのだろうか。

第10話

彗星は地上の異変を告げる前触れ

みなさんは、『ディープ・インパクト』（1998年公開）という映画をご覧になっただろうか。宇宙の果てから飛来した彗星が地球に衝突し、人類を絶滅の危機に追いやる、というパニック巨編で、日本でも大ヒットした。

一瞬で地球の最後が訪れるという恐怖。これを映画のなかだけの話、と思うなかれ。彗星や小惑星が地球に衝突する可能性は、決してゼロではなく、科学的にも十分に考えられ得る事態なのだという。

事実、小惑星が地球に衝突したのでは、と思われる事件はある。

1908年、シベリアのツングースカで起こった謎の大爆発は、実に広島型原爆の2000倍のエネルギーを放ったものであった。今のところ考えられるその爆発の原因は、小天体の激突しかない。

しかし、心もとないことに、天の異変を真っ先に察知すべき占星術は、「彗星（小惑星）衝突」をその範疇（はんちゅう）に含んではいない。聖書などに見られるような「そのとき天の星は落ち……」といった象徴的な表現はあるが、実際に小惑星や彗星が地球にぶつかって、地上の生命を丸ごと消し去るなどということは、かつて考えられていなかったのだ。

が、これは、占星術で彗星が無視されていたということを意味しない。彗星や流星は、衝突するまでもなく、地上から見えるだけでも異変のしるしだと考えられてきたのだ。

そもそも、天体の運行は、その荘厳（そうごん）なまでの秩序をもって知られている。宇宙には完全な秩序、すなわち運命があり、その規範にのっとって生きることこそ素晴らしいのだ、というギリシアのストア派哲学（現在の「禁欲的」、つまり「ストイック」という言葉はここからきている）が、占星術と結びついたのも、天の完璧なまでの運動形態と運命の秩序がつながって見えたからだ。

が、そんな完全なる天の秩序を、ときおりかき乱す存在がある。それが彗星や流星だ。とくに彗星は、何日にもおよんで、その不気味な姿を見せるために、地上での異変を告げる前触れだと考えられた。

紀元前1世紀、占星術の父ともいわれるギリシアのプトレマイオスは、世界初の占星術の教科書の一つ『テトラビブロス』のなかで、彗星の出現は、常に疫病の流行、国王や偉人たちの死、不幸、干ばつや大風を暗示すると述べている。また流星群は、風の向きや方向、雷を暗示するのだそうだ。

さらに、この大天文学者は、彗星の形や現れる点の位置、見える期間に注目せよ、と注意をうながしている。彗星の形？　と奇妙に思われるかもしれないが、中世における彗星占星術の解釈は以下の通り。

燃える焔の剣、ないし槍に見えたら戦争の危機。大地を飲み込む龍なら地震。あるいは血塗られた十字架は、死の予兆……。

そんな形の彗星があるものかと疑うなかれ。１５２８年には、打ち続くイタリア戦争を暗示するかのように、手が巨大な剣をつかむような形、しかも周りにたくさんの顔が浮かぶような彗星が現れたという報告があるのだ。

また、彗星が最初に出現した星座も重要視された。乙女座であれば女たちの死を意味する。牡羊座であれば大きな戦禍を。蠍座なら疫病、魚座は宗教戦争を意味するというのだ。

かつての人々の目に、彗星の尾（昔は、これは髪、ないし髭だと思われた。英語の「コメット」とは、ギリシア語で「髪のある星」の意）がどれほど不気味に映ったことか。

もちろん今では、太陽の熱によって、彗星の核に当たるコマの部分がガス状に溶け出し、なびいているのがわかっているが、それに人々がいろいろな幻を投影しても不思議はない。あるいは実際に、天に人の顔が浮かぶ怪異が起こったのか。

近代の光が差し始めるルネサンス真っ盛りの16世紀フランス、その一流の知識人であったジャン・ボダンですら、彗星は偉人たちの魂が飛んでいる姿だという解釈を残しているのである。しかも、このボダンの解釈を裏づけるような、彗星と支配者の死の一致も、年表を見ればいくらでも発見できる。

悪名高きネロの後を継いで混乱を立て直し、ローマの領土を最大にまで拡大させたウェスパシアヌス帝は、紀元79年に大きな彗星を見た。皇帝は、これは敵国の王の運命を告げるものだと強がったが、はたして彗星の死の予告は本人のものだったという。

また、1066年に出現した彗星は、ノルマンディ公ウィリアムが、サクソン人を平定して今のイギリスの基礎を造ったことを暗示しているといわれている。彗星は、サクソン人に敵対し、ウィリアムの肩を持ったわけだ。

さらに、彗星はもっと多くの人々の死を予告することもあった。大都市を灰燼（かいじん）に帰させた1666年のロンドン大火の前に見られた彗星は、「真っ赤であり、動きも速く、恐ろしかった」と作家のダニエル・デフォーは回顧している。

もちろん、今の科学者たちは、このような占星術による彗星の解釈を一笑に付すにちがいない。しかし科学者のなかにも、彗星や流星のもたらす不思議な地上への影響力を認める者がいた。天文学者のフレッド・ホイルらは、彗星や流星に乗って、宇宙から原始的なウイルスが地上にやってきている可能性を示唆している。世界で突然、同時多発的に流行するインフルエンザは、彗星が地球の軌道上にまき散らしたウイルスと関係があるかもしれないというのだ。

とすれば、彗星が疫病をもたらすという古代の説も、あながち、はずれてはいないということになるわけだ（「インフルエンザ」とは「星の影響力」の意）。

シューメイカー・レビー、ヘール・ボップなど、ここのところ大彗星の話題には事欠かない。また、1998年の11月には、33年ぶりに「獅子座流星群」の大出現が「期待」されている（連載当時）。うまくすると、それこそ降り注ぐような流星雨を観測することができるそうだが、これは何かの凶兆なのだろうか。

もちろん、占星術に毒された僕の杞憂なのかもしれないけど。

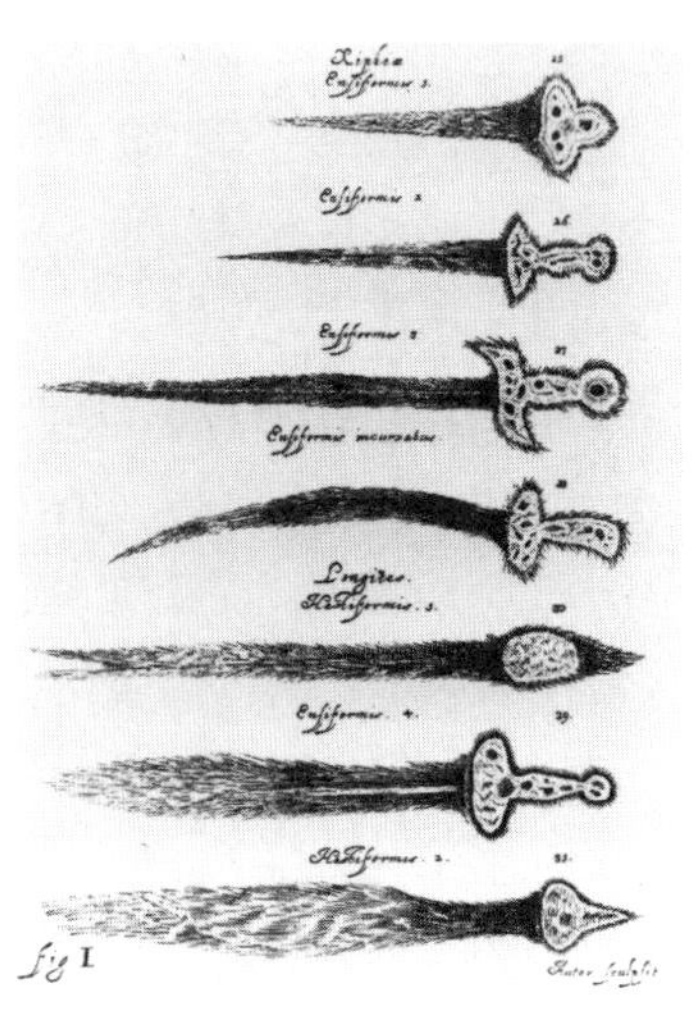

17 世紀、ヨハネス・ヘベリウスによる彗星の描写。

16 世紀、アンブロース・パレが描くモンスターとしての彗星。当時の人々の目にはこのような剣のような彗星が見えたのだろうか。

第11話

星の動きが教えてくれる人生の「節目」

以前にも書いたのだが、僕も30歳になった（連載当時）。そのせいか、このごろ年齢のことをよく考える。

かなり若いころから仕事をしていたこともあって、「まだそんなに若いんですか」と驚かれたり、「歳よりはフケて見えますね」といわれたりすることがある。

いくつに見えようが、たいした問題ではないのはわかっている。けれど、正直、気になるのは確か。

そもそも「年相応」というのは、どういうことなのだろうか。

「青春とは、精神の若さのことである」といいたいけれど、同時に「人は30を過ぎれば（いや、40だったか？）自分の顔に責任を持たなければならない」という言葉も、一面の真理を含んでいる。

どんなに永遠の若さの魂にあこがれていても、有限の肉体と時間のなかで生きる人間にとっては、きちんと歳を重ね、成熟していくことは大切なことだと思う。そして、不思議なことに、人生には自分を成熟させていくための節目のようなものが、絶妙なタイミングでセットされている気がしてならないのだ。

占星術とは、星の動きと人生を重ね合わせ、時間の「意味」を問うアートといえる。時間の意味？　そう、時間には意味がある。古代ギリシアには、「時間」と訳せる二つの言葉があったという。

一つは「クロノス」。これは、無味乾燥な、ただただ流れていく時計で計れる時間。もう一つは「カイロス」。これは、人間にとって何か重要なタイミング、意味ある時間だ。魂を揺さぶる出会いや別れ、そしてふと浮かぶ心の思い煩いなどは、人生のなかで、意味のあるときにやってくる。それがカイロスなのだ。

占星術は、個人のホロスコープを移ろいゆく星の動きのなかに、その複雑なカイロスを読み取ろうとする。あるいは、人生の出来事や時間の意味を浮かび上がらせようとする。

これを本格的に行うには、高度な占星術の知識が必要になるために、素人がすぐに行うのはちょっと無理だろう。しかし、そのエッセンスは、人々が本能的に感じている「歳相応」のイメージと非常に近いのである。

占星術では、惑星の公転周期をとても重要なカイロスの指標と考える。なぜかわからないが、太陽系をゆっくりとめぐる惑星のサークルが、あなたの人生の節目に当たっている。

そして、星は彼方（かなた）から「さあ、もう次のステージにいかないと」とメッセージを送ってきてくれている。あなたの魂は、その繊細な星の呼び声に共鳴して、あせりを感じたり、出会いや別れに向けて動き出したりもするのだ。

惑星のなかでも、人生全体を考えたときにライフサイクルとなる重要な星は、土星と天王星だ。土星の公転周期は29年と半年、天王星は84年かかって太陽の周りを1周する。それぞれの惑星は、あなたが生まれたときの位置に戻ってきたとき、あるいはその周期の半分、4分の1のときに重要なメッセージを送ってくる。

たとえば、よく知られたものに「サターン・リターン」がある。これは、土星があなたの生まれたときにいた位置に回帰する29歳から30歳のころ。この時期に人は、だれしも永遠の若さは持てず、現実のなかで責任を持って生きねばならないと感じるようになるころだ。具体的には結婚や出産、あるいは離婚、昇進による社会的な重圧などが生じてきて、人生に対する重みを改めて感じるようになるときである。

一つの例として、かつての大スターが、一線を退かなければならないという現実と直面することもあるだろう。しかし、それは終わりではない。人生の次へのステージへの切り替えの時期なのだ。

だからこそ僕は、この時期を「人生における中間試験」とか「第二の成人式」と呼んでいる。実際、僕の友人でも長いモラトリアムの期間を終えようとして、とまどっている人は多い。

女性では、心身の症状というかたちでその魂のとまどいを表している人も多く、土星のレッスンをこなすのがいかに難しいか、身につまされる。

また、42歳から45歳のころ。いわゆる厄年であり、心理学では「中年の危機」の時期。占星術では土星が1周半、天王星が半周、ついでに海王星がほぼ4分の1周してくるとき。この時期は、人生の折り返し地点にあたり、生き方の再調整をしなければならなくなる。

もちろん、僕はまだこの試練を経たわけではない（連載当時）。けれども周囲の例では、体を壊したり、離婚を経験したり、あるいは両親が倒れたり、またこれまで仕事一辺倒だった人がいきなり精神世界に目覚めたりと、さまざまなかたちで人生の進路の曲がり角に立たされている人を見てきた。

ちなみに、天王星は「変革」を、海王星は「人生のビジョン」を表す星。遥(はる)か彼方(かなた)の星が、遠くから人生の曲がり角、節目の到来を告げるチャイムを鳴らしているのだ。

ほかの重要な時期を挙げると、14歳から15歳。土星が半周するこの時期は、自我意識が目覚める重要なとき。大人社会の欺瞞がはっきり見え、また思春期の心の揺れにとまどいを隠せない。次の21歳のころは、土星が４分の３周し、天王星が４分の１周する。このとき、社会に出るとまどい（土星）と人生の変化、独立への期待（天王星）が高まる。

これらは、人生の一つの「危機」であるが、一方で木星の周期は人生の発展のチャンスを示す。12歳、24歳、36歳、48歳、60歳の12年周期でめぐる年は、何かを始めるのにいいときだと占星術では考えるのである。

ただしここに挙げたのは、ごく平均的な例だ。10代で40歳前後と同じ悩みを抱える人もいるだろうし、40代で思春期のような恋に悩む人もいるかもしれない。上手に階段を上がって、人生に段差があることすら気づかずにすむ人もいる。

しかし、もし何かについて悩んだり、迷ったりしているのだとしたら、とくにそれが「歳」とのかかわりのあるものであれば、ここで星のサイクルと自分を重ね合わせてみてはいかがだろう。

すぐに悩みが消えるとはいかないけれど、少なくともあなたの迷いに「意味」があることが実感できるはずだ。

占星術の実際的な「知恵」はこんなところにあるのだから。

年齢	木星	土星	天王星	海王星
3	☆			
6	☆			
7		☆		
9	☆			
12	☆			
14		☆		
15	☆			
18	☆			
21	☆	☆	☆	
24	☆			
27	☆			
28		☆		
30	☆			
33	☆			
35		☆		
36	☆			
39	☆			
42	☆	☆	☆	☆
45	☆			
48	☆			
49		☆		
51	☆			
54	☆			
56		☆		
57	☆			
60	☆			
63	☆	☆	☆	
66	☆			
69	☆			
70		☆		
72	☆			
75	☆			
77		☆		
78	☆			
81	☆			
84	☆	☆	☆	☆

土星と天王星の出生時の位置に対する
角度と年齢

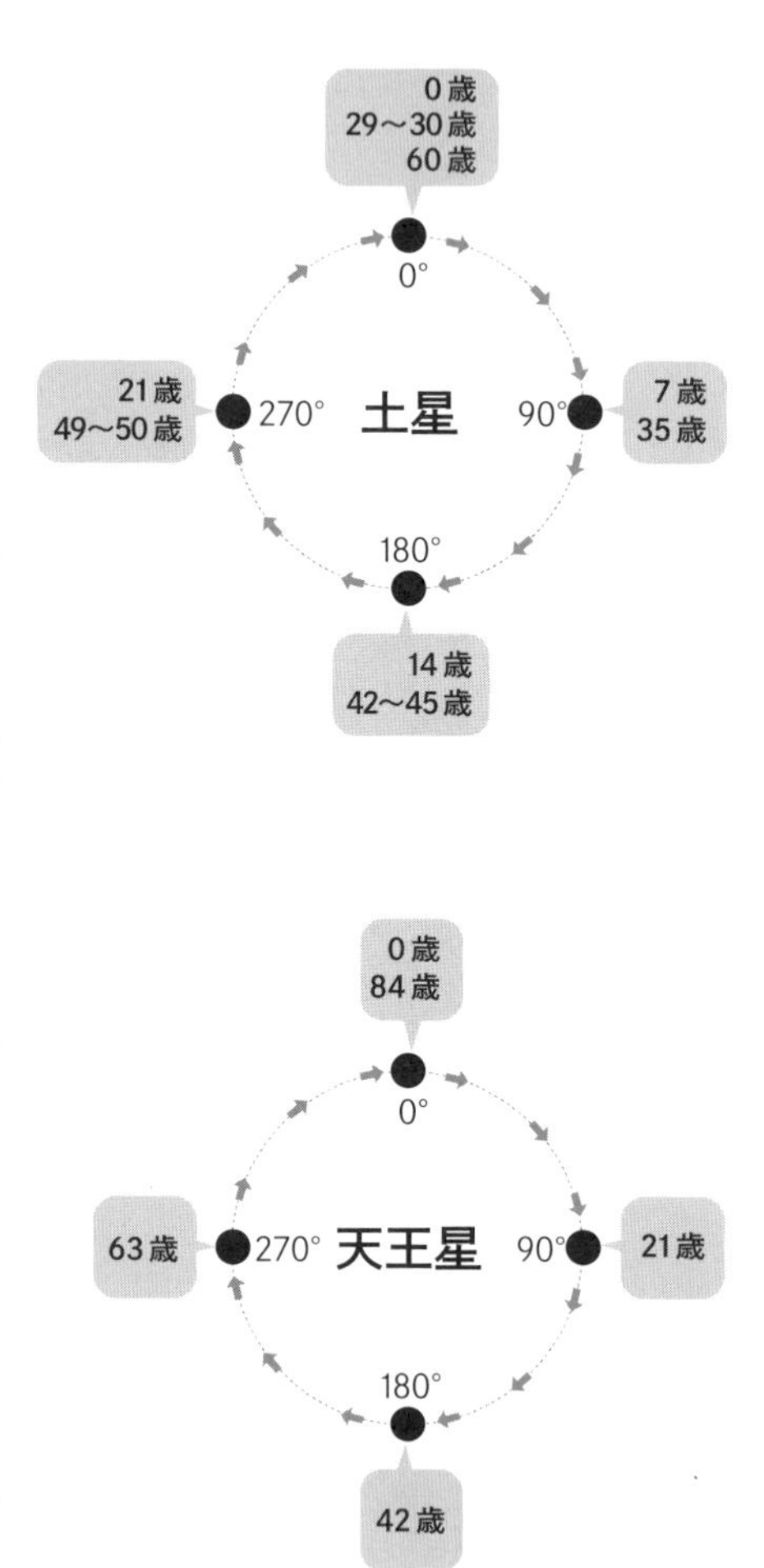

時の老人。このイメージは土星とつながる。

時の翁としての土星の神。

第12話

太陽は「大切な自分」を教えてくれる

占星術といえば、みなさんがすぐに思い浮かべるのは、雑誌の「星占い」や「誕生星座」だろうが、今回はこの「誕生星座」の重要性について、述べておきたいのだ。

専門的な占星術家は、自分たちの仕事が「星占い」と呼ばれるのを好まないことが多い。雑誌で展開されている「牡羊座生まれのあなたは……」といった、単純な性格判断や運勢占いと自分たちの精緻な計算に基づく正統的な占星術は別ものだ、といいたいのである。

改めて説明する必要もないだろうが、正式な占星術では、ただ生まれ月だけでなく、生年月日、分単位での出生時刻、さらに出生地までも必要となる。なぜなら占星術で使うホロスコープでは、12星座に対して月や水星など、すべての惑星の位置をプロットしていくからだ。

さらには、地平線、子午線までも書き込むために、占星術のデータは限りなく細かなものになっていく。

それに対して、雑誌などで行われている、いわゆる「誕生星座占い」は、太陽のおおざっぱな位置だけを問題にしている。幸いなことに、現行のカレンダーは太陽暦であり、おおまかな太陽の運行と日付は合致しているから、誕生日を聞くだけで太陽が占星上のどこの星座宮にいたかを判断できるのだ。

マスメディアでは、不特定多数の人を対象にしなければならない。そこで、簡単に位置がわかる太陽を使った占星術、「サン・サイン・アストロロジー」ばかりが広く普及し、星占いといえば、「人類を12分割するだけのおおざっぱで乱暴な占い」という誤解も広まってしまった。

しかし、こうしたマスコミ星占いは、意外なほど歴史が浅い。

１９３０年にイギリスの新聞「サンデー・エクスプレス」が、誕生したばかりのマーガレット王女のホロスコープとともに、誕生日別に読者の簡単な運勢判断を付したのがその始まりだとされている。

この記事は大ヒットし、その後、瞬く間に世界中のマスコミに広がっていった。１９６０年代には人々は自分の「星座」を知るようになる。現代に至るまで、リンダ・グッドマン、ミスティック・メグなど、いわゆるマスコミ星占い師のスターが次々に登場している。ただ、このようないい方をすると、まるで「星占い」があまりにもポップでいいかげんなものに思われるかもしれない。

事実、先にも述べたように、占星術の専門家のなかには、「誕生星座占い」は、占星術の粗悪な類似品であるかのように嫌う人もいる。

しかし、僕はそうでもないと思うのだ。

占星術の歴史のなかで、太陽はずっと重視されてきた。ギリシア時代の占星術の父である、プトレマイオスは、太陽が季節の変化、地上での気象、生命活動を支配していることをちゃんと知っていた。だからこそ、太陽は人生にも大きな影響を持つはずだ、というのだ。

ルネサンス時代には、太陽崇拝は頂点に達した。プラトン全集を翻訳し、西ヨーロッパに紹介したマルシリオ・フィチーノは、太陽を神そのものの似姿と考えていたフシがあり「あまねく世界霊魂の力は、とりわけ太陽を通じて現れてくる」と語っている。

コペルニクスやケプラーが、従来の地球中心モデルから太陽中心モデルに発想を転換できた背景には、こうした占星術の世界観があったことは多くの科学史家の説くところだ。

だからこそ、太陽の星座宮を軽視することなどできないのだ。

では、どのように誕生星座を考えればいいのだろうか。

牡羊座生まれの人物が必ず「血気盛ん」で、山羊座生まれがいつも「努力家」であると考えてしまっては誤りだ。象徴的に考えてみよう。

夜を切り開いて昇る太陽は古来、困難に打ち克つ英雄の姿でイメージされてきた。

いわば、太陽はあなたがあなただけの人生を生き抜き、切り開く力を表しているのである。だから、現代の心理占星術家リズ・グリーンがいうように、太陽は僕たちの「自分自身がかけがえなく、大切であるという感覚」を反映しているといえよう。

牡羊座生まれの人が、自動的に雄々しく、活動的になるのではない。

太陽が牡羊座にあるということは、牡羊座的なやり方で、その人は人生を自分のものとして切り開いていくことができる。そのなかで生き生きと自分の生命力を発揮することができるという意味なのだ。

そして、すでに星座の性格で生きているという方がいるとするなら、太陽の星座はその性質をさらに美しく、そしてもっともっと強く生きることができる、と語りかけてくれているように思う。

残念ながら、ここでは12星座の意味をすべて説明できる紙数がない。ごく短いキーワードだけを表にして、紹介しておくにとどめるしかない（「太陽の12星座のキーワード」参照）。

これらの言葉や市販されている優れた星占いのテキストによって、太陽のイメージをどんどん膨らませていっていただきたい。

細かなホロスコープに飛びつく前に、太陽の星座のイメージだけで、一晩でも語り明かすことができるのだ。

占星術の敵は、つまらぬ字句主義(リテラリズム)だ。星の意味を文字通りに言葉を受け取ってしまわずに、より広く、深く、星座のイメージをもとに魂の領域を探っていっていただきたい。夜空は無限に広がっている。あなたの魂と同じように。占星術の旅はまだまだ続くのである。

《太陽の12星座のキーワード》

♈ 牡羊座	**火の星座**	自我の目覚め。活動的。 新しい経験の傾向。
♉ 牡牛座	**地の星座**	温厚。所有欲。 五感で得られるものへの傾向。
♊ 双子座	**風の星座**	軽やかさ。知的。 言語化しようとする傾向。
♋ 蟹　座	**水の星座**	母性本能。親しみやすさ。 保護し、育もうとする傾向。
♌ 獅子座	**火の星座**	自尊心。生命力。創造性。 自己を表現しようとする傾向。
♍ 乙女座	**地の星座**	批判的、分析的。 何かに奉仕しようとする傾向。
♎ 天秤座	**風の星座**	社交的。調和的。 バランスを取ろうとする傾向。
♏ 蠍　座	**水の星座**	探求、執着。深さ。 深い情動に身を浸そうとする傾向。
♐ 射手座	**火の星座**	自由、遠いものへの憧れ。 理想に近づこうとする傾向。
♑ 山羊座	**地の星座**	自己管理、責任感、保守的。 物事を完璧に遂行しようとする傾向。
♒ 水瓶座	**風の星座**	固有性。あらゆるものから独立、 自由でありたいという傾向。
♓ 魚　座	**水の星座**	同情心、情緒的。何かのなかに 溶解されたいという傾向。

キリストと同一視された太陽が 12 星座の中央に配されている。太陽は宇宙の霊的中心であるとも考えられた。

第13話

クリスマスと占星術の深い関係

街にはキャロルが流れ、陽が落ちるとイルミネーションが美しく輝く季節。そう、クリスマスのシーズンだ。

クリスマスとは、いうまでもなく、イエス・キリストの誕生日を祝う聖なる日。ヨーロッパの文化の基盤を作ったこの救い主の生誕を祝う日だ。

このクリスマスと占星術には深い関係があるといえば、みなさんは驚かれるのではないだろうか。

大胆にいってしまえば、一神教であるキリスト教において魔術や占星術はご法度(はっと)である。にもかかわらず、イエスの生誕日に占星術がかかわっているとは！

だが、そもそもクリスマスがカトリック教会で正式に公認されたのは4世紀のこと。イエスの時代から300年もあとのことなのだ。神の子であるイエスの誕生を「人間並み」に祝うなんて異端的だと考えられていたほどなのだ。

そもそも聖書のどこを開いても、12月25日がイエスの誕生日だとは書かれていない。

では、なぜこの日なのか。

諸説あるが、有力なのは、このころローマで行われていた冬至の祭りがキリスト教に取り込まれたという説だ。本来、教会は異端的な季節の祝祭は撤廃したかったはずだが、素朴だが純粋な人々の祭りを根絶やしにはできなかったのだろう。また、死んでよみがえる神イエスのイメージと、太陽の光が徐々に強くなっていく冬至のイメージは、実にうまく適合する。

となると、実際のイエスの誕生日はいつなのか。

ヒントは聖書の記述だ。イエスの生涯を記した福音書を見てみよう。それによると、「占星術の学者たちが東のほうからエルサレムに」来た。そして「ユダヤ人の王として生まれた方」を「星をみて拝みに」来たといったのだ。（マタイ２：１）

そう、有名なクリスマスの星、ベツレヘムの星である。ここでいう占星術の学者とはギリシア語では「マギ」、英語の「マジシャン」の語源である。彼らは星を見つめる魔術師であり、のちに占星術や魔術を異端とするキリスト教の開祖の生誕を最初に祝福したのが、魔術師や占星術師であったというのは、皮肉でもありミステリーでもある。

では、この「ベツレヘムの星」の正体がわかれば、イエスの「本当の」誕生日がわかるのではないかと考えた人々がいた。

この星が何だったのか、そのことについてもさまざまな説がある。

超新星説、あるいはハレー彗星のようなコメットだったのではないかという説、はたまたＵＦＯ説まである。

占星術の立場からいえば、もっとも興味深いのは、木星と土星の会合説だ。

これは惑星運動の法則を発見したケプラーも支持した説である。

木星と土星はおよそ20年に一度会合するが、イエスの時代には２０００年単位で移動する春分点の移動と時を同じくして起こる珍しい現象だ。

伝統的に土星はユダヤ人の星、一方で木星は王者を意味する。そこで木星と土星の合は、「ユダヤ人の王」であるという、聖書の記述と一致する。しかも、この合は魚座で起こっていた。

この、「魚」、というのが重要だ。

ギリシア語でイエス、キリスト、神の、子、救世主の頭文字を並べると、まさに「魚（イクトウス）」となる。

初期キリスト教のシンボルは魚だったのだ。

天文学上の魚座は、垂直方向の魚と水平方向の魚の２匹の魚がリボンで結ばれている姿である。その魚を重ねると、まさに十字架が出来上がるではないか。

またキリストと反キリスト、霊と肉の二元論はこの２匹の魚に象徴されていると、希代の象徴解読者であるユングは晩年の著書『アイオーン』でいう。しかも、魚座の正反対に位置するのは、聖母マリアを思わせる乙女座である。

計算によると、イエスの時代にこの木星と土星が、ホロスコープの上で最接近するのは紀元前7年5月29日。

だとすると、イエスは今でいう「双子座」の生まれとなる。

イエスが「たとえ話」を駆使して布教したという逸話も、知にたけた双子座なら、さもありなん、と思えてくるのだが……。真相はもちろん、依然としてミステリーではある。

ベツレヘムの星に導かれた占星術師が幼子イエスを礼拝する。初期ルネサンスの画家ジオットの作品。星は彗星の姿で描かれる。

ベツレヘムの星に導かれる東方の三博士。

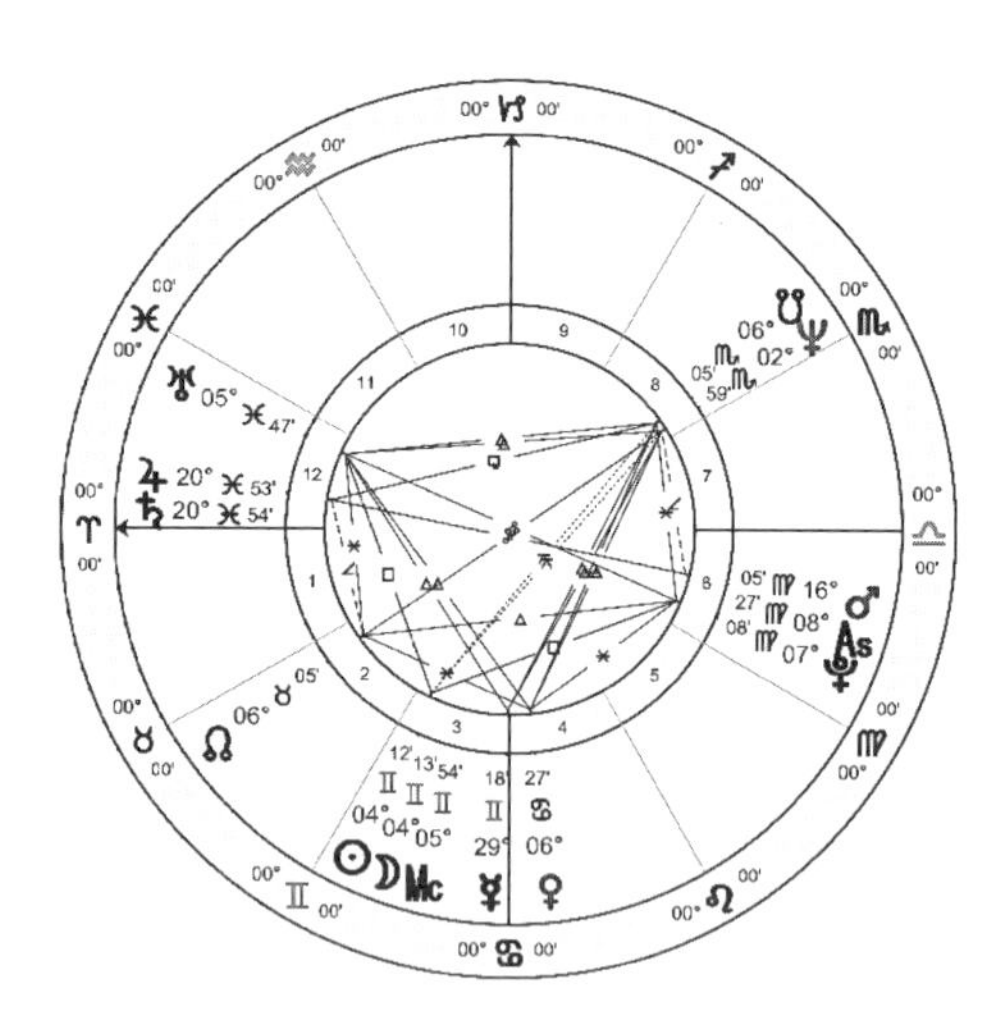

ケプラー、ユングによるイエスのホロスコープ。出生時刻不明。フラットチャート。木星と土星が魚座で会合し、太陽と月は双子座に。

第14話

星の力を届けてくれる宝石（パワーストーン）

紀元前、それまで知られていた世界のすべてを掌握した男がいた。男はギリシアからインドにまでまたがる大帝国を築き上げた。

しかし、その男は帝国の繁栄を十分に見ることもなく、わずか32歳の若さでこの世を去った。

そう、その男の名はアレクサンドロス。二千数百年の時を超えて、その名を轟(とどろ)かせる大英雄だ。

世界の救い主たるイエス・キリストが生まれたときに起こった星の兆しについてお話しさせていただいたが、では、この大英雄の生誕について、星はどんなことを告げていたのであろうか。

中世には聖書よりも流布(るふ)していたという、『アレクサンドロス大王物語』（伝カリステネス・橋本隆夫訳、国文社）を開いてみよう。そこには、こんなエピソードが記されている。

のちのアレクサンドロスの母となるオリュンピアスは、エジプト王家の血を引く大呪術師にして占星術家のネクテナボンを訪ねた。強大なペルシアからの侵攻から逃れ、マケドニアに亡命していたネクテナボンは、かの地でも予言者としての名声を瞬く間に得たからだった。

オリュンピアスを前に呪術師は、

「手をふところにいれると、そこから小さな書板を取り出した。……（書板は）黄金と象牙でできており七曜の星と誕生時に上る星つまり誕生星が記されていた。太陽は水晶、月はダイヤモンド、ゼウス（木星）はアエリオス、アレス（火星）は鉄血石（ヘマタイト）、クロノス（土星）は蛇石、アプロディテ（金星）はサファイア、ヘルメス（水星）はエメラルド、誕生時の、星宿（アセンダント）を示す誕生星は白大理石でできていた」。（前掲書）

オリュンピアスは、その書板のぜいたくなつくりに驚いたというが、この板はつまり、占星術で用いるホロスコープを宝石で作り出すというものだったのだ。

オリュンピアスは、自分の結婚生活について悩んでいた。というのも、遠征に出かけている夫が戻ってきたときには、夫は妻を捨てて別な女性と結婚するのではないかという噂が立っていたからだ。

呪術師ネクテナボンは、王妃にいった。

「お二人の誕生時間を教えてください」

ネクテナボンは、ホロスコープを計算し、二人のホロスコープを並べた。

しかし、このときにネクテナボンが相性判断のために作成したのは、オリュンピアスとその夫のものではなく、オリュンピアスと呪術師自身のものだったのだ。

そして、こういった内容のことをいった。

「あなたは、このままいけば夫には見捨てられるでしょう。しかし、あなたはリュビアの神アンモンによって見初められ、神の子を産むことになります。その神からの求愛を拒まないように。そうすれば神の母としてのあなたの身は安泰です」

実は、これは呪術師の奸計であった。夜、安心した王妃のもとへ呪術師は神に変装して忍び込み、王妃を抱いたのだった。おそらく、宝石のホロスコープで夫と王妃のものではなく、自分と王妃のものを並べて作成したのは、単なる占いではなく呪術としての意味もあったのだろう。

こうしてエジプトの大呪術師とマケドニアの王妃の間に、神の子のような大英雄が生まれる。奸計を働いた呪術師は、まだ子供のアレクサンドロスに殺される、というオチつきではあるのだが……。

残念ながら、この物語はフィクションである。

人は英雄を神格化し、時はそれをさらに神話化していくものであり、中世に流布した一連の「アレクサンドロス・ロマン」と呼ばれるこうした物語群は、アレクサンドロスの時代よりもずっと後に編纂された大衆向けの娯楽物語なのだ。

だが、少なくともこの物語は、3世紀〜4世紀ごろの人々がイメージしていた占星術や呪術の姿が映し出されている。僕たちにとってとりわけ印象的なのは、宝石でできたホロスコープ板という、この上なく美しくロマンチックな占星術用具ではないだろうか。

現在、パワーストーンがブームになっているが、星の力の代行者としての宝石への信仰は中世初期からあったわけだ。その伝統は今でも連綿と続いている。いわゆる誕生石も、生まれの星と宝石とのマジカルな関係性をもとにしたもので、インドでは今でも、占星術家は運命を逆転させるための宝石選定を大きな仕事の柱としているのである。

ではなぜ、宝石と星なのか。

17世紀のヴィルヘルム・エオは、宝石は星の力を養分として育つがゆえに、天の星と極めて近しい関係があり、調和を示すと述べている。

また15世紀のマルシリオ・フィチーノは、宝石はその硬さゆえに、星のスピリットを長くそのなかにとどめておくことができるのだという。

きらめく宝石。その光はまるで地上に降りてきた星のようだ。

地上の星である宝石は、僕たちに遥（はる）か彼方（かなた）の星の力を媒介し、届けてくれている、そんなふうに思うと、身近なパワーストーンがますますいとおしく見えてくるのではないだろうか。

「アレクサンドロス・ロマン」には、アレクサンドロス大王が奇想天外な冒険をしたことが語られる。大王は東方の地で首なし人間に出会ったとか。

アレクサンドロス大王。

第15話

無意識との対話が生んだ『赤の書』

コンプレックス、内向的な人格・外向的な人格……ごくごく日常的に使われる、こうした心理学用語を作り出した人物が誰か、ご存じだろうか？

実は、それはスイスの精神医学者C・G・ユングその人なのだ。

ユングといえば、20世紀前半に活躍した偉大な精神医学者である一方で、その領域は心理学・精神医学にとどまらず広く東洋思想や古代哲学研究にまでおよび、「集合的無意識」や「シンクロニシティ」などの原理を発見した人物である。

グノーシス主義、錬金術、易からテレパシー、ＵＦＯ現象に至るまで神秘的なテーマを追求し、それゆえにアカデミズムからは白眼視されることもある一方で、オルタナティブなカルチャーからは一種のヒーローと目されることも多かった。当然、ユングへの関心は肯定的なものであれ否定的なものであれ高く、日本でもその主要な著作のほとんどが邦訳紹介されている。

だがその一方で、ユングと真摯に向き合おうとする多くの研究者は、まるで靴下の上から足を掻くようなもどかしさを感じざるを得なかったのだ。

というのも、ユング研究に不可欠だと思われる、決定的な資料が公開されていなかったのだ。ユングの思想の核心部分は、ユング自身の内的体験から生まれていることがわかっている。しかもユングは自らの瞑想、ヴィジョンの体験を認め、美しい本に仕上げていることもわかっている。その本を『赤の書』という。

だが、肝心なその本はスイスの銀行の金庫に厳重に保管され、めったなことでは部外者の目には触れることはなかったのだ。あまりに衝撃的で、あまりに私的であるというのがその理由だ。だが、ついに２００９年、その禁が破られた。ソヌ・シャムダサーニをはじめとする研究者らの手により、各国語にこの本は翻訳出版された。日本語版も２０１０年に河合俊雄氏らの手で翻訳され、創元社より刊行（文字部分のみのテキスト版は２０１４年）されている。

そう、ユング派最後の秘儀がついに開帳されたのだ！

ある研究者はこれを、キリスト教史、グノーシス主義研究史における『ナグ・ハマディ文書』発見と同じくらいの衝撃があるといっている……。

『赤の書』は、ユングが師匠であるフロイトと決別し、第一次世界大戦が起こったころに認められた。内的にも外的にも精神的な危機に陥ったユングは、自らの無意識のなかに降り立ち、浮かび上がってくる強烈なヴィジョンを記録していったのだ。それはまさに壮絶な密教修行のようなものだった。ユングの魂の目には、自分で作り出したとは思えないようなヴィジョンが次々に迫り、激しい霊的嵐のなかにユングを巻き込んでゆく。

ユングはそれに堪え、無意識と対話を繰り返しながら、自らの思想を練り上げていった。その記録が大判200ページからなる壮麗な図版と飾り文字で仕上げられた作品となったのだ。幻視のなかではカワセミの翼を持つ賢者が語り、また数々のマンダラが出現、善悪を超えた神が姿を現す。このたび公開された『赤の書』を見ると、ユングの体験したヴィジョンがいかにパワフルなものであったかがわかる。幻の声はニーチェを、その心像はウイリアム・ブレイクを、その体験の強烈さは魔術師クロウリーを思わせるものである。

そのなかで、占星術家としてまっさきに目を奪われたのは、ユングが最初期に描いたマンダラだ。これは『黒の書』と呼ばれる、『赤の書』のもとになった草稿のなかに見られるものだ。1916年のものだろう。

100ページの写真を見ていただきたい。

まさにこれは占星術のホロスコープそのものではないか。縁系の図表のなかに太陽、月、水星、金星、火星、木星、天王星、海王星などの占星術記号を見ることができる。ユングはこの絵を「世界の体系」と呼ぶ。

僕には一目でわかったのだが、この図は完全にとはいえないまでも、ユング自身のホロスコープと相当重なり合う。

太陽、木星、土星、金星の位置はほぼ同じだし、火星は専門用語でいう「アンティッシャ」、鏡像の位置にある。ユングの図では月は二つあるが、うち一つはこの図のもとになったヴィジョンを作成した1916年1月16日の月の位置だ。天王星の位置もかなりそれに近い。ユングの幻視の星図は、実際の星図と謎めいたかたちで共鳴関係にある。

ユングの内なる声はいう。

「『私はおまえとともにさまよう星である』。太陽がそのような星でもあり、神でもあり、数々の魂の祖父である」

『赤の書』が提示する謎は巨大だ。そこには魂の導きとなる偉大な暗号が隠されているに違いない。そして、その根底には、ユング自身の魂を通して、遥か古代から、いな、時間を超越した未来から響く、星に関する深い象徴的意味が隠されているのだろう。

その暗号を解くのは、もしかすると、あなた自身かもしれないのだ。

『赤の書』は圧倒的なオーラを放ちながら、今、僕たちの机上に姿を現している。

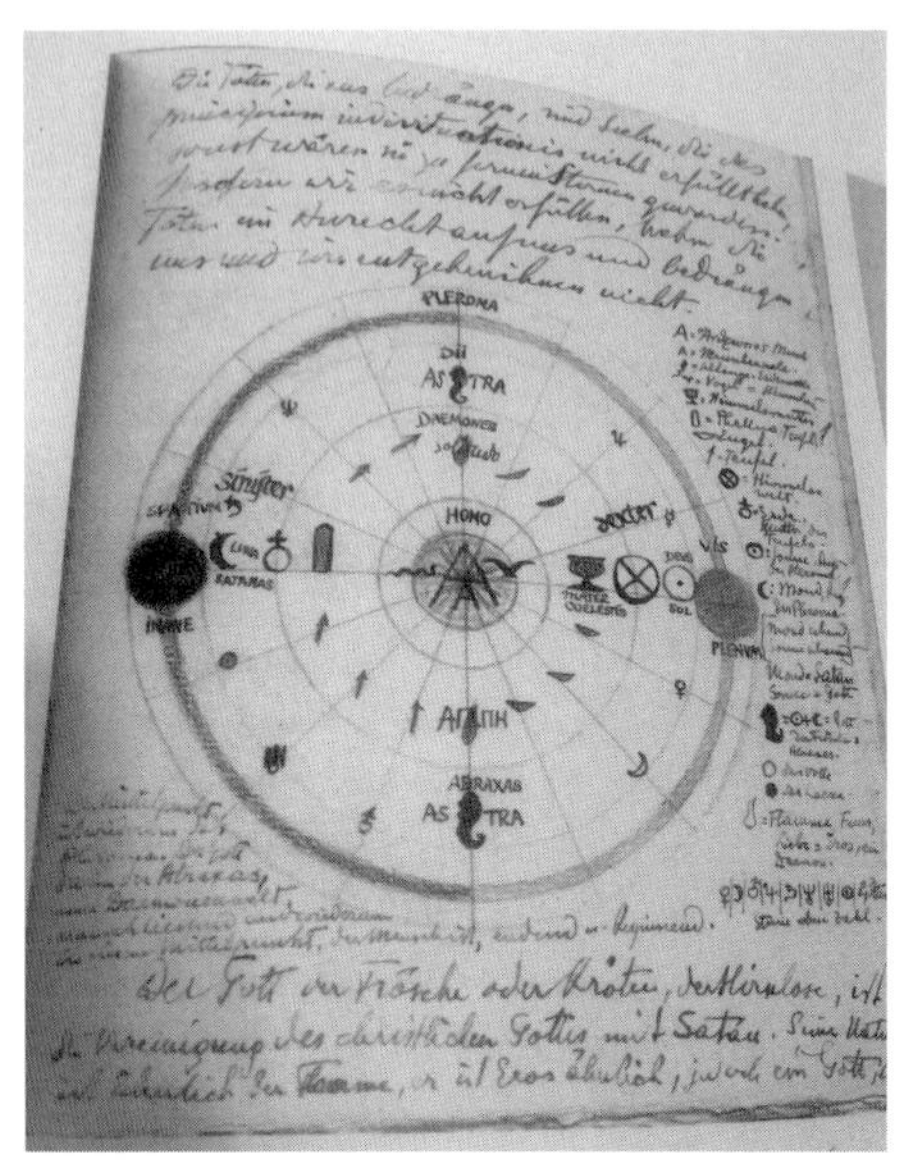

ユングが描いたマンダラのスケッチ。
C･G･ユング著、河合俊雄訳『赤の書』（創元社）

第16話

宇宙の霊気が春の豊かな大地を生む

イタリアの花の都、フィレンツェ。多くの観光客を集めるウフィッツィ美術館には、世界の至宝である多くの名画が展示されている。

なかでも、多くの人の眼を惹（ひ）きつけてやまないのが、サンドロ・ボッティチェリの描く『春（プリマヴェーラ）』である。

『ヴィーナスの誕生』と並んで有名なこの絵は、春の到来を寓意（ぐうい）的に語るものだとされている。

だが、ここに描かれたメッセージは謎に包まれている。

花が咲き乱れる園にたたずむ女神。また三人の乙女たちが手に手を取って輪舞を踊り、風神が気流を引き起こしている。

確かに美しい絵ではあるが、その意味を読み解いていくのは容易ではない。これまでにも多くの美術史家たちがこの絵を「読もう」と果敢な挑戦をし続けてきた。

そんななかで、極めて興味深い解釈をほどこしているのが、著名な図像学者である碩学、フランセス・イエイツである。

イエイツはいう。この絵は、天界の力を引き寄せる占星術的な魔術護符なのだろう、と。(『ジョルダーノ・ブルーノとヘルメス教の伝統』前野佳彦訳、工作舎)

もしこの説が正しいとするなら、この絵は史上でもっとも美しく、もっとも大きな護符だということになる。

いったい、イエイツは何を根拠にこのような説を立てたのだろうか。

それを説明するには、ボッティチェリが活躍したルネサンス時代の思想的背景を説明しなければならない。

一般に、ルネサンス時代とはそれまでの「暗黒の中世」が終焉し、理性の光が差し込んで人々が自由に目覚めた時代だといわれてきた。

キリスト教の教義の独裁、多くの民族の移動によって文化的な衰退が起こった中世に代わって、アラビア経由で古典時代、ヘレニズム時代の文献が次々に西ヨーロッパに紹介されてきたのである。

ギリシア語の文献を大いに翻訳したのは、フィレンツェの医師であり、祭司でもあり、また占星術家でもあったマルシリオ・フィチーノだった。大富豪でありトスカナ公でもあるメディチ家の庇護を受け、フィチーノはプラトンと、そしてまた知の神人であるヘルメスの手になると信じられた文献、すなわちヘルメス文書をヨーロッパにもたらしたのだ。

フィチーノは異教的な魔術思想とキリスト教を融合させようとし、占星術も実践していた。「豪奢王」と呼ばれるロレンツォ・メディチはフィレンツェ郊外のカレッジに、フィチーノのために邸宅を与えた。ここは学院でもあり、サロンでもあり、多くの文人たちが訪れた。そのなかには、あの『春』の画家、ボッティチェリもいたのである。

ボッティチェリは、そこでフィチーノの思想を吸収したのだろう。

フィチーノの宇宙論によれば、この世界、この宇宙には霊気に満ちている。それは「世界の魂」でもある。

一方で人間にももちろん、スピリットが存在している。それは血液が昇華されて出来上がったようなもので、宇宙のスピリットと似た性質を持っている。だから、こちらのスピリットを整えれば人は宇宙のスピリットと交感でき、健やかなる生活が送れるというのだ。そして、そのスピリットを引き寄せるのは魔術的図像であったり、音楽であったり、宝石だったりする。また占星術が当たるのも、人と宇宙がスピリットを媒介として共感関係にあるからだ。

ここで、１０５ページにある『春』を見てみよう。

絵の右上には西風の神ゼフィルスが気流を起こしている。地中海では西風が吹くと春が訪れるのだろう。風神の息が風となっているのだが、もともと「スピリット」という言葉は「息」でもあった。つまり、これは宇宙の霊気が地上に吹きこんでいるさまを示すのだ。

その風（スピリット）はニンフに吹きかけられている。宇宙のスピリットが吹きかけられたニンフは、冬の不毛な大地を象徴する真っ白な衣裳をまとったクローリスから、春の豊かな大地を表わす花模様の服を着たフローラへと変身する。

その風は、快楽・貞節・美を表わす三美神の前を通過していく。

それは人の生き方の三つのシーンを表わしている。絵の上部には、キューピッドが愛の矢をつがえている。目隠しした愛の少年神が狙うのは、3人の女神のうち、髪をひっつめ、アクセサリーもつけない「貞節」だ。その視線は、半裸の美青年神ヘルメス（画面左端）に向けられている。春が訪れ、恋が生まれるのだろう。そしてヘルメスの杖は雲を突き抜け、宇宙のスピリットを天上へ返そうとしている。この園を統（す）べるのは、妊娠したような姿で中央にたたずむヴィーナスである。

こうして見ていくと、この絵は宇宙のスピリットの循環を描く一種のマンダラであり、愛の星・金星のスピリットを引き下ろす美しい護符でもあると解釈できるのだ。

確かに、この絵は貴族の結婚祝いのために描かれたという。だれしもが一度は目にしたことのある名画。そのなかには、実は占星術の秘密が含まれているのである。

『春（プリマヴェーラ）』ボッティチェリのこの名画は
巨大な占星術的護符だという説がある。

第17話

ガリレオの素顔、知っていますか？

今日の主人公はガリレオ・ガリレイだ。

いわずと知れた近代科学の父、そして近代天文学の父として名高い、あのガリレオだ。

ガリレオの名前は、教科書のなかだけではなく、最近、比較的耳にすることが多かったのではないだろうか。

２００９年は世界天文年であり、さまざまな天文関係のイベントが開催されていたのだが、それはガリレオが世界で初めて望遠鏡で宇宙を観測してから４００年を記念する、というものだった。

広く流布（るふ）している逸話では、頑迷（がんめい）な教会からの異端審問の場で、命の危険にさらされたために自説の撤回を余儀なくされながらも、「それでも地球は動く」とつぶやき、宗教からの圧力に対して抵抗したというものがある。いわば、迷信的な宗教に対して戦った英雄であり、近代科学のシンボルのようになっている。

確かにガリレオの偉業は大きい。望遠鏡で月を観測しクレーターを発見し、木星の衛星を発見し、また物理学上の重要な貢献を残している。

しかし、少し丁寧に見ていくと、ガリレオの素顔はそんなに単純なものではないのだ。ガリレオ裁判についても史実はこんなに単純ではない。

たとえば、こんな記述はどうだろう。自作の望遠鏡で見た宇宙の姿を記録した『星界の報告（1610年）』（山田慶児・谷泰訳、岩波書店）の献辞。この書はトスカナ大公メディチ家のコジモ2世に捧げられているが、ガリレオはそこで、コジモが生まれたときに神々の王である木星が天頂に輝いていたので、コジモが寛大さや血統の正しさを持っているといっているのだ。岩波文庫版での訳注では、こうした記述は当時の伝統に従っただけで、ガリレオが占星術を信じていたわけではない、としている。しかし、実際はそうではない。ガリレオは占星術をまちがいなく実践していた。

110ページの図を見ていただきたい。ガリレオ自筆の図である。

見てすぐにわかるのは望遠鏡で見た月のスケッチ。初めて望遠鏡を天に向けたガリレオガリレオが作成したコジモのらしい。そしてもう一つのよくわからない正方形の図表は、ガリレオが作成したコジモの出生天宮図(ホロスコープ)なのだ。このホロスコープを見ると東の地平線(アセンダント)は射手座であり、ホロスコープ全体の支配星が射手座の支配星の木星となっており、その木星が天頂近くにあることが示されている。ガリレオは伝統的占星術に従って、ホロスコープを解釈しているのだ。

しかし、これだけならガリレオが自分のパトロンになるやもしれぬ貴族に、おべっかを使うために占星術を利用したと思われるかもしれない。また、当時はホロスコープを作成し、さまざまなアドバイスをすることも数学者や天文学者の仕事でもあった。本人は信じていなくとも、こうした「食うための仕事」をしていたのだという解釈もあるだろう。

だが、決してそうではないのだ。

たとえば、ガリレオは自分の娘たちのホロスコープを作成し、それに対して詳細なコメントを残している。長女の場合には、月の位置がよくないので家族関係に問題を持ちやすいが、水星と木星の位置がよいので忍耐強く働き者になるだろう、という。また次女の場合には、水星が上昇していて強いので知識を与える、などともいっている。

考えてもみてほしい。今でこそホロスコープの作成は、パソコンの普及や正確な天文暦のおかげで簡単になっているが、当時は根気強さと正確な知識の要求される高度な仕事であった。自分の娘のホロスコープなど作成してもだれも代金など払ってくれない。

信じてもいない占星術にそんな労力をかけるだろうか。

また、ガリレオは異端審問にかけられているが、１６０４年の審議は、ガリレオが当時の世界観に反して科学的な宇宙論を提唱したためではない。それどころか、ガリレオが占星術を実践し、予言をしたというかどで審議を受けているのだ。

１６３３年、フランスの著名な占星術家モリン・ヴィルフランシェの著作を受け取ったガリレオは、「著者のいうように、占星術が科学の最高位につく日を、好奇心を持って待つ」といい、最大の賛辞さえ送ってもいるのだ。

ガリレオは、占星術を手放しで受け入れたわけではなく、自らの知識でより精度の高いものへと改革しようとはしていた。しかし、占星術そのものを手放したわけではない。科学、占星術、宗教、そして魔術。それらが不可分なかたちでせめぎあいながら、近代は誕生してきたのである。占星術は近代の礎に確実に存在している。

なお、ガリレオの占星術については専門性が高い論文集になるが、Ed.by N.Campion and N.Kollerstorm "Galileo's Astrology a special issue of Culture and Cosmos Vol.7 no1"（Spring/Summer 2003）に詳しい。

ご関心を持たれた方は、ぜひご覧いただきたい。

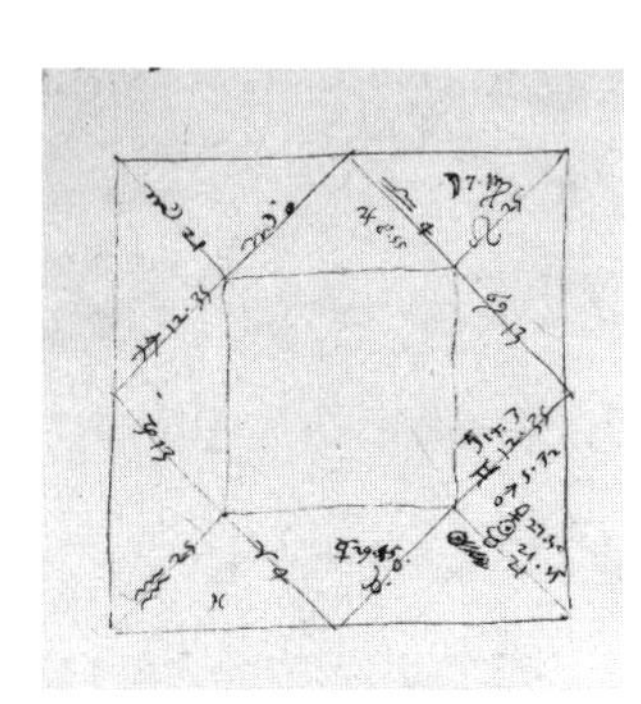

ガリレオが作成したコジモ２世の
完成したホロスコープ。

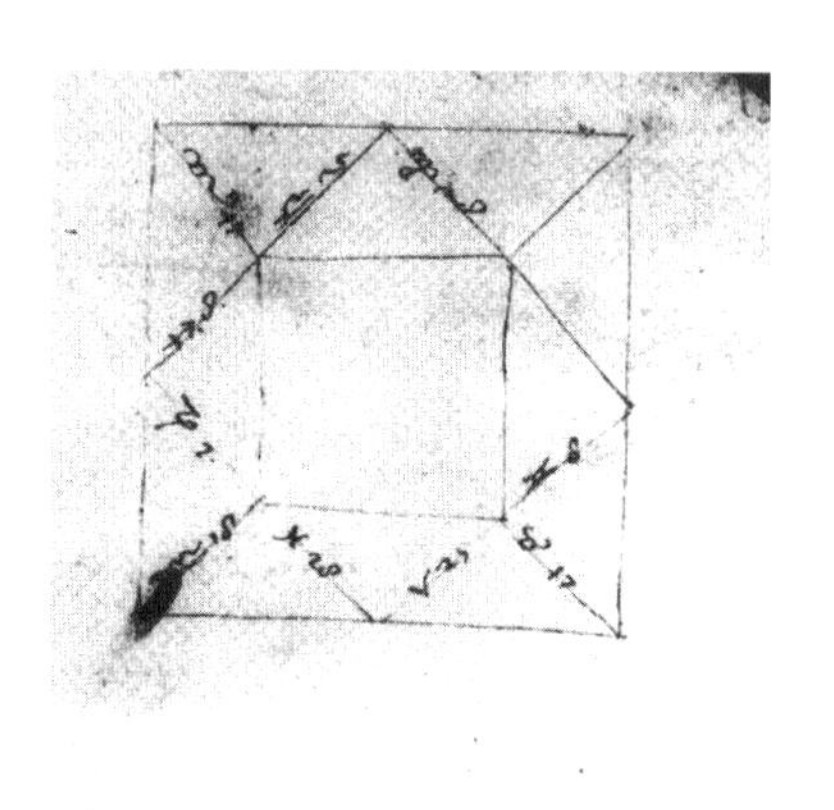

ガリレオが作成したホロスコープ。
月にはクレーターが描かれているの
が興味深い。

第18話

四つの体液があなたの性質を定める

星占いをやっているというと、よくこんなふうに聞かれる。

「ああ、私は蟹座のB型なんですけれど、どうでしょう?」

日本では、星座占いと同じように、いや、それ以上に血液型の占いが普及している。欧米では血液型占いはまったくといっていいほど知られていないし、そもそも日本発の性格診断らしい(韓国ではずいぶんポピュラーなようだが)。

血液型診断の誕生の歴史やその真偽論争などについては、またこちらも勉強してお話しする機会も作りたいと思っているが、今回お話ししたいのは、そんな血液型占いの先駆的なアイデアかと思われるようなものが占星術にある、ということだ。

占星術のみならず、ヨーロッパでは「人間の体のなかを流れる体液によって性格や容貌が大きく左右される」という考えは、近代以前では「常識」であった。しかも、その体液の種類は今やポピュラーになっている血液型占いと同じく4種類なのである！

それは「テンパラメント」とか「ヒューモア」と呼ばれるもの。日本語では一般に「気質」などと訳されている。

古代ギリシア以来、ヨーロッパでは人間には主な四つの体液が重要な役割を果たしている、とされていた。それは血液（サンギン）、黄胆汁（コレア）、粘液（フレグマ）、そして黒胆汁（メランコレア）の4種類である。

人にはこの4種類がすべて存在しているが、その比率は人によって変わる。その比率によって、人の性格や体質、容貌までが左右されると考えられたのだ。しかも、それは人間の健康状態を大きく変化させる。そこで、医学のもっとも重要な仕事は、人間の体液の状態を判断することだったのだ。

今では「ユーモアがある」などというい方をするが、これは本来は、いいヒューモア（ユーモア＝体液）を持つものは、陽気で楽しげである、ということを背景としている。

体液の状態は、年齢や季節、食物、そして何よりも生まれたときの星の状態によって支配されている、というのが当時の考え方であった。つまり、ここで占星術が登場するのである。

このような考え方がいかに重要であったかを知るには、文学作品などを見るとよい。

英文学史上の不朽の名作、ジェフリー・チョーサーの『カンタベリー物語』などを開いてみよう。イングランド最大の教会の地であるカンタベリーへの巡礼の人々の様子を、面白おかしく書いたものだが、その序に医師が登場する。この医師は「世界中で医学と外科のことで右に出るものはいない」のであるが、「それというのも彼は占星術によく通じて」いたからであるというのだ。そして、「病気という病気の原因」も「よく知っており、どんなところに病気が生まれ、どんな体液からそれが生じたかを知って」いたというのだ。

広く読まれたこのような著作のなかに、体液説が当たり前のように出てくるということが、いかにこの「体液説」が広く知られていたかがうかがいしれよう。

では、具体的には占星術とかかわっていたのであろうか。

直接的には、よく知られたギリシア以来の四つの「元素」との対応が知られる。火は黄胆汁で怒りっぽく攻撃的、風は血液で明るく陽気、水は粘液と対応していて、けだるく疲れやすい、そして地は黒胆汁を増量させ、気難しくふさぎこみがちな性質を作るというのである。

ちなみに、今でも、落ち込んだ気分のことを「メランコリック」というけれど、これは古い医学的占星術理論からきていることがすぐにわかる。メラとはメラニン色素などにつながる「黒」、そしてコリックとは「コリア」なのだ。

惑星でいえば木星は血液と、火星は黄胆汁、月は粘液、土星は黒胆汁と対応するし、ほかにも月の満ち欠けや季節の変化といった星の運行とも、体液は相関関係を持っているとされた。

ただ、実際にどのようにして気質を判断していくかは容易ではない。基本的なルールのようなものもないわけではないのだが、歴史上の占星術家たちのテキストはお互い、矛盾しあっていることも多いし、また、一人の占星術家の著述を見ても、ルールとその実例では食い違いがあることも少なくはない。

大まかなところでは、生まれたときに地平線から昇る星座とその支配星、地平線に特定の角度をとる惑星、そして月の相や季節、さらにはホロスコープのなかでもっとも強い力を発揮している天体などを考慮して判断していくのである。

みなさんが判断を星の上からするのは難しいかもしれないが、気質によって見る夢も異なるというので参考にしてはいかがだろうか。17世紀の薬草占星術の大家ニコラス・カルペパーは血液質の人はしばしば赤いものを、黄胆汁質の人は争いを、黒胆汁質の人は黒いものや恐ろしいものを、粘液質の人は大雨や溺死の夢を見るというのである。

想像するに、今から100年ほど前に血液型性格診断が生まれたとき、文化的な影響は直接的にはなくても、われわれのなかに「体液が性質を決定する」という元型的なイマジネーションがすでに存在しており、だからこそ、これほど急速に血液型が普及したのではないか、と僕などは想像するのである。

Flegmaticus.
Vnſer complex iſt mit waſſer mer getan
Darum̄ wir ſubtilikeit nit mügen lan.

Colericus.
Vnſer complexion iſt gar von feüer
Schlahē vn̄ kriegen iſt vnſer abenteüer.

Melencolicus.
Vnſer complexion iſt von erden reych
Darūb ſeÿ wir ſchwärmütigkeyt gleich

Sanguineus.
Vnſer conplexion ſind von luſtes vil.
Darumb ſeÿ wir hochmütig one zyl.

四体液質を表す図。

ビオディナミに見る天と地の結びつき

魔術や幻想、ファンタジーは、占星術でいえば海王星が支配している。そして、海王星がもう一つ象徴しているのが、ワインである。海王星を守護星としていただく魚座生まれの僕は、その両方を愛している。

だから、ある雑誌からフランスワインの名産地であるボルドー取材のオファーを受けたときには、一も二もなくありがたく現地に飛んだ。銘柄などいわゆるソムリエに問われるような知識は皆無の僕ではあるが、しかし、大地の恵みである葡萄が、どのようなプロセスを経て海王星の神がつくりたもう、神酒（ネクタル）へと変容するのか、その変化を見てみたいと思ったのだ。

おかげで素晴らしい体験ができたのだが、残念ながらその年は、天候には恵まれなかった。本来、強い日差しが求められる時期にじとじとと雨が降り、葡萄の出来が危ぶまれたのだった。その様子には、作り手ならぬ僕でさえ気をもんでいたのだが、そんなとき、畑で葡萄を世話していた農夫の一人が、ぽつりとこんなふうにつぶやいたのだ。

「でもなあ、二日後には上弦だから。これからお天道様のご機嫌も変わるんじゃなかろうか」

はたしてその二日後、雲間から太陽が顔を出して、取材チーム一同、多くの作り手とともにほっとしたのである。これには、僕も大いに驚いた。

もちろん、これは偶然だろう。

しかし、僕が感銘を受けたのは、毎日土をいじり、葡萄の木をわが子のように可愛がっている葡萄の作り手の方から、まるで当たり前のことのように、天候の変化と月の運行が重ね合わせて語られていたことなのだ。農業従事者は、土壌のことばかりではなく、天界のことにも通じているのだ。

そう、この葡萄生産業者(シャトー)は、「ビオディナミ」と呼ばれる自然農法の実践者でもあったのだ。それは20世紀のオカルティスト、ルドルフ・シュタイナーが提唱した自然農法であり、有機農法であることはもちろん、種まきや収穫などに占星術を応用するものである。そのことによって、化学肥料に頼ることなく、質のよい農作物を収穫することができるのだという。

しかし、月や天体の動きをもとに農作物を育てるという知恵は、シュタイナーよりもずっと前にさかのぼる。

たとえば、月に関する伝承を幅広く渉猟(しょうりょう)したジュールズ・キャッシュフォード『図説　月の文化史（上下）』（別宮貞徳・片柳佐智子訳、柊風舎）を開いてみよう。そこにはたくさんの月と農業にかかわる伝承も見られる。

有名なヘシオドスの『仕事と日々』には、「満ちてゆく月の十三番目の日には種まきを避けること。苗の植え付けには最適である」とある。実に紀元前8世紀の記述である。

また、1580年の『タッサーの農事管理』には、2月の場合には「豆類は月が欠ける時に蒔くのがよい。」とあるという。そうすると、「豆は月とともに休み、成長し、そしてもっとも豊かに繁る」のだそうだ。

また、1683年の『イングランドの主婦』というテキストには、3月の新月になったら、ニンニク、チャービル、マジョラムなどをまけばよいし、逆に月が欠けるときにはキュウリ、チコリ、フェンネル、キャベツ、レタスなどをまくべきだという指導があるのだそうだ。

考えてみれば、季節の変化に敏感な農夫たちが大地とともに天候の動きに注意を払い、その延長として天界の動きにも敬意を抱いたとしても驚くに当たるまい。

そして、そのなかから、ある種の民俗的知識ともいえる技術が発展したのだろう。

シュタイナーに端を発する「ビオディナミ（英語では「バイオダイナミクス」という）」では、そうした知識をさらに洗練させていて、より細かく農事の指導をしている。

彼らによれば、とくに月がホロスコープ上のどの星座にあるかが重要だ。月が火の星座にあるときには、トマトなど実のなる作物、地の星座の場合には根菜類、風の星座にあるときには花の作物、そして水の星座にあるときには、葉物野菜の種まき、収穫などを行うといいとされているのである。（※ただし、この場合の星座というのは通常の西洋占星術で用いているトロピカル星座ではなく、恒星の位置に基づくサイドリアル星座であることに注意。）

さらに、肥料の与え方、雑草の処理なども占星術をもとに、独特の方法が細かく指導されている。

こうした農法は、ここのところの自然派志向で消費者にも支持されている。自然農法で作ったといえば高く売れるから、実際に効果はなくともそうしているのか、と意地悪な質問をしたところ、彼らは「厳密には実践できないことも多いが、確かに効果があると思う」と口をそろえた。不思議なものである。そして英語圏でもこの農法のための暦が売られているのである。

実は僕も、同じようなことを日本で聞いたことがある。林業の専門家によると、杉を伐採するときには新月がいいのだそうだ。材木の水分が最小になっており、よい材が取れて高く売れるらしい。

科学的な証明はまだ先になるかもしれないが、地に足のついた人々は、天と地のこうした交感関係をはっきりと感知しているのである。

賢い農夫たちは天も仰ぐ。こうした古い知恵が、復活しつつあるのかもしれない。

ニコラス・カルペパー。

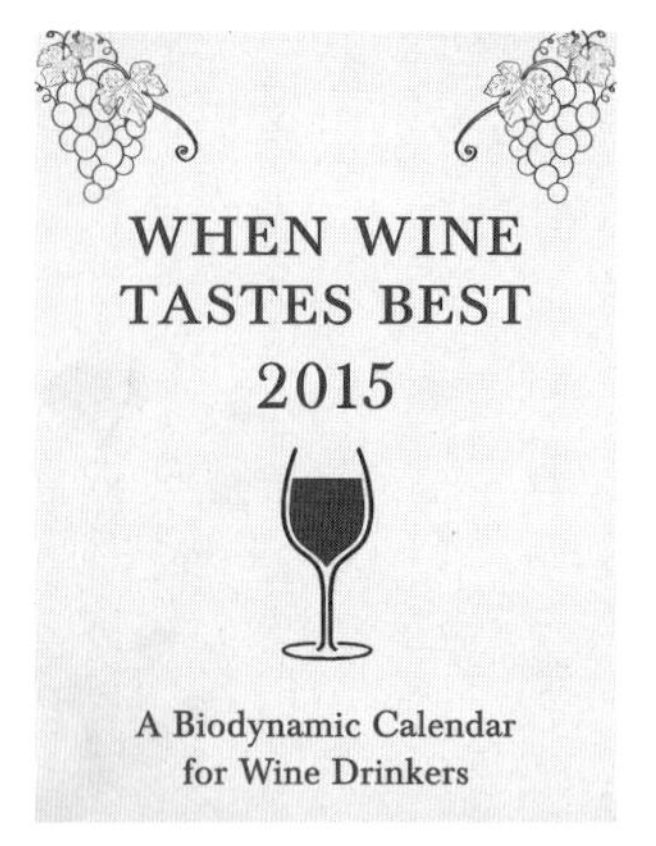

こちらもビオディナミの面白いカレンダー。いつワインの抜詮をするとワインがもっとも美味しくなるかというか、月に聞いてみようというもの。

イギリスで出ているビオディナミ（バイオダイナミクス）用のムーンカレンダー。種まきや収穫にふさわしい月の配置がわかる。

第20話

スピリチュアル・バースに見る死の瞬間

占星術とは、一言でいえば徹頭徹尾、「時間のアート」であろう。

遥(はる)かなる過去から未来永劫(えいごう)、時を刻み続けて宇宙空間を移ろう星。その星が、僕たちが経験する「時間」に意味を与えていると考える。

そしてその時の意味を、星から読み取るのが占星術だというわけだ。

古代のギリシアでは時間を2種類に分けて考えていた。

一つは時計で機械的に計ることができる量としての時間を「クロノス」と呼び、意味をはらんだ重要なタイミングとしての時間を「カイロス」と呼ぶ。占星術とは、時間の流れのなかにカイロスを見出してゆく作業なのだ。

ところで、人間にとってもっとも重要なカイロスとは何だろうか。

いろいろ考えられようが、まずは誕生のときを挙げることができよう。

誕生がなければその後の人生もないのだから。オーソドックスな占星術では、とりもなおさず、出生ホロスコープを作成し、そこからいろいろなことを読み取ることになるのだが、人生のなかで筆頭に挙げられるカイロスが出生時だと考えれば、それも納得できるだろう。

しかし、出生のときが重要なカイロスだとするならば、死の瞬間もまた、重要なカイロスだといえはしないだろうか。

秘教の考えでは、死は決して「終わり」ではない。死とは、肉体を脱ぎ捨て、また新たな霊的世界への旅立ちのときだと捉（とら）えられる。それは第二の誕生だと考えられるわけだ。

この考え方にのっとって、死の瞬間を「霊的誕生（スピリチュアル・バース）」と呼び、そのホロスコープから人生を見つめ直すという占星術も存在する。

それは、ドイツの神秘学者ルドルフ・シュタイナーの思想にのっとった占星術である。

２０１１年に英訳が出た人智学者レオ・デ・ホウサエ（Leo De La Houssaye）の著書『星の叡智（えいち）（Wisdom of the Stars）』を開いてみよう。

そこには、この「スピリチュアル・バース」の例として、フランスの数学者にして物理学者のブレーズ・パスカルのチャートを挙げている。通常なら、出生チャートとその後の人生の天体の配置を比較していくのだが、ここでは、何と死のときのチャートと人生を比較していくのである。

そのチャートの上を移動していく天体を、人生をさかのぼってみていくのだが、とくに注目したいのは土星だ。シュタイナーの説によれば、土星は「宇宙の記憶をすべて内包している」意味深い惑星なのである。

パスカルは早熟の天才であったが、若いころは一時、社交界に出入りし、華やかな生活を送っていたという。それを通して、パスカルはこの現世での人間関係や愛について学んでいたのだ、とホウサエは考える。

この期間は１９５０年から51年ごろに当たるが、そのとき、土星はパスカルのスピリチュアル・バースのチャート上の金星を通過している。金星はもちろん、愛の女神であり現世での喜びを表わしているように見える。

次いで、土星がスピリチュアル・バースの太陽と水星という、魂の核にして変容の神の上に到達したとき、パスカルは「キリスト体験」をし、回心をしている。このとき、パスカルは深い霊的な目覚めを体験したのである。

土星はさらに移動していく。１９５７年ごろ、土星はチャート上の火星を通過していく。このとき、パスカルは多くの論争を体験した。火星は「戦いの星」である。イエズス会の堕落を批判したパスカルは、多くの論敵を作ってしまったのであった。

土星が月の付近を通過した１６５９年には、パスカルの生命力は大きく低下していく。月は生命としての本能を表わしていることに、占星術の知識のある読者ならすぐに気がつくであろう。そして、哲学や叡智の天体である木星の上を土星が通過していくとき、パスカルは自分の哲学的思索をメモやノートに書きつけている。だが、パスカルには独力でそれを本にまとめ上げる力は残されていなかった。

死後、そのメモがまとめられて、かの名著『パンセ』が誕生するのである。そして、１６６２年、パスカルは39年の短い生涯を閉じることになったのだ。

どうだろうか。パスカルのスピリチュアル・バースのチャートは、実に見事にパスカルの人生のカイロスの色合いを表現しているではないか。

だが、ここで読者は問われるかもしれない。確かに、それは興味深い。しかし、生きている人間の場合にはどうか。死の瞬間はまだわからないのだから、この占星術は実践的にはまったく使えないではないか。未来の予言や助言としては意味がない、と。

しかし、占星術の真の神秘とは、実用性にあるのではないと僕は考える。時間の流れのなかに組み込まれた、まさに神秘的な符合の連鎖、科学的、客観的なまなざしでは捉えきることができない、絡まり合った不思議な意味の連関を感知して味わうこと。そして、そのなかで宇宙と人間のつながりを体感すること。それは一種の神秘体験であり、どんな瞑想にも劣らぬ、神秘家としての修行なのではないか。

スピリチュアル・バースのチャートはまさにそのことを示している。

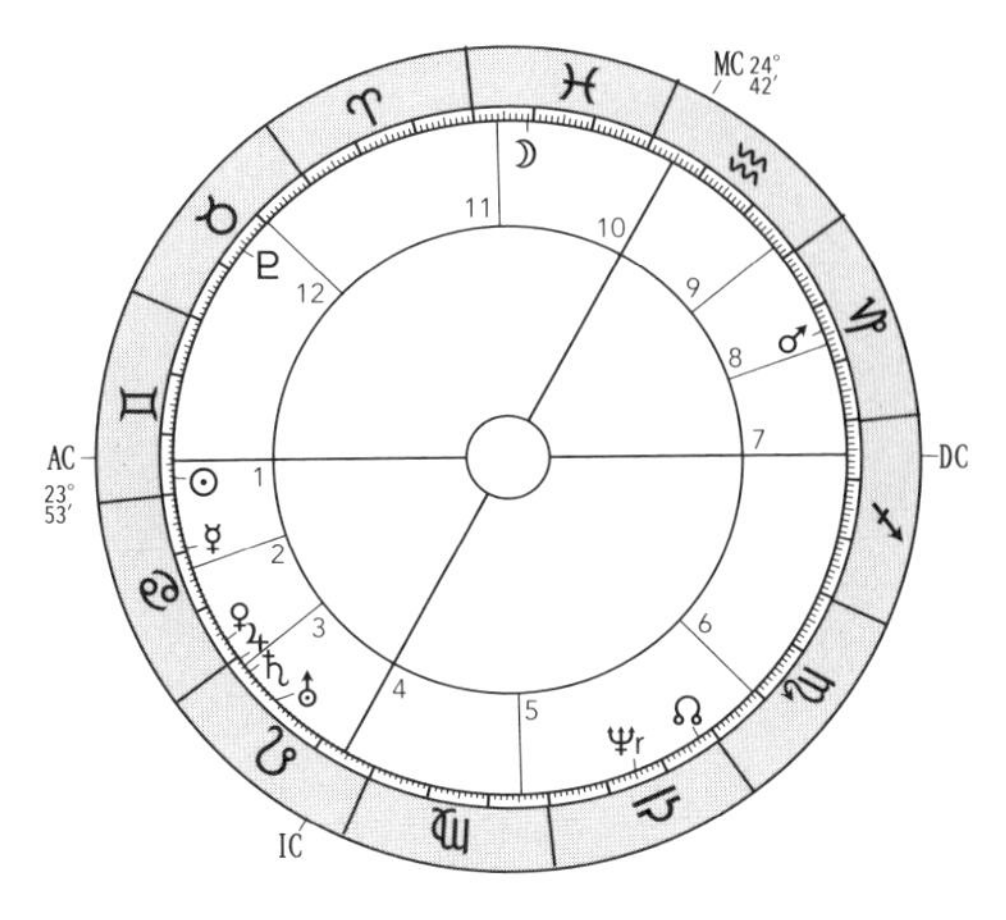

パスカルのチャート。

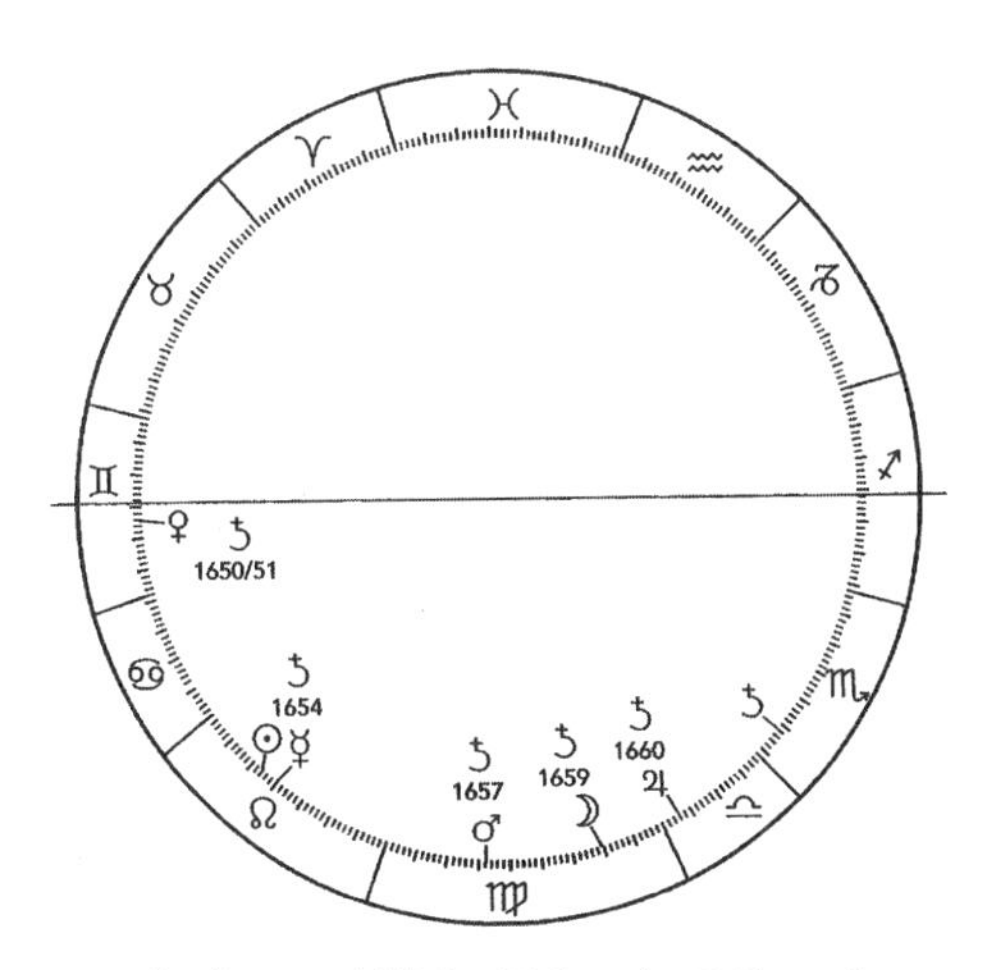

パスカルのスピリチュアル・バースチャート。
Leo de la Houssaye "Wisdom of the Stars"(Floris Books 2011)より。

第21話

タロットの素顔 ～前編～

わが国でも、占星術と並ぶ「西洋占い」のジャンルのトップとしては、タロットが挙げられるのではないだろうか。

みなさんも一度は、その神秘的な絵柄にきっと魅了されたことがあるはずだ。または実際にタロット占い師のもとを訪ねたり、あるいは、自らカードを手にして占いを体験してみて、その驚くべき啓示の力に顔色をなくした体験がある方も多いのではないだろうか。

事実、こんな言葉をよく聞く。

「タロットですごく当たりますよねえ。でも、当たりすぎて怖いんです。何か呪術的な力を感じて」

確かに現在、タロットはオカルト的ムードがまとわりついている。が、これは案外最近のこと。

現在、日本で知られているタロットの解釈や占い方などのベースになっているのは、

1888年にロンドンで設立された「黄金の夜明け団」のなかで確立された教義である。

この団体のなかでは、市販のタロットではなく、魔術の教育課程のなかで自らタロットを描かなければならず（そのデザインの基本は「黄金の夜明け団」の首領であったマサースとその妻によるものであったという）、また、現在もっとも普及している「ウエイト＝スミス版」を作成したアーサー・ウエイトや「トートのタロット」を制作指導した、かのアレイスター・クロウリーは、「黄金の夜明け団」のメンバーであったのだ。

この結社では、占星術、カバラ、錬金術、エジプト伝説などをこのカードに結集し、タロットを単なる占い道具ではなく、高度な魔術道具へと変容させた。ノーベル賞詩人のW・B・イエイツなども、タロットにしばしば、問いを投げかけ、またタロットを使って魔術作業を行っていた。

そのことについては、また語ることもあるだろう。しかし、今日お話ししたいのは、おそらく意外に思われるであろう、タロットの「素顔」である。

タロットはもともと、占いや魔術のためではなく、純粋にゲームのために制作されたといえば驚かれるであろうか。もしくは、興醒めてしまわれるだろうか。

しかし、実はこれが現時点での、実証的な研究が示す歴史的「事実」なのだ。

タロットの歴史は大きくいって、1781年以前と以降に分断されている。1781年、パリで百科全書派の学者の一人が、あるユニークな記事を発表する。クール・ド・ジェブランという人物であり、彼が執筆していた百科全書のなかにタロットの記述があったのだ。ジェブランは、タロットの起源が古代エジプトにさかのぼる叡智(えいち)の結晶であるというロマンチックな説を立て、これがのちの「オカルトタロット」の潮流の土台となるのだった。

しかし、この説には今では歴史的根拠がないことがわかっている。

何といってもこの説が出たのは、いまだシャンポリオンがロゼッタ・ストーンを解読していない時代であり、エジプト学は幼年期にあった。実際、エジプトのどの遺跡からもタロットらしきものは何一つ発見されていない。

しかし、エジプト起源説はタロットにロマンチックな印象を与え、そのあと300年も大きな影響を与えてきたのであった。今でも日本の入門書を見ると、この説を無批判に受容しているものがあって苦笑させられる。

タロットの記録は、どこを探しても今のところ15世紀半ば以前には発見されていない。ただし、それ以前に、イスラム経由で四つのスートのカードゲーム(今のトランプの直接のルーツ)がヨーロッパに持ち込まれたことはわかっている。

タロットの記録を詳細にたどったマイケル・ダメットは、そのまとめとして、その四つのスートに対して、1420年から40年代に、北イタリアの都市(おそらくミラノかパドバ)で、今でいう大アルカナ、つまりは絵札をつけ加えてタロットの原型を作ったのだとしている。

この草創期のタロットの一つが、「ヴィスコンティ・スフォルザ」版と呼ばれるもので、ミラノの貴族であったヴィスコンティ家とスフォルザ家の婚姻を記念して作られたものではないかといわれている。

タロットが出現したのちも、これが占いや魔術に用いられた痕跡はほとんどない。たとえば、ルネサンスのオカルトを集大成したアグリッパの『オカルト哲学』を見ても、また占星術や魔法についてあれほど多くの記述をしたシェイクスピアも、タロットやカードの占いについてはまったく書いていないのだ。いや、そればかりではない。占いや魔術に対して極めて過敏であった教会の記録を見ても、タロット占いを禁じるようなものはない。確かにカードを禁じてはいるのだが、それは風紀を乱す「賭博」に対してだけなのだ。

タロットが占いとして本格的に用いられるようになるのは、実に19世紀に入ってからなのだ。しかし、それでも多くの謎は残る。タロットのモチーフの多くは、当時よく知られていた寓意画像ではあるが、なぜそれらが選ばれ、取り入れられたのか。それは単にランダムなものだったのか、あるいは何かのコスモロジーがあったのか。一つひとつの図像に関しても、まだよくわからないものがある。タロットの研究は、まだまだ始まったばかりである。

ジェブランの描くタロット。

タロットエジプト起源説を打ち出したクール・ド・ジェブラン。

第22話

タロットの素顔 ～後編～

現在、占いや魔術の基本的な道具だとされているタロットは、もともとはギャンブル用のものだったことが明らかになってきている。

その歴史も、案外、新しい。いっときは、タロットは古代エジプトにさかのぼるなどともいわれていたが、最近の実証的な研究によれば、タロットの発祥は15世紀半ば、北イタリアのルネサンス都市であるということで、研究者の意見は一致しているのである。

タロットが「オカルト化」されていくのは18世紀末ごろから。そして19世紀末から20世紀初頭、フランスのパピュスといったオカルト主義者や英国の魔術結社「黄金の夜明け団」などによって、現在のようなタロットの占いや魔術の基礎が作られていったのである。

ところで、そうしたタロットの「オカルト化」においてはいくつかの図像の「誤読」が大きな役割を果たしているようにも見える。

代表的なところを見てゆこう。

たとえば、現在、世界中でもっとも普及しているタロットである、ウエイト=スミス版に依拠したカードを見てみよう。

絶壁の上に立つ隠者がランプで暗い道を照らしてゆく。その光は叡智（えいち）の光であると解釈されることが多い。オカルト化されたウエイト=スミス版などではそのことを象徴するように、ランプのなかの光がカバラや神秘学のシンボルマークである、ヘキサグラムになっていることがわかるであろう。

一方、17世紀ごろからもっとも世界中で普及したマルセーユ版では、これは単なるランプになっている。

ではここで、現存する最古のタロットの一つであるヴィスコンティ・スフォルザ版を見てみよう。

札に老人が描かれるのは同じだが、しかし、その衣装が異なる。貧しいマントを着たマルセーユ版やウエイト=スミス版の「隠者」とは違って、アラビア風の帽子をかぶり、立派なローブをまとっているではないか。さらにその老人が手にしているものを見てみよう。現代のカードになじんでいるわれわれからすると、ついこの物体を「ランプ」あるいは「カンテラ」だと見てしまいがちだが、それは先入観というものだ。よく見ていただきたい。これは砂時計なのだ。

15世紀当初、このカードは「隠者」ではなく「時」と呼ばれていたという。これはすべてを無に帰させていく無慈悲な時の老人の寓意像であり、ルネサンス時代にはとりわけポピュラーなものであったのだ。

また、面白いところで「力」を見てみよう。「力」は「正義」や「節制」と並んでキリスト教では枢要徳と呼ばれ、その寓意像はポピュラーなものであった。

だが、通常のタロットにあるような、女性が優しくライオンを懐柔するというようなモチーフはあまり知られていない。一般的にこのタロットのモチーフは「精神が肉欲に打ち克つ」などと解釈されている。

しかし、ルネサンスのころにはこのモチーフに先行する、そっくりな図像が描かれている。たとえば、１３５ページにあるデューラーの「サムソン」を見てみよう。

人物が獅子のあごに手をかけている様子は、タロットの「力」とそっくりである。しかし、その行為は完全に異なる。人物は筋骨たくましい男性であり、獅子の顎を引き裂いているのだ。これは聖書に登場するサムソンという英雄である。サムソンは怪力の持ち主であり、その力の秘密は長い髪にあった。その髪を切ることがなければ、力は失われないという。そこで、図像の伝統ではサムソンを長髪の人物として描いたのであるが、元来の聖書の伝統を知らない、教育を受けていないタロットの版画家たちが、長い髪を見て女性と勘違いした可能性は十分にあるのだ。

こうした「誤解」や「誤読」が一人歩きして、タロットの図像のなかに入り込んでいったことは、おそらく何度かあっただろう。しかし、だからといってタロットの解釈が無価値になるかといえばそうではない、と僕は考える。

「誤読」が起こるとき、そこには心理学的な投影が必ず入り込む。いうなれば、人はそこに己の心の深層を「読み込む」。こうした創造的な誤読が積み重なって集合的な無意識の象徴表現としてのタロットが育まれたと考えてはどうだろう。

たとえば、心理学者ユングはフロイトと別離し、精神的に不安定になったときの自分の状況を、「宙ぶらりん」とまさにタロットの「吊られた男」と同じ言葉と表現を使って言い表している。また、ユングの患者の夢にもタロットと同じようなモチーフが現れている。

このように考えてくると、タロットの歴史には「誤解」があったからこそ、そのなかに人々のイマジネーションが投影され、心理学的に強力なツールとして僕たちの心を揺さぶるものへと変容していった、と考えてもいいのである。

その意味で、タロットの真の起源はエジプトでもカバラでもなく、人間の魂の深層だと考えることができるのである。

マルセーユ版タロットカードの「力」。

デューラーの描くサムソン。

第23話

運命を導く存在であるダイモーン

テレビの心霊番組などで、「あなたの守護霊は、こんな人で……」というふうに、したり顔で霊能者やサイキックが語っているのをご覧になったことが、きっと一度はあるだろう。

たいてい、こうした霊能者は神職や僧籍を持っていると称していることが多く、何となく守護霊という概念も日本のものだ、という印象を持たれている人も多いはずだ。

確かに、こうした番組で出てくる「守護霊」は、祖先の霊であるとされることが多く、祖霊信仰の強い日本に特徴的なものだとしても不思議なない。

しかし、民俗学や宗教学の「常識」では、この「守護霊」という概念自体は非常に新しく、さらには日本独自のものではなく、西洋からの輸入品であるという指摘もしばしばされている。

当たり前の話かもしれないが、農村では「個人」というものは重視されていなかった。祖霊は村全体を守護するものであったとしても、個々人の創造的な生き方を支援するようなものではない。

一方で、西洋においては「守護天使」という概念がある。個々人一人ひとりに運命の召命を与え、進むべき道に進ませる天使の存在がキリスト教の枠内でも知られていた。それが19世紀末に勃興するスピリチュアリズムと結びつき、さらにそれが日本の祖霊信仰と習合することによって、日本独特の「守護霊」概念へと発展していったというのがおおよその流れであろう。その意味でも日本のスピリチュアリズムは、一種のハイブリッドな存在なのである。

その一方で西洋における「守護天使」の概念もまた、突然に生まれてきたものではない。その背景には、キリスト教よりもずっと古い、ギリシアの神秘主義が横たわっている。

それは「ダイモーン」という存在だ。

ダイモーンは、今の英語の「デーモン=悪霊」の語源となる言葉であるが、必ずしも悪魔だとはかぎらなかった。

ダイモーンは個人や土地につき、神々と人間を媒介し、運命を導く存在である。ダイモーンは、またのちにラテン語で「ゲニウス」となる。これは英語の「ジーニアス=天才」の語源となる言葉だ。哲学史のなかでは、かのソクラテスを導いたのがダイモーンである、ということはよく知られている。以後、運命の導き手としてのダイモーンの存在は、どこまで人間の宿命が決定されているのかという大問題の中心として深く議論されてきた。ダイモーンは運命論として哲学の中心課題の一つでもあったのだ。

そしてこのダイモーンは、ヘレニズム期、さらにルネサンスの占星術にくっきりとその痕跡を残している。ギリシア以来、人間の魂は惑星神たちが守る天球を通過してこの地上に降下し、そして肉体に受肉するというふうに考えられてきた。そのとき、人は自ら運命のくじを引きあてて、それにふさわしい運命を授けられるとされている。その運命のエージェントがダイモーンであり、ダイモーンはだからこそ、惑星と結びついているのだった。

かの有名な『ヘルメス文書』にはこのようにある。

「私たち一人一人が誕生し、魂を享けるとき、ダイモーンどもは誕生の瞬間に応じた、星辰の一つ一つに従った僕として私たちとかかわりをもつのです」（荒井献・柴田有訳、朝日出版社）

そのことを示すように、ローマ時代以降の占星術には、「ダイモーン」を見るためのヒントがたくさん存在している。

たとえば、占星術で用いるハウスという天球の区画。現在、「友人のハウス」と呼ばれ、ネットワークや団体運を見る11ハウスは、古くは「善きダイモーン」のハウス、さらに現在「無意識」あるいは「隠されたもののハウス」と呼ばれる12ハウスは、古くは「悪しきダイモーン」のハウスと呼ばれていたのである。中世の占星術でさかんに使用された運命くじ（ロット、パート）のなかには「神霊のパート」も存在する。

さらに、重視されたのは「ロード・オブ・ジェニチャー（LOG）」である。「ジェニチャー」とは「創造」とか「始まり」の意味を持つ。その支配者（ロード）であり、出生ホロスコープ全体を示すものだ。ルネサンスを代表する哲学者フィチーノは古典期の哲学者たちを引用しつつ、このLOGとなる天体こそが人を導くダイモーンとなるというのだ。

その算出法は、著者によって意見が異なる。ローマのフィルミカスは、出生時の月の入っていた星座の次の星座の支配星がLOGとなるという。さらに17世紀の大占星術家ウィリアム・リリーなどはこうした意見を退け、チャート全体でもっとも強い品位と強さを持った天体をLOGとし、さらに月（肉体）と水星（知性）のそばにある天体のうち、品位のよいものを選ぶというギリシア人の技法も紹介している。

現代占星術では、生まれた時の東の地平線（アセンダント）の星座の支配星をチャート全体の支配星とする、と見ることが多いが、どうも、事はそう単純ではなかったようである。

しかし、現在の霊能者の「あなたの守護霊は……」というTVショーの背後には、実は広大な占星術的伝統の水脈が流れていることがおわかりいただけるだろう。

占星術という思想と文化は、思いがけないところにも広がっている。

ギリシアの哲人ソクラテス。ソクラテスもダイモーンの声を聞いていたといわれている。

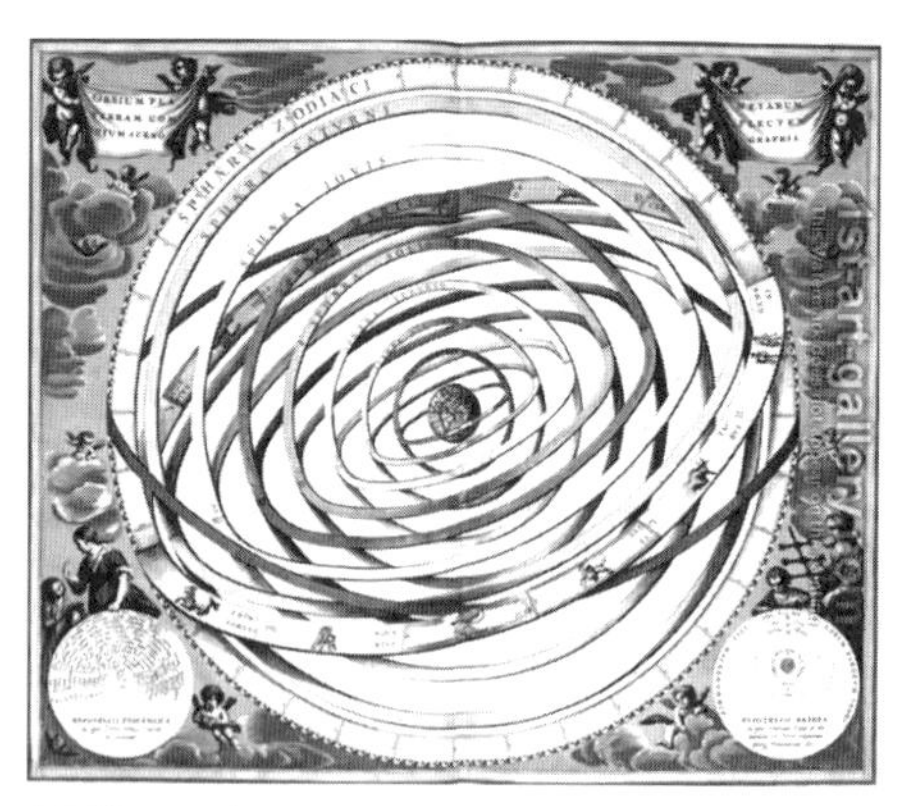

占星術の天球図。人間の魂は、これらの惑星の天球をくぐり抜けて地上に降りて生まれると考えられた。そのときに、惑星のダイモーンから導かれるのだという。

第24話

ローマの占星コイン

年に数度はロンドンを訪れる。そのたび必ず足を運ぶのは大英博物館だが、これだけ通っても毎回、思わぬ発見がある。

前回の渡英でも気になるものを見つけた。ツーリスト向けの博物館のカタログ"The British Museum A-Z"を見ていて、思わぬものが目に飛び込んできたのだ。

それはローマの初代皇帝アウグストゥスの銀貨。そのコインには、山羊座のシンボルが描かれている。「ローマの平和」を実現した、ローマ史上でも、もっとも偉大だと称される皇帝が鋳造された銀貨に占星術のシンボルが描かれている。そしてその一つが博物館の収蔵品になっているのだ！　僕も、アウグストゥスの山羊座のコインがかなりの数残っていることは知っていたが、その一つが足しげく通っている博物館にあったとは！

ただ、僕もその実物は目にしていない。何しろ大英博物館のコインコレクションは膨大で、しかもそのすべてが常時展示されているわけでもない。自力ではとても探せない。

硬貨研究室に押しかけ、学芸員に訪ねたが、あいにく専門の担当者がいないという。それもそのはず、時間外だったのだ。にもかかわらず学芸員の一人がデータベースを30分以上も調べてくれたのだが、残念ながらそのときは見つからなかった。その学芸員はいかにも残念そうに「またおいでください」といってくれた。時間外労働をいとわなかった（英国ではまれである！）氏に感謝しつつ、僕には楽しみな次回の宿題ができたのであった。

さて、このアウグストゥスは、占星術の歴史においても重要な皇帝でもある。スエトニウスが書いた伝説的な伝記には、アウグストゥスが将来、偉大な皇帝になると占星術師に予言され、自分のホロスコープを公開するようになったという逸話が含まれている（ただし、これが史実である可能性は低いという）。

しかし、ローマ時代における重要な占星術文献を書いたマニリウスは、その詩的占星術書『アストロノミカ』の冒頭をこのように始めている。

「祖国の父なる君主カエサル（カエサル・アウグストゥス）よ、頌むべき掟によりて世界を統べるのはあなたです。あなたは……大空に座をお占めになるべき真の神です」（『占星術または天の聖なる学』有田忠郎訳、白水社）

占星術をアウグストゥスが認めていなければ、こんな賛辞を贈るはずはない。逆にアウグストゥスからの支援を受けるべく、こうした賛辞から、この歴史に残る占星術書を書き始めたのだろう。

実際、アウグストゥスは片面に自分の横顔、もう片面に占星術上の山羊座を記したコインまで作らせているのだから。

ところで、この山羊座は何を意味しているのか、そこが占星術家としては興味のあるところだ。アウグストゥスの生まれ星座が山羊座であるというのなら話は早い。しかし、実際にはそうではない。この皇帝は前63年9月23日生まれだという。ならば現代的にいうなら「乙女座」の生まれだ（ユリウス暦では乙女座となる）。

解説書によっては、乙女座生まれのアウグストゥスの受胎時が山羊座の季節だったからというものがあるが、それは僕としては受け入れ難い。現代でいう誕生星座は出生時に太陽が入っていた星座宮のことを指すが、太陽宮が重視されるようになるのは、実に19世紀以降のことなのだ。

次に出てくる説は、当時の占星術で重視されていた月の星座だろうという説。確かにアウグストゥスの出生時、月は山羊座に位置していた。また、ローマの占星術で重視された「パート・オブ・フォーチュン」という計算上の占星点が山羊座にあったのではないかという説。これも一定の説得力がある。コインには山羊と同じく豊穣（ほうじょう）の角杯である「コルヌコピア」が描かれているが、これはローマでは幸運の女神フォルトゥナ（英語では「フォーチュン」）のシンボルなのである。

またさらに有力なのは、山羊座は冬至に始まる星座だということだ。冬至の日、太陽はその勢力をもっとも弱くするがこの日を境に復活する。すなわち、「不滅の太陽」を象徴し、のちに皇帝たちはこの不滅の太陽と自分を同一視するようになり、皇帝崇拝の姿勢を打ち出していくのである。

また、山羊座の土星は神話のサトゥルヌスであり、この神は人類が堕落する以前の黄金時代の支配者でもあった。そう、ギリシア以来、人は黄金時代、銀の時代、青銅の時代、鉄の時代と堕落の道を歩んできた。山羊座をシンボルとする皇帝は、黄金時代の再建者であるというメッセージを読み取ることは、十分可能だ。

初代皇帝が鋳造させた山羊座のコイン。その真意は今となっては不詳ではある。しかし、それは間違いなく、皇帝が自らの威光を示すべく、占星術を使った証拠であり、２０００年以上もの時を経て、今なお残る、小さな山羊座のコインたちが、当時の占星術への強い想いを伝えているのである。

アウグストゥスのコイン。山羊座と豊穣を表すコルヌコピア（角杯）が彫り込まれている。

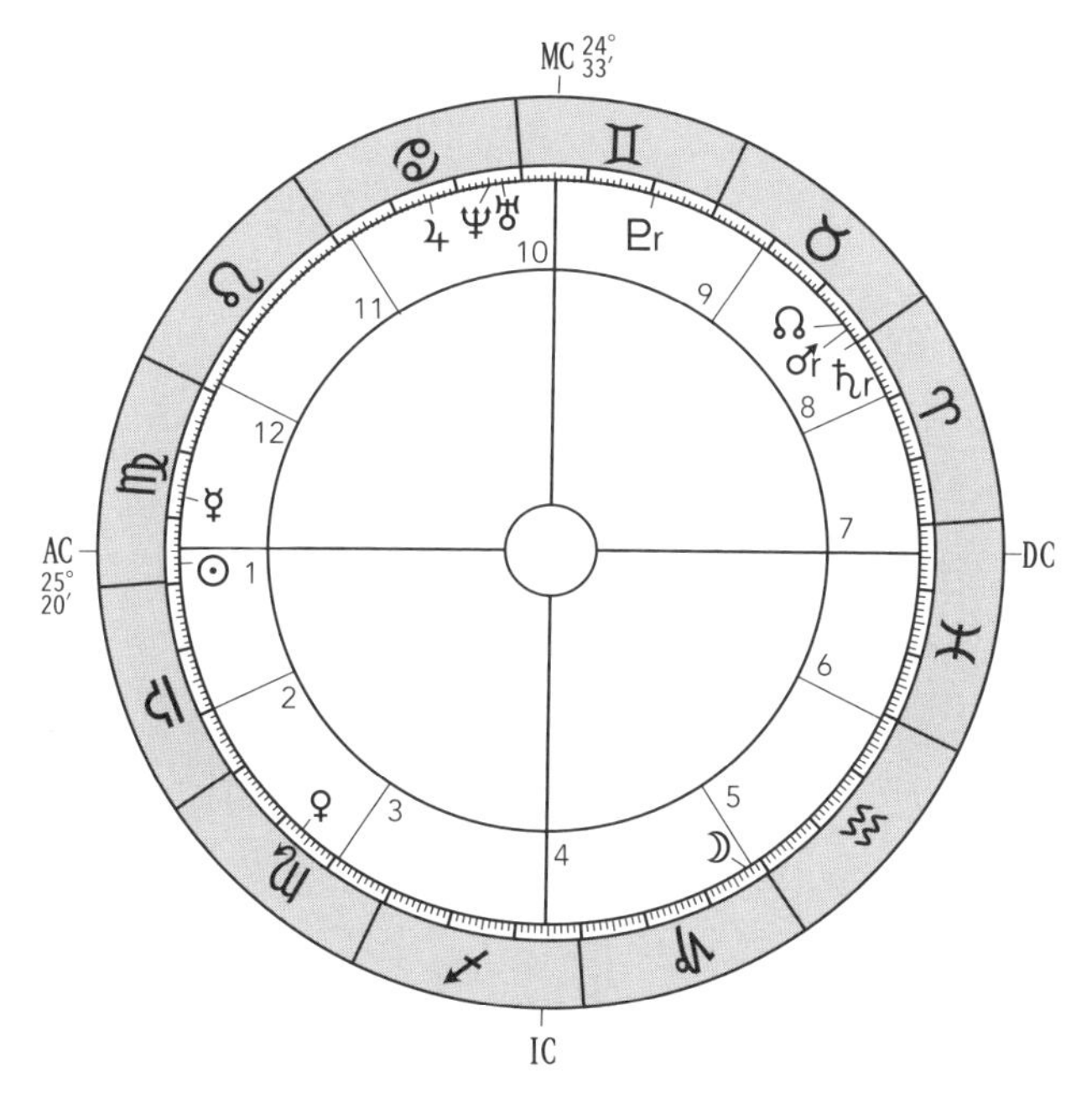

アウグストゥスのホロスコープ。

第25話

２０１２年の金環食

「２０１２年」という言葉を聞くと、マヤ暦の終わりだとかアセンションといった、千年王国的なヴィジョンを思い浮かべる方も多いのではないだろうか（連載当時）。

僕としてはマヤ暦の現代的な解釈には正直、あまり関心はないのだが、しかし、現実世界を見ても、また、星の動きを見ても「今」が大きな時代の転換点に当たることを否定できるものは誰もいないだろう。

２０１２年は、占星術の上でもいくつも大きな特徴がある年になる。

しかも、オーソドックスな占星術では、ホロスコープという平面の上に再現した星の動きを中心で考えているのだが、２０１２年はいわゆる天文ファンから見ても大きなイベントが、とくに日本に集中する当たり年なのだ。

金星の太陽面通過や月食などいくつも大きな天文イベントが観測できるのだが、なかでも多くの天文ファンが期待しているのが、５月21日に起こる金環食（金環日食）である。

　実際、天文系のサイトを見るとオリンピック開幕よろしく、「金環食まであと〇〇日」といったカウントダウン・バナーが掲げられているくらいである。

　金環食というのは、日食の一つのパターンである。みなさんもよくご存じの通り、日食とは月が太陽を隠し、その光をさえぎることで起こる現象である。

　毎月、太陽と月は地球から見て一度同じ方向に並ぶ。これがいわゆる新月だが、太陽と月の軌道には、ズレがあるために、新月のときでもいつも太陽を月が隠すとはかぎらない。しかし、ときおり、太陽と月が同じ軌道面上で重なると日食が起こる。

　太陽と月の大きさは４００倍の差があるのだが、面白いことに地球からの月と太陽との距離の差も４００倍。したがって、地球から見るとちょうどその大きさが等しくなる。だからこそ皆既日食のときには、ちょうど日輪と月輪がぴったりと重なり合い、世にも不思議な現象が起こるのである。

　金環食の場合でも、起こるメカニズムはほぼ皆既日食と同じだ。しかし、金環食の場合には、月がふだんよりも地球から遠い位置を通過中で、いつもよりも視直径が小さいときに起こるのが特徴だ。だから、月の大きさのほうがわずかに太陽よりも小さくなり、太陽を完全に隠すことができず、月の周りに太陽の光のリングが生じることになる。これが金環食であり、皆既日食とは異なり、完全に太陽の光が隠れることはない。

天文ファンはこの日食現象を待ち望んでいるのだが、占星術では「光が欠ける」日食や月食はあまり評判がかんばしくなかった。それは太陽が象徴する国王や為政者に変化が起こる、ということを象徴するとされてきた。

実際、日本で皆既日食が起こったのは２００９年。僕も硫黄島近くの船上から見事な皆既日食を観測することができた。皆既日食が日本で観測できたのは実に46年ぶり。７月22日に皆既日食があったが、まさしくその前日の21日に衆議院解散があり、政権交代へとつながったこととシンクロしている。もちろん、偶然といってしまえばそれまでなのだが、太陽（為政者）が隠されるというシンボルとの符合に、占星術にリアリティを感じる人間としては一種の畏怖の念を覚えてしまうのである。

では、２０１２年の金環食についてはどうだろうか。17世紀のイギリスの大占星術師ウイリアム・リリーの著作などを参考に、試論として解釈してみよう。

日食は双子座の０度で起こる。そしてこの食のときのアセンダント（東の地平線から昇る星座）は、東京を基準にすると蟹座となる。そこでこの食の支配星は水星および月となるだろう。

リリーがいうには、双子座の頭（第１旬）で起こる食は、司祭、商人、あるいは職人たちの間で激しい紛争が起こることの暗示だという。

食が起こる11ハウスは議会を象徴しているので、議会のなかでの紛争を大いに暗示していると解釈できそうだ。

伝統的にも現代的な解釈においても、水星は「商人」の星である。そこでとくに商業に関する紛争ということなのだろう。さらに、この食は9ハウス（貿易、海外）にある海王星（欺瞞、不透明さ）と90度のハードなアングルをとっているので、これはTPP（環太平洋戦略経済連携協定）をめぐる諸外国との条約問題において議会が割れる、という図にも見えてくるのだ。

一方、海王星はまた、スピリチュアルな世界をも暗示しているので、先のリリーの解釈に従えば、主流派ではない霊的信仰と既存の宗教の間の軋轢ということも読める可能性がある。

今回の食は東京では6時19分に始まり、9時2分に終わるので、ほぼ3時間弱にわたって続くことになる。

2世紀の占星術家プトレマイオスによれば、日食の場合には食の1時間は1年に相当するというので、この食の影響力はおよそ3年弱にわたって続いていくことになるだろう。

もちろん、この「予言」が当たるという保証はない。しかし、この天文現象が占星術という立場からすれば、何かのメッセージであるということは確かなのだ。

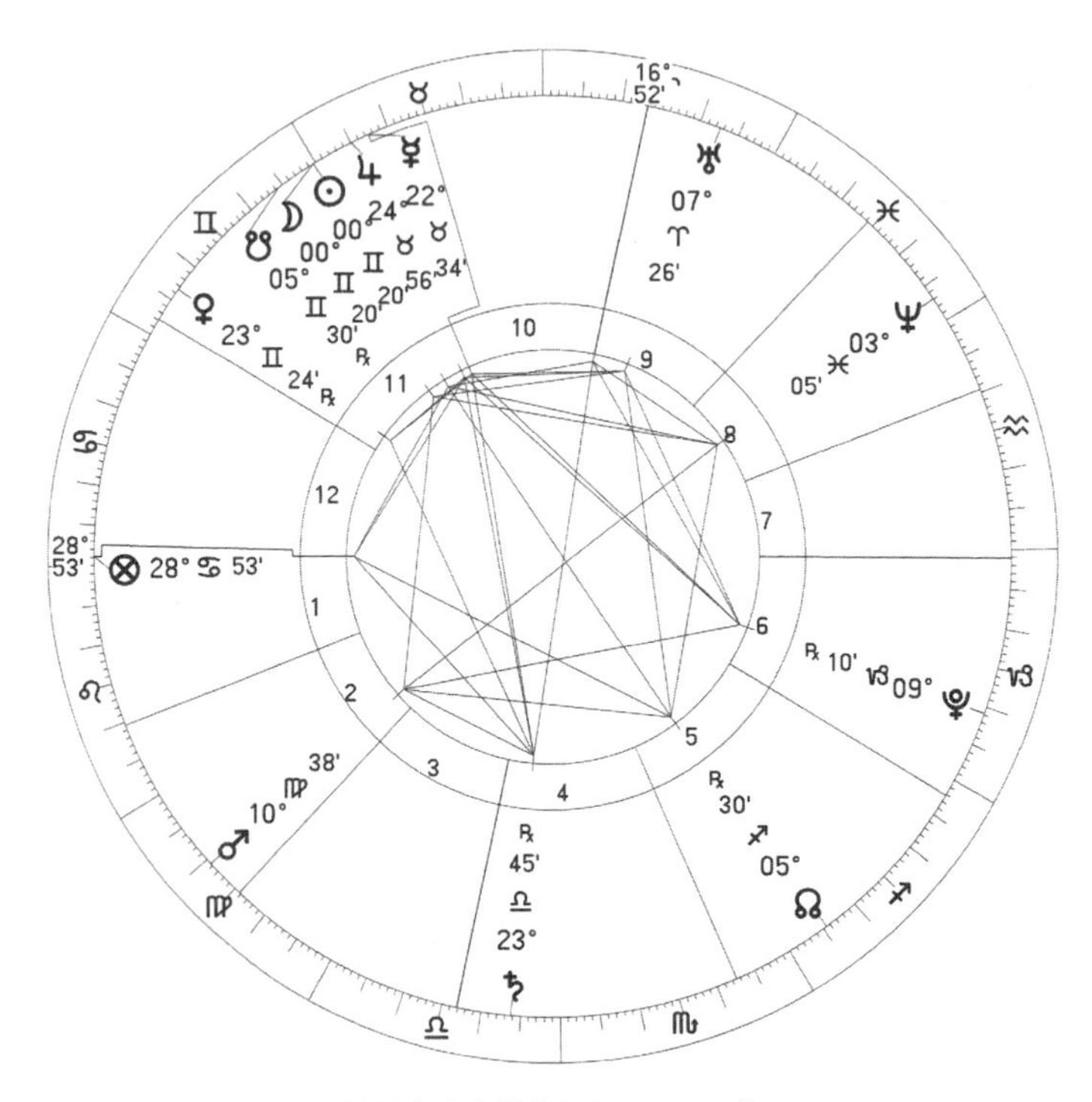

2012年の金環食のホロスコープ。

第26話

「海王星的な時代」とはどんな時代か？

星の動きは、時代の変化と不思議なほどにシンクロしているように見える。

２０１２年もいくつも重要な惑星のアライメントがあるのだが、そのなかでも最大級のものの一つが２月４日。海王星の魚座入りである。

海王星は、占星術のなかでは「新顔」ではある。海王星が発見されたのは、１８４６年のこと。バビロニア以来、３０００年以上の歴史を持つ占星術のなかではまったく新しい存在だ。しかし、海王星は現代的な占星術のツールとしてはなくてはならないものになっている。多くの占星術家たちは、ホロスコープのなかで海王星の働きがくっきりと表れてくるのを目の当たりにしているからだ。

海王星は、英語では「ネプチューン」、大海原を支配する神の名をいただいている。

それは偶然にも与えられたものではあるが、しかし、いかなる配剤か、占星術上のこの星の意味とぴったりと重なっている。

海王星は、一言でいえば、陸に象徴されるような、堅い現実の法則が通用しなくなる領域を表わしている。覚めた意識ではなく、夢幻の世界。自己と他者の境界がある世界ではなく、我即彼、我即世界となるような法悦の世界。そしてときに狂気へと人をいざなう力を象徴しているのだ。

海王星は、魚座をその本拠地としている。魚と海は非常に高い親和性を持つのがわかるだろう。そして、海王星は2月に自らが支配する魚座へと回帰する。海王星の周期はおよそ165年。つまり、海王星は165年ぶりに自らのホームグラウンドへと戻って、その最大のパワーを発揮する。

海王星は2026年まで魚座にとどまるが、この期間はある意味で、「海王星的」な時代になるのではないかと占星術の上ではいえるのである。

では、その海王星的な時代とはどんな時代なのだろうか。そして海王星はどんなメッセージを人類に送ってきているのだろうか。そのヒントになるのは、過去に海王星が魚座にあったとき、どんなことが起こったかを見ていくことだろう。

前回、海王星が魚座に入ったのは1847年から48年のことである。本格的に海王星が魚座を運行し始めたのが1848年である。この1848年という年は、占星術というレンズを通して事象を見ることができるものにとっては、実に興味深い。

まず、世界史に強い人なら、この年に起こった思想史、経済史上の大事件といえばすぐにピンとくるだろう。そう、マルクスとエンゲルスが「共産党宣言」を出した年である。これは唯物論に基づく経済基盤であり、エンゲルスによれば、「①経済が社会の土台であること」「②すべての歴史は階級闘争の歴史であること」「③プロレタリア革命は一階級の解放でなく人類全体の解放であること」という内容を骨子としている。この思想はまさしく「唯物論」であり、宗教や目に見えない世界などは、容認することはあったとしても「民衆のアヘン」としたのであった。

一方、同じ年、アメリカではある事件が起こっている。ニューヨーク州ハイズビルで起こったラップ現象といえば、オカルトが好きな人はおわかりだろう。そう、フォックス家の姉妹が「死者の霊」と交流を始めた年なのだ。その真贋(しんがん)はともかくとして、これが近代スピリチュアリズムの事実上のスタートとなる。

そしてその運動は、コナン・ドイルやウィリアム・ジェイムズをはじめ、一流の知性を巻き込んでいくのだ。

唯物論と心霊主義。一見するとまったく相いれないこの二つの思想運動が、海王星が魚座に入った同じ年に勃興(ぼっこう)している。これはいったい、何を意味するのだろう。

マルクスやエンゲルスの理想はまさしく人類の「平等」であった。人類全体の「解放」という、すぐには手には届きそうもない理想に向けての、切実な運動であった。一方でスピリチュアリズムは彼岸と現世の境界を埋め、高い人類の進化を目指すことを理想としている。方向性こそ違うとはいえ、それは今、ここの現実を超越しようとする憧憬から生まれているといえる。そして、それはまさしく無限のものとの一体化を示す、大海原の支配星、海王星の象徴のなかに収まるものなのだ。

稀代の魔術師アレイスタ・クロウリーは、ゴーストライティングをした占星術書のなかで海王星について、このような詩的な言葉を残している。

「港にたどり着こうとするのは、海王星の本望ではない。愛と友情を強く求めてはいても、それを手にいれてしまうときには、海王星はそっと身を引くだろう。無限のものへの渇きをいかにして満足させられるというのか。

海王星は人類の無際限の精神そのもの。

天空ですら、その欲望に対しては狭すぎる」

無限なるものへの憧憬、欲望。海王星はそれを人類の魂にかきたてる。

今回、海王星は僕たちの魂をどこへ導こうとしているのだろうか。

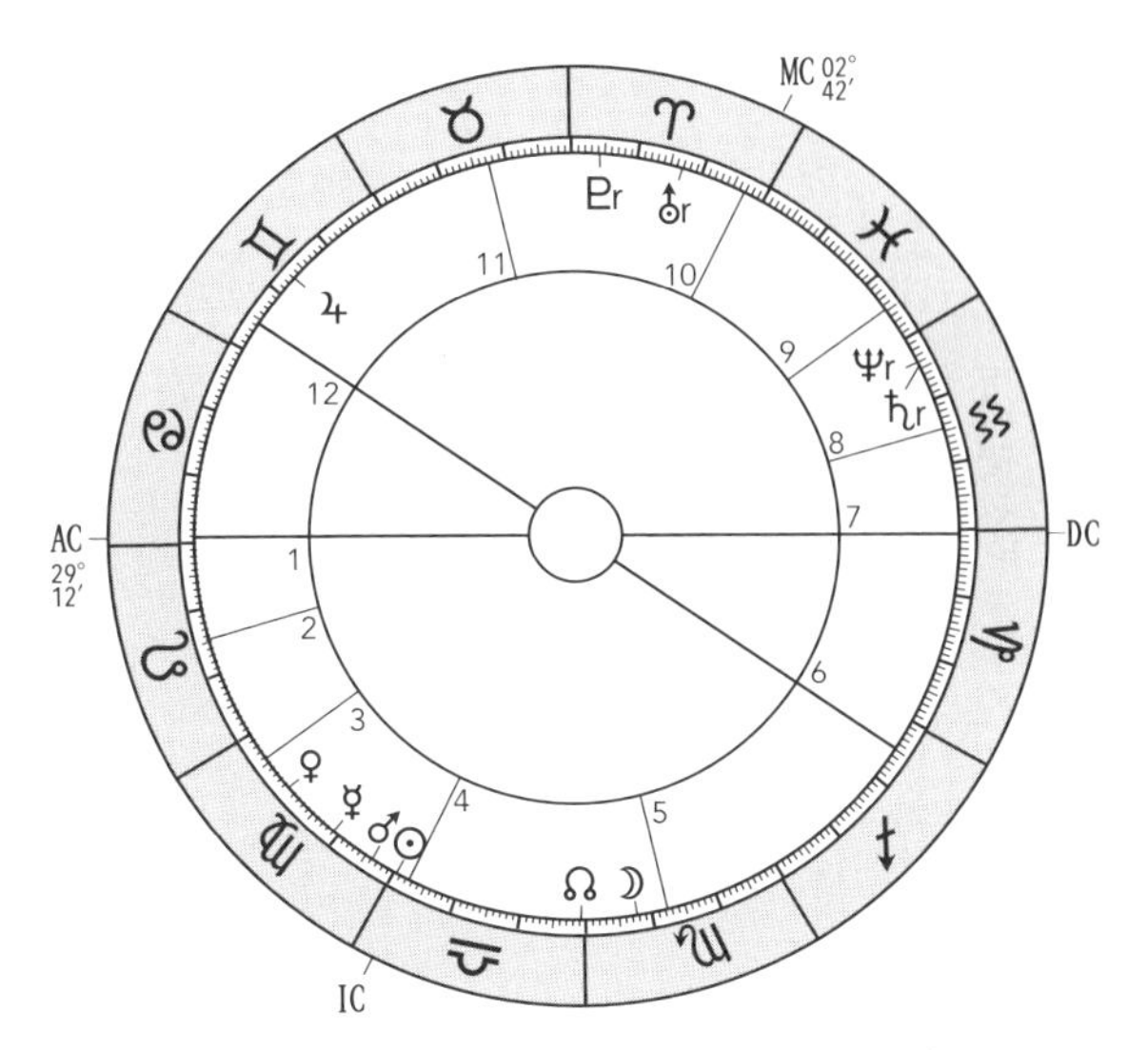

海王星発見時のホロスコープ。海王星が現実の惑星
である土星とタイトな合となっているのが印象深い。

海王星はギリシア神話のポセイドン、ローマ神話のネプチューンの元型を担うとされている。ギリシアのポセイドンの姿。

３世紀ローマのモザイクに現れたネプチューン。

第27話

ユング思想に見る四位一体

みなさん、ユングという偉大な心理学者の名前はご存じだろう。ミステリーを語る上で欠かせない、集合的無意識や共時性（シンクロニシティ）という重要なキー概念を提唱した人物である。

とくに日本では、世界的に見ても異例なほどユングの人気が高く、また評価もされている。しかし、このユングという人物の実像は、意外なほど明らかになっていない。熱心に治療に取り組んだ臨床家の常として、多くのクライアントの秘密を守る必要もある上に、ユングの思想はときに非常に秘教的でもあったために、誤解を恐れて公開されていないものも多いのだ。実際、英語圏でもドイツ語圏でも、ユングの完全な「全集」はいまだ刊行されていない。

しかし、そうはいってもユング研究はこの数年で急展開を見せている。ユングの秘密の魔術的ノートである『赤の書』など重要なテクストが次々に公開されてきたのだ。

２０１１年日本語版が出た『ヴィジョン・セミナー』（氏原寛・老松克博監訳、創元社）もそんな重要な資料の一つ。ユングが１９３０年からおよそ５年かけて行ってきた、秘密裏のセミナーの記録である。このセミナーは実に１９９７年まで公開されておらず、門外不出とされてきた。

これはクリスティナ・モーガンという女性のヴィジョンに対しての分析の記録なのだが、そのなかにはユングの驚くべき知識と思考が展開されている。

ユングが占星術に並々ならぬ関心を抱いていたことはよく知られている。しかも、これからご紹介するような記述を見れば、ユングのイマジネーションは並みの占星術家のそれを遥かにしのいでいることがよくわかる。

ユングは非常に長いスパンでの「時代精神」の存在を想定している。

ユダヤ教からキリスト教へ、そしてキリスト教の分裂から唯物論への転回という西洋における宗教思想の変遷を、ユングは集合的な「時代精神」の変化としてマクロレベルで捉えていた。

そして、実に驚愕すべきことに、この時代精神の変化は天体の運行とシンクロしているというのだ。ユングの占星術的時代検証論については、すでに第１話で述べたが、一応、繰り返しておこう。

とくにユングが注目するのは春分点の移動である。専門用語では「歳差」というのだが、地球の自転軸はまるで倒れかけたコマのようにすりこぎ運動をしている。そのために春分点は、見かけの太陽の通り道、つまり占星術で用いる12星座が並ぶエリアを少しずつバックしていくように見える。その周期、実におよそ2万5700年。計算では一つの星座を約2000年強かけて運動することになる。

ユングは、キリスト教の誕生が春分点が牡羊座から魚座へと入ったことに着目する。「我らが救い主はイエス」という言葉のギリシア表記の頭文字はイクトゥス、つまり「魚（イクトゥス）」であり、原始キリスト教のシンボルは魚であった。初めて教会を作ることになる弟子は「人間をとる漁師になれ」といわれる。

魚座は2匹の魚から成り立っており、一方は垂直方向に、もう一方は水平方向を向いている。垂直方向は「上方」、つまり天なる神を志向しており、春分点が魚座を通過している中世までの時代はキリスト教が隆盛を極めた。しかし、2匹の魚をつなぐ紐のところまで春分点が進むと、時代精神は急変する。さまざまな異端が生まれ、ノストラダムスの予言が流布（るふ）する。ついに2匹目の魚へと到達すると、「水平方向」、つまり神を必要としない時代となった。これはニュートンやダーウィンの時代とシンクロするのである。

ここまではすでに公刊されていたユングの『アイオーン』に述べられていることである。これだけでも驚嘆するにあまりあるのだが、さらに『ヴィジョン・セミナー』では度肝を抜かれるような説が展開されている。

何と、ユングは通常占星術で用いる12星座のみならず、ペルセウス座やアンドロメダ座までをも視野に入れて解釈するのだ。

161ページの図を見ていただきたい。

黄道の下には巨大なくじら座がよこたわる。このくじらは意識を飲み込もうとする無意識的なものの象徴である。上方にある英雄ペルセウスは、無意識を切り裂き、魂(アニマ)を救い出す。その横にある三角座は、まったくもって抽象的な幾何学図形であり、知性を象徴し哲学が誕生したこと、そして「三位一体」をベースとするキリスト教文明を表わしている。

そして、ユングがこのセミナーを開いていた1930年代には、春分点は四角形からなるペガサス座へと移行し、ついに「第四のもの」、つまりキリスト教が抑圧してきた悪や生命力、女性性が意識化されてくる時代に当たっている、というのだ。

四位一体はユング思想における中心的な概念であり、心の全体性は「四」の原理で象徴されるというのが、ユングの考えであった。それは何とも神秘的なことに、天体の壮大な運行によっても暗示されているというのである。

ユングはいう。

「生は時のもう一つの側面です。それは運命です。エネルギーです。星々の運動です……ですから、私たちの最内奥の心理と星々の運動のつながりには、実に多くの理由があるのです」

そして、今や、春分点は水瓶座へと移動しつつある。

水瓶座は高い精神や無意識的な流れを象徴する「水」をしっかりと抱えている図である。この水瓶座の時代には、僕たちはどんな時代精神を生きることになるのだろうか。ユングならどう考えただろうか。

牡羊座、魚座、水瓶座、さらにペガサス座。ユングによれば、キリスト教を表した三角形の牡羊座から二元論を表す魚座、そしてその上部にある四角形のペガサス座が西洋の宗教意識の変遷を表しているという。

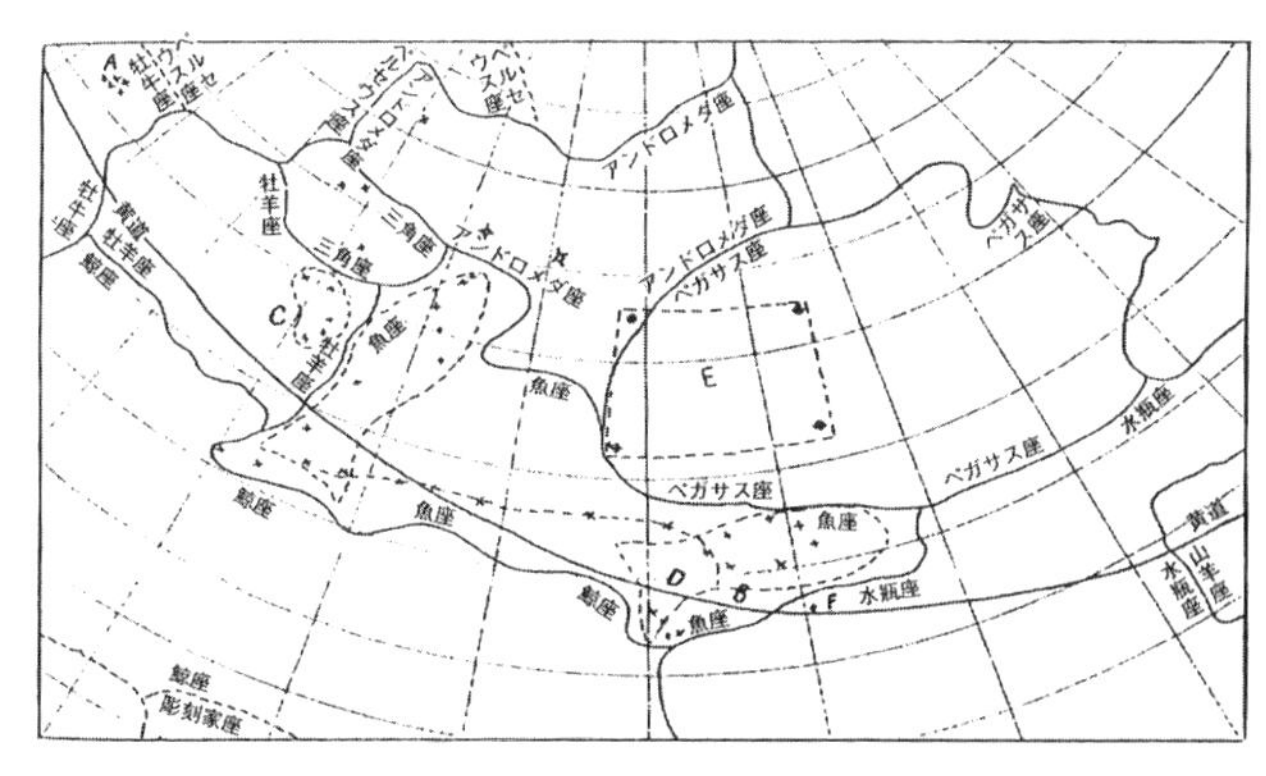

ユング『ヴィジョン・セミナー』（氏原寛・老松克博監訳、創元社）より。

第28話

月が人を人たらしめている

想像してみてほしい。

人類が人類になった、数十万年前の時代のことを。それまでの「猿」から、初めて人類が今のようなかたちの知性を獲得した瞬間を。

歴史に残る名作ＳＦ映画「２００１年宇宙の旅」では、猿人たちの眼前に謎の黒い板「モノリス」が降り立ったシーンによって、その知性の創発と飛躍が象徴的に描かれていた。

面白いところでは、このモノリスはユダヤ‐キリスト教文明においては、モーセが託された契約の板（タブレット）をすぐに想起させるものであり、そのイメージは現在、経済を大きく変えようとしている「タブレット」型のマシンとなって僕たちの目の前に表れている。

しかし、それはあくまでも神話であり、ＳＦ的表現だろう。

実際に、あるときに宇宙から巨大なモノリスが突然降臨した、ということはちょっと考えにくい。

では、どのように人類の「知性」が誕生したのだろう？

これはあくまでも占星術家としての夢想であり推測でしかないのだが、僕はその知性の誕生には「月」が大きくかかわっていたと思うのである。

自然界の動きはとてつもなく複雑である。一つの種子から芽が出て茎が伸び、花が咲くということはわかっていても、どのようなかたちで枝が分かれるかは一つひとつ異なる。明日の天気は、これほど科学が発展した今でも１００パーセントは当てられないし、地震の予測もままならずに日本人は不安なときを今なおお過ごしている。

しかし、そんな複雑で多様な自然界のなかで、もっともわかりやすく、そしてもっとも規則的な動きを示してくれるものといえば、これはもう、月をおいてほかにないのだ。

月は真っ暗な闇から新月の日に生まれ出る。そして徐々に膨らみ、ついには15日目の夜に満月となる。そのあと、今度は、月は欠け始め、細い弓となって、再び夜の闇のなかに戻ってゆく。このサイクルを正確に29日半で繰り返していくのである。

夜空を照らす月の、この神秘なまでに規則的かつ正確な動き。これに気がついたとき、人は過去から現在の時間の流れを意識するようになり、また数学的思考を誕生させたのではないだろうか。

実際、旧石器時代の骨の遺品からは、月の満ち欠けの記録と思われるものが発見されているし、2万年前のレリーフでは妊娠している女性が三日月を手にしている。これは、生命の誕生が月の満ち欠けの周期と同期している女性の生理と関係があることをすでに人が知っている、ということを示している。

今の英語の measure（測る）、mens（生理）という言葉はもちろんのこと、mind（知性）という単語が、moon（月）と同じ語源から派生しているという言語学的知見は、まさに月が人間の生命現象ばかりではなく、人を人たらしめている知性の領域に深くかかわっているということを突いているのである。

満ちては欠ける月のサイクルは、自然界のなかでもっとも明瞭なサイクルを示し、時間のなかでの成長と滅却の繰り返しを示すものであった。

当然、占星術のなかでは、月の満ち欠けは重要な判断材料になっていた。インドの占星術では満ちゆく月は「白い月」、欠ける月は「黒い月」と呼ばれ、それぞれ、吉兆と強調のサインとされていた。また西洋の占星術においても、月が満ちるときに始めたことは成長著しく、欠けゆく月のときに生まれたときには、たとえば雑草を刈るなど、物事を「減らす」のにむいているときだとされてきた。またアイルランドのノーベル賞詩人W・B・イエイツの『ヴィジョン』は、月の「相（フェーズ）」に着想を得た壮大な宇宙論であり、詩でもある。

しかし、生まれた時の月の相と人の運命や性格を対応させるようになったのは、20世紀の伝説的な占星術家ディーン・ルディアの功績である。１９６７年にルディアは『ルネーション・サイクル』という書を上梓（じょうし）し、個人が生まれたときの月の形とパーソナリティとの相関を提唱したのだ。

月のかたちはホロスコープの上での太陽と月の角度で決まるが、ルディアはそれを八つの相に分類した。

新月を基準にして、太陽から月が0度から44度までの間にあるときは「ニュームーン」となる。この生まれは純粋で素直な人。

45度から89度は「三日月」で、好奇心が旺盛な人。

90度から１３４度は「上弦」で、創造的で快活な人。

１３５度から１７９度は「ギバウス」で、分析的な人。

１８０度から２２４度は「満月」で、自分を十全に表現しようとする人。

２２５度から２６９度は「種まき月」で、自分の経験を他者に伝達しようとする人。

２７０度から３１４度は「下弦」で、社会性が高く成熟した人。

３１５度から３６０度は「バルサミック」で、霊的知性にあふれる人だと解釈されている。

占星術の知識がある人なら、「進行」させたホロスコープのなかでの太陽と月の相を見ることで、人生のなかの成長プロセスを追っていくこともできるだろう。こうした計算は、標準的な占星術ソフトを使えば一瞬でできるし、僕のサイト「恋愛月占術」などでもできる。

壮大な天のドラマである月の動き。それと自分の人生を重ね合わせて見ていくことも興味深いのではないだろうか。

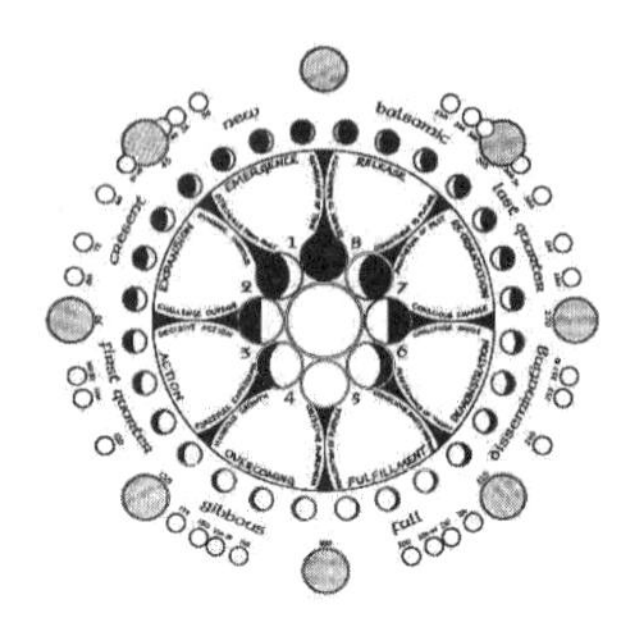

占星術家ルディアの示すルネーションの八つのフェーズ。

アイルランドの詩人イエイツに引用されている月の相の図。『ヴィジョン』より。

第29話

『薬草大全』に込めたカルペパーの想い

古くは占星術は一つの学問として認知されていた。

では、アカデミアのなかでは、占星術はどの分野で教えられていたのだろうか。

現代ではちょっと考えにくいが、占星術は医学部でも教授されることが多かったのである。

医学と占星術の深い関係の名残は、今の言葉にもはっきりと残っている。毎年冬になると流行する「インフルエンザ」は、もちろん英語のインフルエンス、すなわち「影響力」と語源を同じくするわけであるが、これはもともと、何の影響なのか。それはズバリ、天体からの影響だったのだ。

ウソだと思うなら大きな辞書を引いてみるといい。インフルエンスの意味の一つに、「星の感化力」というものがきちんと当てられているはずだ。

また、かのノストラダムスも本業は医師であったことを思い出そう。ノストラダムスは、ヨーロッパを恐怖に陥れていたペストに対して果敢に挑戦し、その流行に歯止めをかけたといわれている。

こうした医学と占星術の深い結びつきは、17世紀まで続いていた。

なかでも特記すべきは、17世紀半ばにロンドンで活躍した占星術家ニコラス・カルペパーだろう。

カルペパーは裕福な家庭に生まれ、ケンブリッジで教育を受けたが、恋人を落雷で亡くすという悲劇に見舞われた。

そののち、薬学を学び、占星術の知識を身につけることになる。

そして、それまではラテン語でのみ伝わっていた医学や薬草の知識を、庶民にも読める英語に翻訳、あるいは自ら著した。

それはまったく革命的なことだった。ハーブはそのあたりにいくらでも生えている。その効能を知れば、医師の助けがなくても庶民はその薬効にあずかることができるのである。

自らの既得権を奪われたと感じた大学の医師たちの怒りを大いに買うことになるのは、当然だったが、カルペパーの良心はそのことを恐れなかった。

カルペパーの『薬草大全』は、それから300年もの間、一度も市場から消えたことがないといわれている。もちろん、今でもこの書物は復刻され続けているのだ。

では、どのような内容がそこに書かれているのだろう。そして、占星術と彼の薬草学はどう関係するのであろうか。

たとえば、「ダンデライオン（タンポポ）」の項目を見てみよう。

そこには、葉や花の形状の解説から始まって、どの場所に生えているか、よくしげる季節などの記述、そして効能と利用法などとともに、「木星に支配される」という一文を発見することができる。

当時の薬草学では、それぞれのハーブには特定の惑星が配当されており、その惑星の力をハーブが持っていると考えられたのだ。

たとえば、「ジンジャー（ショウガ）」を食べると、体が温かくなる。冬の間にはショウガ茶が好んで口にされたと思うのだが、実際にショウガには代謝を上げる作用がある。

しかし、これは不思議ではないか。ショウガ自体は熱くない。にもかかわらず、ショウガを摂取すると体が温かくなる。それはショウガのなかに、熱い天体である火星の力がひそかに込められているからだと考えられたのだ。

ちなみに、このような物質のなかの「隠れた効能」が、「オカルト」という言葉の本来の意味であった。オカルトとはラテン語の「隠された」という意味であることを思い出していただきたい。

なお、代表的な惑星とハーブの対応の例を挙げると、カモマイルと太陽、ラベンダーと水星、ローズと金星、ネトルと火星、コンフリーと土星、キャベツと月、といったところだ。

このような対応については"Cuppeper's Complete Herbal"が『カルペパーハーブ事典』(戸坂藤子訳、パンローリング)として邦訳されたし、また、現在、英国におけるカルペパー研究の第一人者であるグレアム・トービンによる『占星医術とハーブ学の世界』(上原ゆうこ訳、原書房)で学習されたい。

ここに紹介するのは、トービン氏がまとめた、カルペパーの惑星とハーブの照応の一部である。カルペパーはこうした薬草の知識と占星術の知識を駆使して、実際に治療に当たっていた。興味深いのはその占星術だ。現在では、占星術といえば生年月日と時刻をもとにホロスコープを作成するのが主流であるが、しかし、当時はそうではなかった。専門用語で「デカンビチュア」というのだが、その患者が病気になった瞬間、あるいは占星術家のもとにやってきた瞬間の星の配置図を作成するのである。ちなみにデカンビチュアとは、「横たわる」という意味だ。つらくて立っていることができず、横になったときが病気の始まりとされたらしい。

そして、このチャートには病気の原因からその後の経過、さらに治療法などまでが示されると考えられたのである。

このチャートの読み方は、複雑なので、とてもここでは説明することはできないが、一つだけ、占星術を学習中の方にお話しすると、チャートのなかでもっとも重要となるのは、ＭＣ（天頂）である。なぜなら、その支配星が治療法を示すことになる、とされていたからだ。

また、その月の位置に対して、天を移動する月が45度の角度をとるタイミングごとに、容体が大きく変化する可能性があるという。

こうしたハーブと星の知識が、現代にまで伝わっていって、いわゆるアロマセラピーへと変化していった。

星を見る治療術と人間を機械として見る今の医学、どちらが人間的といえるであろうか。

近代医学は素晴らしいが、ときにはこうしたロマンチックな医学のことを思い出してもいいのではないだろうか。

植物名	支配する惑星	性質と度数	影響を受ける身体部分	主な作用
アイブライト	獅子座にある太陽	熱1／乾1	頭を温める	視力回復、脳の強化
アグリモニー	蟹座にある木星	熱1／乾1	肝臓、脾臓、腎臓、関節を温める	洗浄、切断、固める
アンジェリカ	獅子座にある太陽	熱3／乾3	心臓、胃、子宮を温める	毒に抵抗、駆風
ホワイトウィロウ	月	冷2／乾2	頭と関節を冷やす	洗浄、収斂、刺激性はない
ウッドベトニー	牡羊座にある木星	熱2／乾2	頭、肺、腎臓を温め、心臓を乾かす	利尿、詰まりを開く
カモミール	太陽	熱1／乾1	頭、肝臓、関節を温める	鎮痛、胆汁の排除
ガーリック	火星	熱4／乾4	身体を非常に温める	毒に抵抗、利尿、駆風、固める
ゲンチアナ	火星	熱2／乾2	肝臓を脾臓を温める	開く、切断、洗浄、癒着
コルツフット	金星	冷1／乾1	肺を冷やす	炎症を治す
シナモン	太陽	熱2／乾2	肺、心臓、胃、子宮を温める	希釈、洗浄、軟化、利尿
ジュニパー	太陽	熱3／乾1	心臓、胃、腎臓、膀胱を温める	開く、切断、利尿、駆風
ジンジャー	火星	熱3／乾3	胃、腸、関節を温める	駆風、消化、散らす、利尿
スィートバイオレット	金星	冷1／湿2	頭、肺、心臓、胃を冷やす	洗浄、冷やす、コーディアル、胆汁の排除
スティッキングネトル	火星	熱3／乾3	肺、腎臓、子宮を温める	開く、利尿、収斂、抗結石

ニコラス・カルペパーの『薬草大全』（イングリッシュ・フィジシャン）より。

第30話

アセンダントと容姿の関係性

「どのようにして占星術に『ハマった』のですか？」

そんな質問をこれまで何度受けてきたことだろう。幼いころから魔法が出てくるおとぎ話や星座の神話が大好きだった僕は、占星術的な世界には物心つく以前から憧れを抱いていたので、その具体的な「きっかけ」は覚えていない。

しかし、ホロスコープのリアリティを最初に感じたときのことははっきりと覚えている。

小学生のころ入門書で初めてホロスコープを作成したとき、東の地平線から上昇する星座宮（アセンダント）によって本人の外見まで表示される、という記述を見つけた。

星が外見まで左右する？　にわかには信じがたい話だった。

最初に作成したときは、僕のアセンダントは射手座となった。それによると、「陽に焼けた健康的な肌」や「長身でスポーツマンタイプ」とあって、うれしくはなったが、あまりピンとはこなかった。やっぱり占星術何てこんなものか、とがっかりした。

しかし、実はそれは初歩的な計算間違いだったのだ。実際には、僕のアセンダントは蟹座だったのだ。蟹座のアセンダントの記述を見ると、こうある。「ふっくらとした月のような顔立ち、しまりのない水っぽい肉づき」。何だかがっかりしてしまうが、その描写は実によく当てはまっている。

そして、当時ついていた家庭教師の先生は、アセンダントが蠍座だったのだが「鷲のような鼻」や「浅黒い肌」とあり、これも見事に当てはまっていて、当の本人も驚いていたのが印象的だった。

もちろん、すべてが当てはまるわけではないのだが、このような「ビギナーズラック」のような的中から、僕はますます占星術にのめり込んでいくようになったのだった。

ところで、このアセンダントと容姿の対応関係について実に興味深い試みが、今から100年以上も前の英国の占星術専門誌で行われていたのだ。

僕の手元には、現代占星術の父といわれるアラン・レオが発行していた雑誌『モダン・アストロロジー』が何冊かある。

その1900年7月の日付が入っている号を見ると、奇妙な図版がいくつも入っている。テキストのほうを見てみよう。それによると、生まれたときのアセンダントやホロスコープから、実際の人物の容貌が合致していくかどうか、読者とともに検証していこうというのだ。編集者は、当時普及しつつあった写真を添えて、生年月日などのデータとともに編集部に送付するように呼びかけている。

それによって、星と容姿との関係を明らかにしていこうというのだ。

第1回目に登場したのは、パドウェル氏という人物で、写真が掲載されている。

そのホロスコープも掲載されているが、そこには上昇星座も牡羊座であり、さらにはほかに四つもの天体が牡羊座に入っていて牡羊座が強調されている。

そして、このような人物はどことなく、実際に動物の羊に似ている、として動物と人間の顔が並べられているのだ。

ちなみに、この動物人間の顔は、17世紀の観相学者シャルル・ルブランによるもの（ルブランはフランス王立絵画彫刻アカデミーの初代会長でもあった）。

当時は、実際に動物の顔と人間の顔を比較し、その性質までもがそこから判断できる、とおまじめに考えられていたのだ。

このような星の配置と容貌との関係は、占星術では長い歴史がある。

占星術の歴史のなかでも、もっとも重要な書物の一つであるプトレマイオスの『テトラビブロス』を開いてみよう。2世紀にアレクサンドリアで書かれたものだ。その名の通り4巻本

（テトラは4、ビブロスは書）からなるこのテキストで、個人の占星術を扱うのは第3巻である。そのなかには「身体の形状および気質」という項目があり、このように述べられている。

「一般には、まずは東の地平線およびその近くにある惑星、そしてすでに説明したその支配惑星、さらに月を見よ。この二つの場所を通して形成力が伝達されるのである」

とくにプトレマイオスは、上昇点近くにある惑星を重視しているようだ。土星だと、黒い肌になり、頑健で黒くカールした髪、胸毛があってほどほどの大きさの目、となる。木星なら、血色がよく、カールした髪に大きな瞳、長身に恵まれる。金星が上昇すると女性的となり、美しく魅力的。

星座でいうと、獅子座、乙女座、射手座は大柄な体格の人間を作り、魚座、蟹座、双子座は小柄な人物を作るという。

また獅子座や牡羊座、牡牛座は上半身を発達させるというのである。

どうだろうか。「人はみかけによらない」のはたしかだが、同時にわれわれは第一印象で人を瞬間的に判断している。

無意識のなかに「狐のようだ」とか「犬のようだ」と判断をしていて、これが案外役に立ってもいる。占星術的なイマジネーションは、これを天界にまで引き延ばし、人と宇宙をつなげている。

一見、ばかばかしいように思われるかもしれないが、このような「類似の思考」のタペストリーが、今なお僕たちのイマジネーションと思考を彩っている。それを錯誤だとするのはたやすいが、しかし、そのような思考（〇〇に見える、という判断）は今なおコンピュータにさせることは難しい。実はそれは人間らしい知性の特徴でもあるのだ。

このような星の観相術、今一度、楽しんでみてはいかが。

①

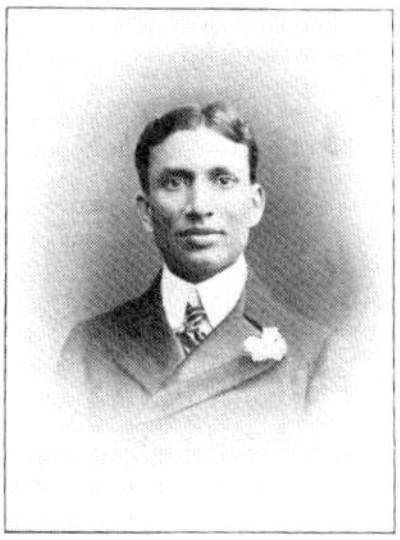

GANPATRAO T. PADWAL.

②

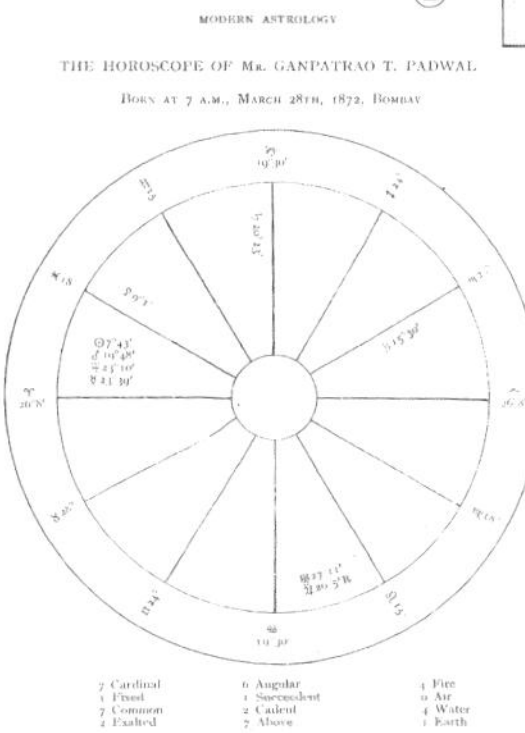
MODERN ASTROLOGY
THE HOROSCOPE OF Mr. GANPATRAO T. PADWAL
Born at 7 a.m., March 28th, 1872, Bombay
7 Cardinal
1 Fixed
7 Common
2 Exalted
6 Angular
1 Succeedent
2 Cadent
7 Above
4 Fire
0 Air
4 Water
1 Earth

③

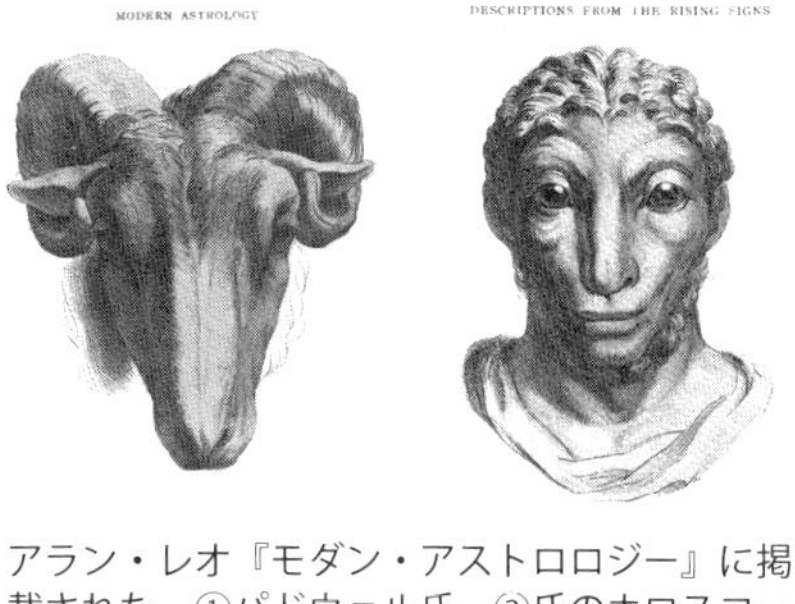
MODERN ASTROLOGY
DESCRIPTIONS FROM THE RISING SIGNS

アラン・レオ『モダン・アストロロジー』に掲載された、①パドウェル氏、②氏のホロスコープ、③容貌、ルブランの動物人相学の図の比較。

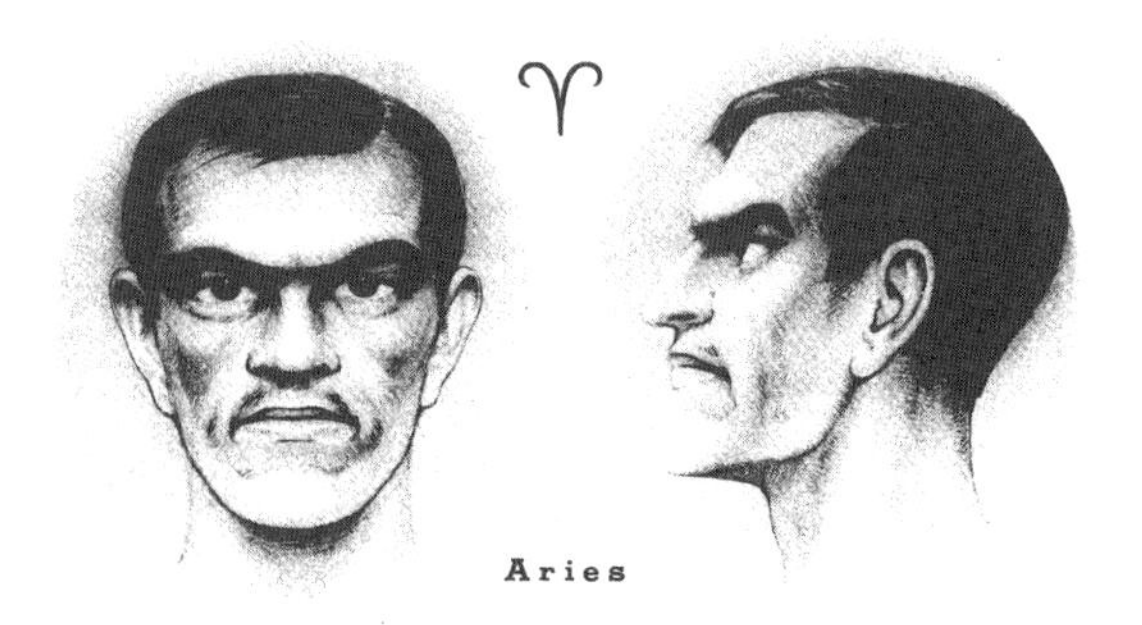

古代からある占星術的人相術はレオ以降も受け継がれていく。こちらは Gloria Barrett "Astrological Physiognomy a Key to the Ascending Sign and Decanate"（1941）より牡羊座の容貌。グロリア・バレットは星座記号が人体、とくに顔や額の形などにエネルギーとして刻印されるという。

第31話

「おとぎ話」に潜む星のシンボリズム
～前編～

最近、人気アニメのタイトルにもなっている「フェアリー・テール」という言葉、みなさんもきっとどこかでお聞きになったことがあるに違いない。

通常は「童話」と訳されることが多い言葉だが、実はこの訳は僕からするとふさわしくない。Fairyというのは、みなさんもよくご存じのように「妖精」の意味ではあるが、しかし、この言葉は、外来のニュアンスとは少し違って現代では理解されているのだ。

妖精というと、クリスマスツリーにつられている人形のような、美しく、そしてかわいらしく、はかない存在を思い浮かべるかもしれない。しかし、妖精がそのような小さく愛らしい存在になったのは、実はシェイクスピア以降だとされている。

また、バレエの舞台に妖精が登場するようになり、軽やかに飛びはねる少女のような存在になっていったというのだ。

しかし、その昔、妖精は強大な存在であった。もともとFairyという言葉は、英語のFateと語源を同じくしている。ラテン語のFeという意味で、宿命や運命を表わしており、逆らい難いこの宇宙の法則の人格化でもあった。英語のFateは「宿命」という意味であり、またFatalというときには、「死に至る」という意味であったことを忘れてはならない。そこで、フェアリー・テールとは、妖精が登場する物語ということのみならず、運命が深くかかわる、運命を司(つかさど)る物語であるということを意味しているのだ。

そして、運命や宿命というからには、その感覚は占星術とも深くかかわっている。

占星術的なセンスさえあれば、一見、子供向けの話であるフェアリー・テールのなかに深遠な星のシンボリズムを見てとることができるのである。

たとえば、代表的なフェアリー・テールである、グリム童話の「いばら姫」を見てみよう。「いばら姫」は、おとぎ話の常とう句である「むかし、むかし、あるところに」と始まる。時空を限定していないこの表現は、いつ、どこでも起こりえる普遍的な物語であることを示している。

以下、子供のころに読んだ物語を思い出していただきながら、そのあらすじをおさらいしておこう。

その国には、王さまとお妃さまがいたわけだが、そこには子供がなかった。二人は子供を切望していた。そこへ1匹の蟹がやってきて、美しい姫の誕生を予言する。はたしてその予言通り、世にもかわいらしい姫が誕生する。

おおよろこびした国王夫妻は、国中の人を招いて宴を開いた。そのなかには、「妖精」たちもいた。宮廷には12枚の黄金の皿があったので、12人の妖精たちが招かれた。ヨーロッパでは子供の誕生につき従う妖精のゴッドマザーの存在が信じられている。彼らはその子供の「真の名前」、つまり運命を与えるとされている。12人の妖精たちは順次、一人は美しさを、もう一人は優しさを、3人目は富を、というようにこの世の人が望むあらゆる祝福の運命を与えていく。

しかし、実際にはこの国には13人の妖精がいた。招かれなかった13番目の妖精は、その喜びに満ちた祝宴に割って入り、嫉妬（しっと）のあまりに死の呪いをかけたのである。

「この子は15歳のときに糸車のつむに刺されて死ぬであろう」

幸いなことに、12番目の妖精はまだ祝福を与えていなかった。12番目の妖精も、さすがに呪いを完全に解くことはできなかったが、せめてもと、その死の呪いを弱め、眠りの呪いに軽減してくれたのである。このあとの顛末（てんまつ）はきっとみなさんもご存じだろう。

さて、ここまでの物語に占星術的なシンボルがちりばめられていることにお気づきだろうか。

まずは、12枚の黄金の皿。黄金の皿といえば、太陽、日輪の象徴であろう。12は1年で太陽が通過する12星座だ。

太陽は合理性と意識性の象徴であり、王とお妃が「意識的」に、この新しく誕生した生命に祝福を与えようとしたことを表わしている。12は、1でも2でも3でも4でも「割り切れる」合理的な数であり、実用的な数でもある。計画の下に、素敵なことが起こるように祈りを込めた親心を、ここに見てとることができる。

しかし、実際にはそんなには簡単にはいかない。この世界には「想定外」の、つまりは「招かれざる」13番目のファクターが存在していた。それが突然、割って入ってきたのである。12が太陽の数であるのに対して、13は月の数でもある。なぜか。月は28日で地球を1周する。28に13をかけてみればよい。答えは364。つまりはほぼ1年に相当する。つまり13とは1太陽年に月が公転する数であり、昼間の明るい意識では割り切ることができない、非合理で扱いづらい数として知られてきたのである。

西洋で13が「不吉」とされてきたのはそのためであろう。

また、姫の誕生を予告した蟹が「蟹座」だとするなら、蟹座の支配星も、また月である。さらに月の権化である「13番目」の暗い魔女が予言した、呪いの成就の年とは、姫が「15歳」になったときであったことを思い出そう。

占星術では生まれてからの1日は、実際の時の流れの1年に相当するとされる。逆にいえば「15番目」の夜、つまりは「15夜」、月の力が満ちる満月のときにその呪いが発動すると、この

「妖精」は予言したわけである。

いかにこのなかに占星術的な象徴が込められているか、ご納得いただけただろうか。

しかし、この物語の謎ときはここでは終わらない。

運命の女神が運命の輪を回す。糸車と重なるモチーフに見える。

童話「いばら姫」にはさまざまな占星術的象徴が隠されている。

おとぎ話にはしばしば糸車が登場する。

第32話

「おとぎ話」に潜む星のシンボリズム〜後編〜

「おとぎ話」の占星術的シンボリズム。一見、たわいのない子供向けの「お話」のなかに、意外にも深遠で秘教的な占星術的メッセージが読み取れることを、感じていただいているだろうか。

おとぎ話は「フェアリー・テール」というが、フェアリーの語源はラテン語の「運命」であり、運命の秘密を語るのがおとぎ話なのだ。

おとぎ話の多くは「むかし、むかし、あるところに」というふうに始まることを思い出そう。もしこれが新聞などの記述であれば、まったく落第点の記述である。情報伝達の基本中の基本である、５Ｗ１Ｈがまったくない。何年何月何日に起こったことなのか、あるいはどの国のどの地方で起こったことなのか、がまったくわからないではないか。

しかし、だからこそ、おとぎ話には深い意味があるのである。

「むかし、むかし」という非時間的、そして「あるところに」という非空間的な記述は、この物語が起こった時間と空間を特定しないことを意味する。ということは、逆説的に「いつでも、どこでも」起こっていることであり、普遍的に人の心のなかで起こり続けている物語であることを指示しているともいえるのだ。

このような永遠の時のなかで起こっている神話的な物語を、オーストラリアの先住民アボリジニの人なら「ドリームタイム」というであろう。おとぎ話はドリームタイムの物語であり、事実以上の真実を示すのである。

今回のおとぎ話のヒロインは「いばら姫」であったが、姫は13番目の妖精によって死の呪いをかけられてしまう。幸いにも、ほかの妖精によってその呪いは眠りの呪いに弱められるのだが、この13という数は月の数であることをお話しした。

ちなみに姫の誕生を予言した生きものは「蟹」であったが、蟹を占星術の蟹座と解釈すれば、その支配星はまさに月。姫が15歳のときに呪いが成就するのだが、この15とはまさに「15夜」、月の力が満ちる満月のメタファーだ。

13番目の妖精は、姫は「糸車のつむに刺されて死ぬ」という呪いをかけた。糸車は、西洋の社会ではまぎれもなく運命の象徴である。

ギリシア神話ではモイラという偉大な女神が運命の糸を紡いでいるとされた。モイラは三人一組の女神であり、一人が運命の糸を紡ぎ出し、もう一人が測り、最後の一人がそれを切る。人の生と死の定めを作り出しているのがこのモイラであり、神々の王ゼウスですら、このモイラの定めを変えることができないとされていた。

かのプラトンもまた、この運命の糸を紡ぐ女神のことを語っている。プラトンの書『国家』におさめられた挿話によれば、宇宙の中心軸こそ、この運命の紡ぎ車であり、そこにおわす運命の女神が人間一人ひとりに運命のくじを引かせ、各々の運命を「割り当てる」のだという（そもそも、モイラという言葉は「割り当て」を意味する）。それは宇宙の絶対的秩序でもあったのだ。見方を変えれば、この巨大な宇宙的車輪はめぐりめぐる峻厳（しゅんげん）な天体の運行そのものであり、占星術のホロスコープを示すとも考えられよう。

中世以降、この運命を紡ぎ出す糸車は、「運命の輪」というかたちで表象されるようになってきた。そう、それはタロットのなかにも登場する。

成功させたり、不幸につきおとしたりする気まぐれで不安定な、人生の浮き沈みの運命の輪となっていくのだ。

中世以降、「運命の女神」は「フォウルトゥナ（フォーチュン）」と呼ばれるようになり、幸運を授ける女神ともなる。

しかし、人間の力がだんだん大きくなっていって、運命に挑戦していくことができるようになると考えられ始めた。神の摂理ではなく、自分自身で人生を切り開くべきだという近代的な世界観が登場するのだ。ルネサンスになると、『君主論』を書いた、かのマキャベリなどは「運命の女神などはムチでたたき、いうことを人間が聞かせるべきだ」とまで勇ましいことをいうようになる。

しかし、運命の力は、そんなに簡単に屈服させられるのだろうか。皮肉なことに運命を避けようとする努力そのものが、不幸な予言を実現させることがある。

「いばら姫」の物語でも、呪いを避けようと王と王妃は大きな努力をした。呪いをかけるのが「糸車」なのだから糸車がなければいい。そこで国中の糸車を焼いてしまったのだ。これで安心、と思ったものの、それではすまなかった。実は一つだけ糸車が残っていたのだ。そして、姫は人生で糸車を見たことがなかったゆえに、たまたま見かけた糸車に強い関心を示し、わざわざそれを触って呪いにかかってしまうのである。

このことは、現代のわれわれに重要なメッセージを放っているように思える。あらゆる「リスク」を回避できると思い上がったゆえに起こった、3・11のあの悲劇のことを、忘れてはならないのではないだろうか。どんなに「管理」できると思っても、割り切れぬ13番目の妖精は「想定外」という落とし穴のなかにいるものである。そしてそれは、ないがしろにしたり、忘れたときにこそ、復讐(ふくしゅう)しに戻ってくるのである。

運命の力に屈服してすべてを投げ出すのは、もちろんよくない。しかし、同時に運命や未来を支配できると慢心するのも危険である。

自然の力、運命の力には敬意と恐れを抱きつつ、その力と対話を続けて「まさか」が起ることを常に意識しておくこと、これが今まで以上に認められている。

そんなふうに僕は考えるのである。

マルセーユ版タロットカード
「運命の輪」。

運命の車輪を手にする運命の女神
フォルトゥナ。

第33話

占星術と手相の関係性

いささか我田引水的な表現になってしまうが、占星術は西洋のあらゆる占術や魔術、秘教の「女王」にして、共通言語だということができるのではないだろうか。

数秘術はもちろん、タロットも近代以降、占星術のシンボリズムと深く結びついている。たとえば、生年月日を足し合わせ、一桁になるまで変換したものを数秘術では「運命数」などと呼ぶが、その意味は、数に対応している惑星のイメージとつながりあっている。

僕の場合でやってみよう。

1968年3月2日生まれであるのだが、1＋9＋6＋8＋3＋2は29であり、さらに2と9を足すと11、さらにそれを単数変換すると2になる。

2に対応する占星術上の惑星は月であり、「受動的、情緒的、想像力豊か、女性性」などという意味がそこから引き出される。占いなどをテーマに、主に女性誌などで執筆して仕事としている僕をよく表わしているではないか。

また、タロットにも惑星や星座が対応する。これは流派によってさまざまな照応の体系が存在するが、イギリスの「黄金の夜明け団」のシステムに従えば、「魔術師」のカードには知性を象徴する水星が対応し、巧みな技術や知性といった意味があることがわかるだろう。

つまり、占星術の基礎さえ押さえておけば、何種類もの占術をあっという間にマスターできる、ということになる。

意外なところでは、実は、手相術もそうなのだ。

僕自身は手相をきちんと学んだことはないのだが、占星術を応用してパーティーの席などでは、にわか手相占い師を気取ることもあるのだ。

手相というと、街頭の易者さんたちを想像し、東洋の占いだと思われることが多いが、実は日本で普及している手相術は8割方、西洋流のものだといっていい。もし、「生命線」だとか「頭脳線」といった用語がでてきたら、それは確実に西洋流の手相術である。これは19世紀から20世紀に、イギリスの手相家キローが普及させたものだとされているが、そのルーツはルネサンス時代にまでさかのぼる。

では、どのように手相と占星術が関係あるのだろうか。

実は、手のひらのそれぞれのパーツに、惑星や星座が配当されているのである。

指の付け根の盛り上がりは「丘」と呼ばれているが、この丘に惑星が対応しているのだ。

わかりやすいのは、薬指だろう。結婚指輪をするのも薬指。また、恋人たちの絆を象徴する「赤い糸」は、カップルの薬指を結んでいるという。

なぜか。それは、この指が伝統的に、太陽と結びついているからだ。太陽は人体では心臓を象徴する。心臓、すなわちハートと直結しているがゆえに、魂の結びつきを表わすとされているのだ。

そして、この丘に登っていく線は「太陽線」と呼ばれている。太陽は占星術では成功や名誉を表わすが、この線がくっきりと入っていると人気運が出たり、社会的に成功するということになる。

また、人に指示したり、命令したりするときに「指を指す」ことになるが、その人差し指の付け根の丘は、「木星丘」とされている。木星は神話では神々の王ゼウスであり、人を支配する力を象徴する。もしこの丘を囲むような線が出ていると、それは「ソロモンの指環」と呼ばれ、多くの人を指導する運命になるというのだ。

また、「運命線」は中指に向かってまっすぐに昇っていく線であるが、この丘は「土星丘」。カルマと運命の支配者である土星は、また、自分自身で運命をしっかりと作っていく力を象徴している。運命線がはっきりとしていると、それは自分自身によって運命を切り開いていく力を象徴していることになる。

また、数本の運命線があると、いくつかの仕事をすることになるかもしれない。

さらに、手のひらを斜めに横切って小指のほうに昇っていく線は、俗に「金運線」などとも呼ばれるが、小指の付け根は「水星丘」である。

水星は英語ではマーキュリー、ギリシア神話では商業の神であるヘルメスであり、まさにお金の出入りにも関係しているのだ。

さらに有名な結婚線は「月丘」に入り込む線。家庭を象徴する守護神である月の宮にふさわしい。

生命線は、生命力や生きるためのリビドーを象徴する金星丘を取り囲むような線である。

また、この金星丘が青白くなっていたり、血色が悪いと健康面に不安がある。とくに肝臓の働きが鈍っているという。金星は人体では肝臓を象徴するのである。

全体にそれぞれの惑星の丘に張りがあることは、その惑星のエネルギーが強いことを象徴している。

また、そこに入っていく線がはっきりくっきりしていると、丘からのエネルギーが潤滑に流れていることを示すと判断できるのだ。

手相のすべてではないとしても、占星術の基本がわかれば、かなりの部分まで自分流でも判断できるということがわかるだろう。

占星術では、人体は小さな宇宙だと考えているが、手のひらもまた一つの宇宙。手相術は手のなかに星を読み取る技術でもあるのだ。

占いをマスターするなら、まずは占星術から。そうすればあとがぐっと早いということがこれでおわかりになっただろう。

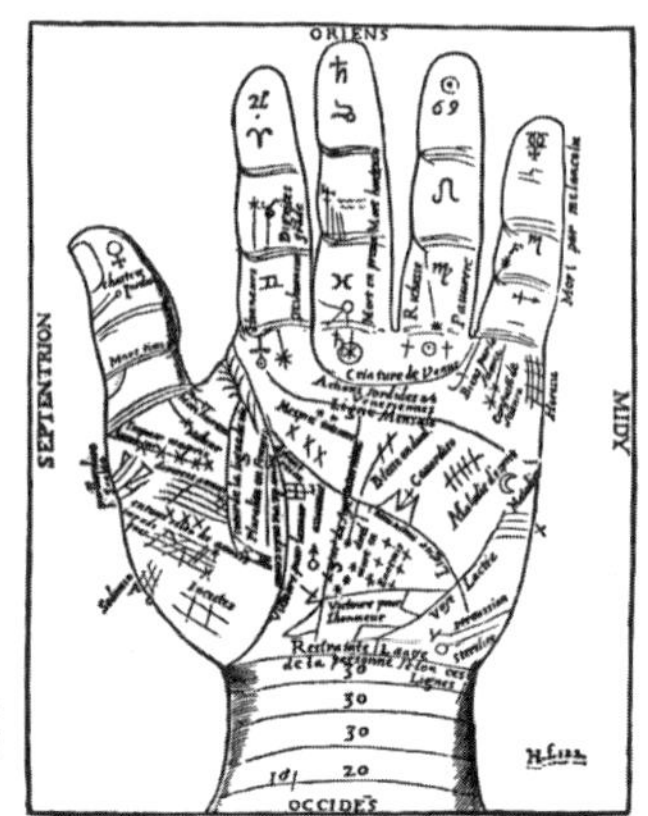

手相は小さな宇宙だと考えられた。手に配当された占星術の象徴を示す図。

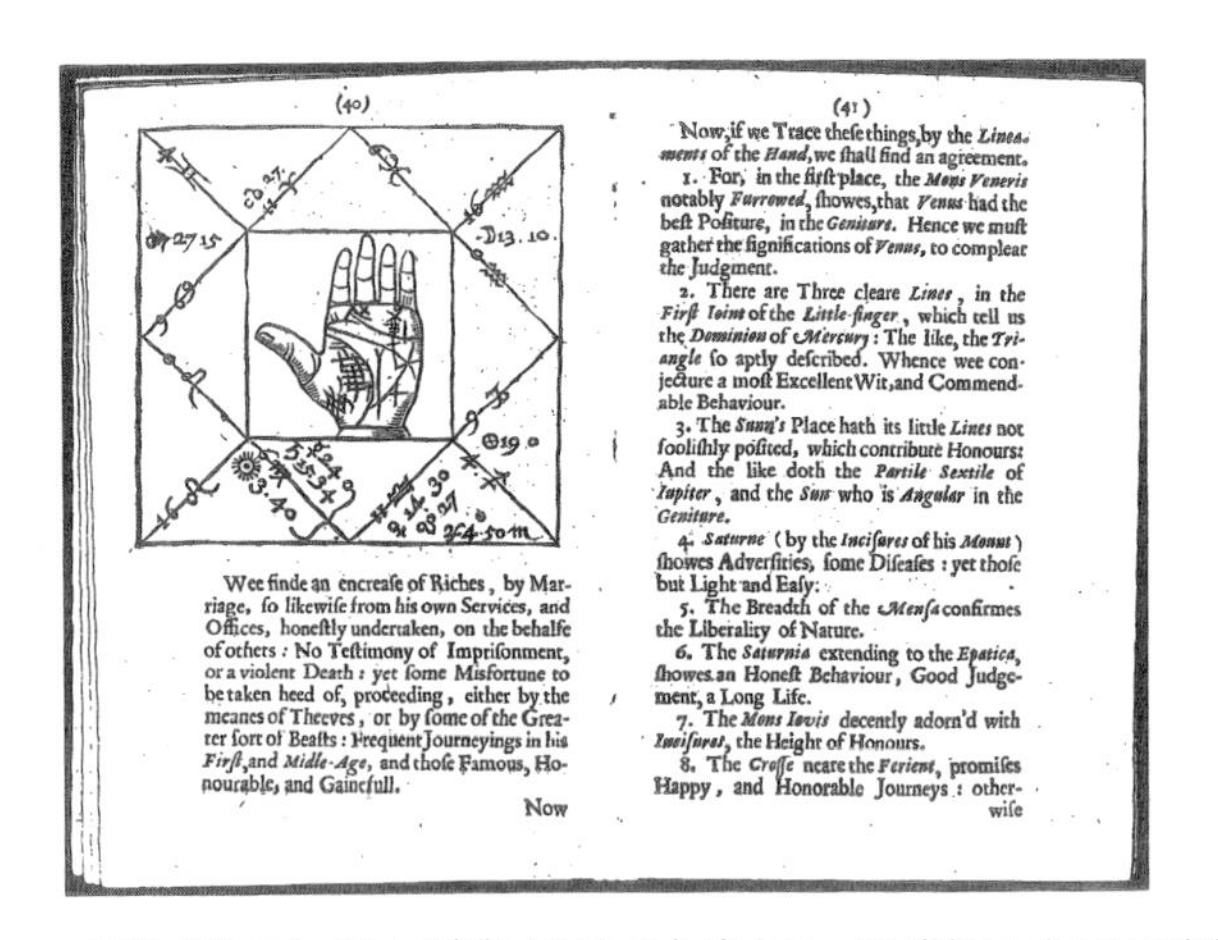

(40)

Wee finde an encreaſe of Riches, by Marriage, ſo likewiſe from his own Services, and Offices, honeſtly undertaken, on the behalfe of others : No Teſtimony of Impriſonment, or a violent Death : yet ſome Misfortune to be taken heed of, proceeding, either by the meanes of Theeves, or by ſome of the Greater ſort of Beaſts : Frequent Journeyings in his *Firſt*, and *Midle-Age*, and thoſe Famous, Honourable, and Gainefull.

Now

(41)

Now, if we Trace theſe things, by the *Lineaments* of the *Hand*, we ſhall find an agreement.

1. For, in the firſt place, the *Mons Veneris* notably *Furrowed*, ſhowes, that *Venus* had the beſt Poſiture, in the *Geniture*. Hence we muſt gather the ſignifications of *Venus*, to compleat the Judgment.

2. There are Three cleare *Lines*, in the *Firſt Ioint* of the *Little-finger*, which tell us the *Dominion* of *Mercury* : The like, the *Triangle* ſo aptly deſcribed. Whence wee conjecture a moſt Excellent Wit, and Commendable Behaviour.

3. The *Sunn's* Place hath its little *Lines* not fooliſhly poſited, which contribute Honours: And the like doth the *Partile Sextile* of *Iupiter*, and the *Sun* who is *Angular* in the *Geniture*.

4. *Saturne* (by the *Inciſures* of his *Mount*) ſhowes Adverſities, ſome Diſeaſes : yet thoſe but Light and Eaſy:

5. The Breadth of the *Menſa* confirmes the Liberality of Nature.

6. The *Saturnia* extending to the *Epatica*, ſhowes an Honeſt Behaviour, Good Judgement, a Long Life.

7. The *Mons Iovis* decently adorn'd with *Inciſuras*, the Height of Honours.

8. The *Croſſe* neare the *Ferient*, promiſes Happy, and Honorable Journeys : otherwiſe

1651年にロンドンで出版された手相書より。16世紀にドイツで出版された手相書を占星術家ジョージ・ウォートンが英訳。四角形のホロスコープのなかに手相図が入るという珍しいもの。手相とホロスコープが対応しているとしている。この例では水星が強調されているホロスコープの持ち主の手相では、水星が支配するとされる小指の丘にたくさんの線が入っている。

第34話

月の相とタロット＋７惑星の結びつき

月が美しい季節がやってきた。

２０１２年の中秋の名月は９月30日。満月がいつもにもまして人の心をとらえる時だ。日本はときに「星オンチ」などといわれて、星にまつわる風習は若干、弱い印象もあるけれど、月についてはたくさんの歌が詠まれ、月を愛する風習が根づいている。日本人は月の魔法に敏感な感受性を持つ民族だといえよう。

しかし、月を愛(め)でるのは日本人だけではない。世界中で、歴史を超えて月は畏敬の念の対象であり、地球との月の神秘的な関係は賢者たちによって感知されてきたのだ。

月に対して人類が意識を向け始めたのは、遥(はる)か旧石器時代のことにさかのぼる。

動物の骨に月の満ち欠けを刻んだカレンダーが石器時代の遺品のなかから発見されている。

農耕の始まった新石器時代になると、大地の女神が三日月の形の杯を手にしたレリーフが作られるようになった。その杯には、13本の刻み目があるが、それは1年における月の公転回数なのだ。

とくに、月の満ち欠けは、古代の人に強烈なインパクトを与えることになったはずだ。満ちては欠け、欠けては満ちる月は、生と死の交代劇そのものであったし、それは時間の意識を人に与えることになっただろう。

インド－ヨーロッパ語では、そんな遥かな時代の月と人間の意識との深いつながりを示す名残が残っている。

以前にも紹介したが、知性を意味する「マインド」や測定を意味する「メジャー」といった言葉が、語源的には月である「ムーン」とつながっているといえば、人類の意識と月のつながりの深さに驚かれるのではないだろうか。

占星術では、伝統的に月は「トリガー」とされてきた。星の影響力は最終的に月に伝達され、地球に到達する。また月が作る角度が物事の結果のすべてを示すというのである。

また、月が存在している27ないし28の「宿」においてさまざまな吉凶の判断がなされるようになった。インドの占星術や日本に伝来した宿曜道の占星術、あるいはアラビアの占星術にもこれは存在し、西洋の魔術にも流入した。

さらに、案外、知られていないのは、タロットカードと月の満ち欠けとの対応であろう。

これは19世紀に活躍した「近代魔術の父」エリファス・レヴィの著書のなかに登場するものだ。月の満ち欠けはおよそ29日で繰り返されるが、その月の「相」とタロットの切り札が対応するというのだ。ただし、通常のタロットの切り札は22枚。月の満ち欠けは29・5日だから少なくとも七つ足りない。そこでレヴィは伝統的な7惑星をそこに対応させた。

これは邦訳もあるレヴィの『高等魔術の祭儀と儀式』（生田耕作訳、人文書院）に含まれている内容である。それを一部抜粋しながらご紹介しよう。

新月の日、月の第1日目は「奇術師」に相当し、「この日は精神の発動にささげられており時期を得た改革にとって好都合に思える」。

第2日は「女教皇」で、「啓示、秘法伝授、学問上の大発見に好都合」だという。

第3日は「女帝」で、「生殖」や「生産全般」にとって好都合。

第4日は「皇帝」で、「不吉」だが「不当な企てには好都合」らしい。

第5日は「教皇」で、「幸運」。

第6日は「恋する男」で、「奢(おご)りの日」。反乱に好都合。

第7日は「戦車」で、「信仰、祈祷、成功の日」。

第8日は「裁き」で、「贖罪(しょくざい)の日」。

第9日は「隠者」で、「子供たちにとって祝福の日」。

第10日は「運命の車輪」で、「獣の支配、不吉の日」。

第11日は「体力」で、「幻想に騙されやすい」が新生児にとっては健康と長寿の日。

第12日は「吊るし首にされた男」で、「大作業にとって有利」。

第13日は「死」で、「凶日」。

第14日は「節度の天使」で、「ノアが祝福された日」。

第15日は「悪魔」で、「非難と追放の日」。

第16日は「落雷に打たれた塔」で、「ヤコブがエソウの破滅を背負わされた日」。

第17日は「紅く染まった星」で、「善人にとっては救済、悪人にとっては破滅をもたらす日」。

第18日は「月」で、「夫婦の愛情と善き望みの日」。

第19日は「太陽」で、「権力者の人格に応じて世界の繁栄ないし害にもなる日」。

第20日は「審判」で、「神の啓示に好都合の日」。

第21日は「世界」で、「精神と理性にとって危険」。ここから惑星の配当が始まる。

第22日は「土星の影響」で、「試練と苦難」。

第23日は「金星」で、「選択と愛情の日」。

第25日は「水星」で、「エジプトの10度目の天災」。

第26日は「火星」で、「イスラエルの紅海横断」。

第27日は「デイアナの、あるいはヘカテの影響」で、「ユダ・マイカバイオスが勝ち取った輝かしい勝利」。

第28日は「太陽」で、「力業と解放」。

最後の第29日は再びタロットに戻り「狂人」で、「万事において挫折と不首尾の日」。


以上、長々と引用してきたが、月のサイクルとタロットの対応はどのように感じられただろう。レヴィの対応では27日のように伝承的なことのみとの対応を示していて、あまり具体的な解釈に欠けるものもあるが、ここから連想を働かせることはできるだろう。ただ、これによれば満月に当たる15日も「悪魔」になるが、月の力が強くなるこのときは、魔が差しやすいということもあるかもしれない。また月がもっとも欠ける日は「狂人」に対応する。伝統的占星術では、やはりあまりよくない日とされている。

月の相は、天文年鑑やネットで簡単に調べられるので、この魔術的なタロットとの対応をチェックして、参考にしてみるのもいいのではないだろうか。

エリファス・レヴィ。近代魔術の父と呼ばれている。

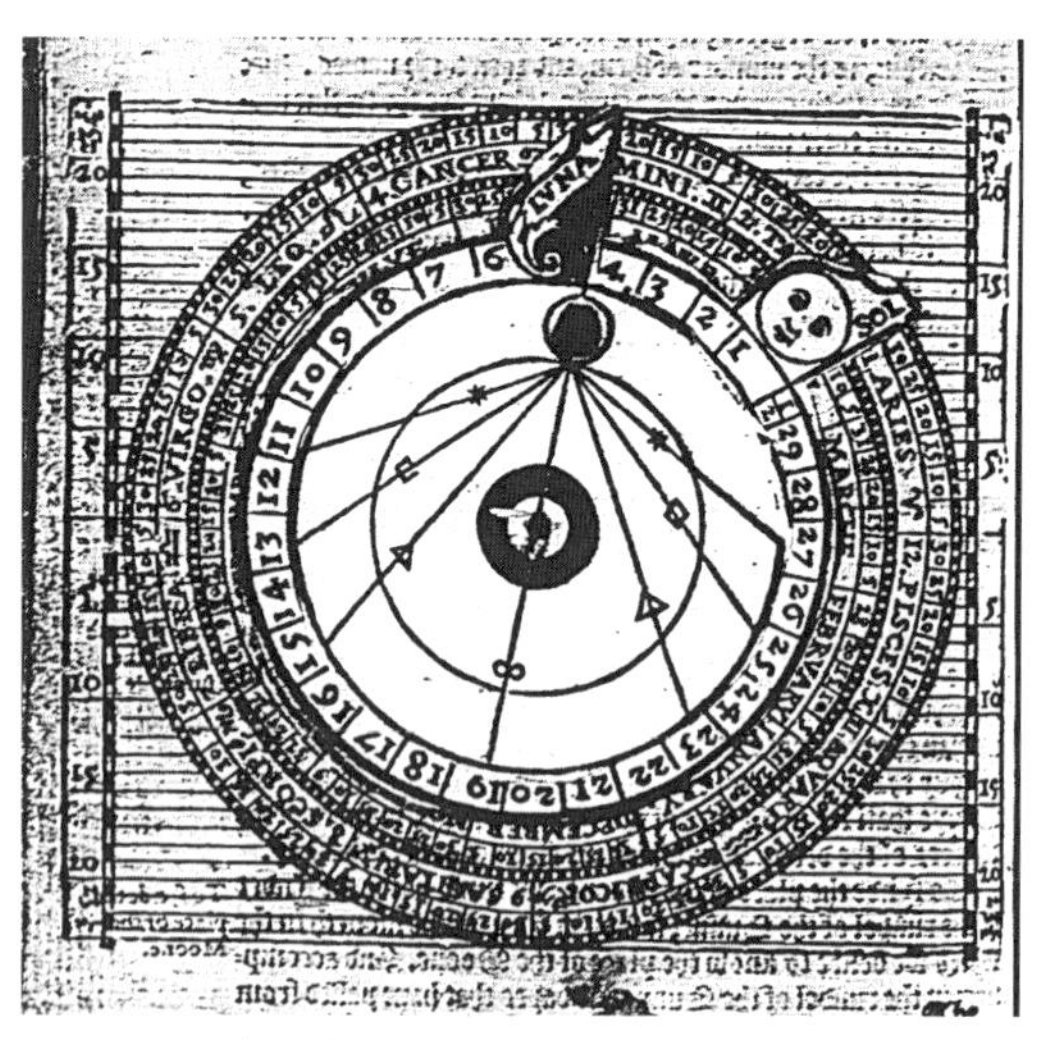

月の相は太陽と月の角度関係で示される。
月齢を示す 16 世紀の図。

第35話 ユングとフロイト、そしてシュピールライン

みなさん、20世紀の精神医学、心理学の大家としてユングとフロイトの二大巨頭の名前はよくご存じのはず。

そして、フロイトの弟子であり、フロイトが自分の後継者として嘱望（しょくぼう）していたユングが、やがて師と道を違え、自らの思想と心理学を打ち立てていくこと、そしてユングは心理学の領域にとどまらず、錬金術や占星術といった西洋の秘教から易やヨーガといった東洋の秘教、さらにはUFO問題といったジャンルをその研究対象とし、「共時性（シンクロニシティ）」という、超常現象研究の上で極めて重要な概念を、量子力学の泰斗（たいと）ヴォルフガング・パウリと共に提唱していったということも。

生前にもユングはハーバード大学やジュネーブ大学から名誉博士号を授与されるほどの名声を得ていた。現代のメインストリームの知識人で、これほど「オカルト的」なジャンルに真摯（しんし）

に取り組んだ人物はほかにちょっと見当たらない。

しかし、フロイトとの別離の大きな要因に、ユングのこの秘教志向があったことはしばしば指摘されている。

フロイトはいわゆる「性欲理論」を自らの思想の根本においていた。無意識のエネルギーは本質的に性的なもので、そのエネルギーを抑圧し、歪(ひず)みが生じるところから神経症的な症状が生まれてくるといった。しかし、ユングは無意識のエネルギー（リビドー）は個人の性的なものに還元しきれるようなものではなく、より広範なもので、そのなかには秘教的な側面があり、超常現象も視野に入れて研究すべきだと考えた。フロイトはそれを認めず、ユングを破門した……これが一般に知られているストーリーだ。

しかし、事の真相はそれだけではない。フロイトとユングの間には一人の若く美しい女性がいた。もう一つの真実をめぐる物語が、『危険なメソッド』（２０１２年公開）という映画だ。監督は巨匠デヴィッド・クローネンバーグ。物語の悲劇のヒロインは、名前をザビーナ・シュピールラインという。それはユングの最初の精神分析の対象であり、またユングが秘密裏に愛した女性でもあったのだ。

シュピールラインの存在はその書簡が公開された１９８０年代以降、研究者には知られているが、日本で広く一般にその女性にスポットライトが当たるのは、これが初めてではないだろうか。

シュピールラインをめぐる物語のあらましは、こうだ。

20世紀初頭、駆け出しの精神科医であったユングは、スイスの精神病院で一人の若い女性患者を受け持つ。それがシュピールラインであった。ユングは当時話題になっていたフロイトの精神分析治療を試みる。だが精神分析というのは、治療者と患者が無意識の深いところで触れ合う「危険なメソッド」でもある。ユングは瞬く間に才気あふれ美しいシュピールラインに惹かれ、互いに恋に落ちる。

ユングは当時、すでに結婚していたからこれは不倫の関係であり、スキャンダルを恐れたユングは、ひそかにまだ見ぬフロイトに手紙で助けを求める。一方、シュピールラインも秘密の関係が表沙汰になりかけたとき、フロイトに仲介を求めるのだ。だが、フロイトは将来を嘱望するユングをかばう。ユングにもフロイトにも裏切られたシュピールラインは深く傷ついていく。だが、そのことは、共謀したはずの二人の精神分析医の間にも疑心暗鬼を残したであろう。フロイトとユングは精神分析運動の発展のためにシュピールラインを犠牲にしたが、結果として、その小さな傷がほかの要因ともあいまって、大きなひび割れになっていくのだ。

一方で、シュピールラインは極めて知的で魅力的な女性でもあった。のちには自らも精神科医になるほどだが、ユング思想における男性のなかの理想の女性像、霊感を与えつつ男性を誘惑する元型（アニマ）の着想も彼女の存在がなければなかっただろう。

映画はドキュメンタリーではなく、あくまでフィクションで監督なりの脚色もあるが、この精神分析史上のドラマをよく描いている。

占星術的に見ると、フロイト、ユング、シュピールラインの関係は実に印象的だ。フロイトとユングのホロスコープを比較して印象的なのは、フロイトの太陽に対してユングの月がほぼぴったりと重なっていることだ。

太陽と月のお互いの合や衝（180度）は、伝統的な占星術では「結婚」を意味する配置である。太陽は王、月は王妃なのであるから、これは「聖なる結婚」であり、偶然にもユングが占星術の有効性を調べようと統計実験を行ったとき、「夫婦の相性」として取り上げたのがカップルの太陽と月の合であった（本書第7話参照）。

フロイトとユングの太陽と月の合は二人の強い関係を示すが、同時にユングの独立心を示す天王星がそれに対して90度であり、この精神的「結婚」の維持がむずかしいことを象徴している。さらに、シュピールラインのホロスコープをそこに重ね合わせると、今度はユングとフロイトの太陽と月に対して、シュピールラインの太陽、そしておそらく月が180度で向かい合うのだ。

シンボリックに考えれば、フロイト、ユング、そしてシュピールラインの複雑な心理的「重婚関係」をチャートのなかに見ることができるのである。

占星術に造詣の深かったユングは、このホロスコープをどのように見ていたのであろうか。皮肉なことにシュピールラインという名前はドイツ語で分解するとSpiel（遊び）、Rein（清らか）となる。「清らかな遊び」……魂の純粋な関係を求め続け、現世でのスキャンダルに巻き込まれたこの女性の名前として、何とふさわしいことか。

後年、シュピールラインはナチスに惨殺される。１９４２年のことだった。

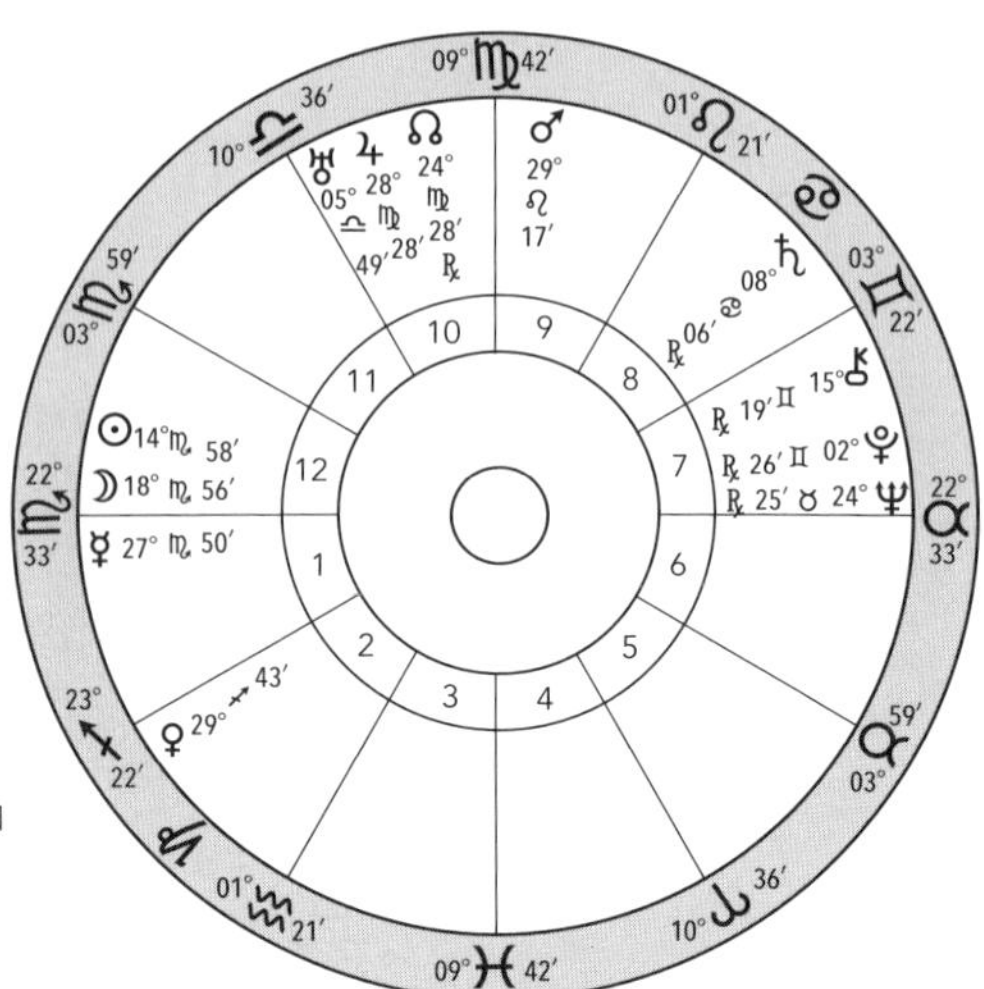

シュピールラインのホロスコープ。

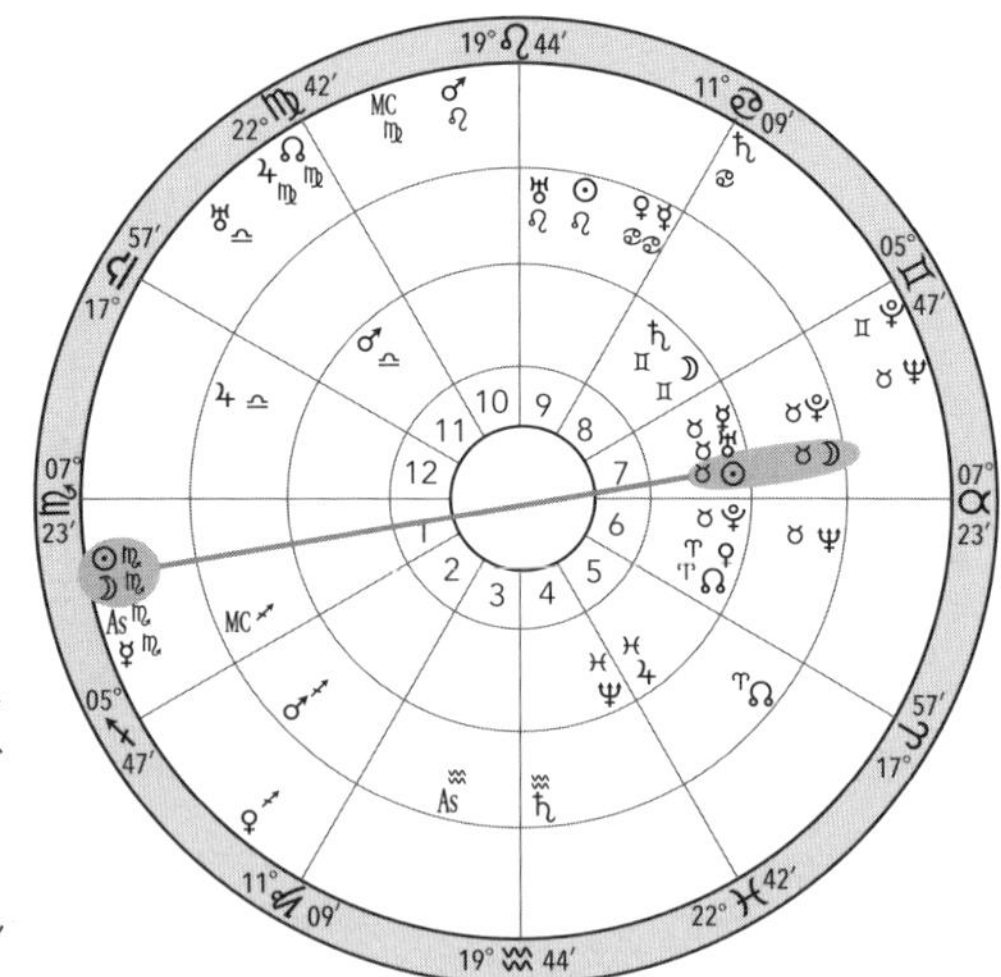

フロイト、ユング、シュピールラインのホロスコープを重ねたもの。
内円：フロイト
中円：ユング
外円：シュピールライン

第36話

妖しきグリフの魅力

占星術にはさまざまな魅惑が隠されているが、その大きな源泉の一つがホロスコープという図像が持つ幻惑的な美しさにあることは、だれしも否定できないだろう。

とくに、ルネサンスから20世紀初頭に木版画などで描かれたホロスコープの何と美しく魅惑的なことか。

実際の天空の星の配置を、謎めいた記号によって表現したこの図像を見ているだけで、僕のような神秘に憧れる徒は、恍惚（こうこつ）の域にいざなわれてしまうのである。それはまるで一種の複雑な魔法円かマンダラのようなものだ。

ホロスコープが放つ妖しい魅力の大きな要因が、星座宮や惑星の記号（グリフ）にある。ローマのアルファベットでもギリシア文字でもない、一種の象形文字のような記号たちの何と興味深いことか。ごく単純な線で構成される記号が、さまざまなイメージを喚起するのである。

グッチなどハイ・ブランドが星座記号をアクセサリーのモチーフにしていることも見ても、また多くのアニメなどの作品にその記号が取り入れられていることからも、その魅力の大きさがわかる。

20世紀の西洋占星術の母と称される英国のマーガレット・ホーンが、現代占星術の礎を築いた教科書"The Modern TextBook of Astrology"のなかで、惑星記号は「人類の創世期、いまだ文字が発明されぬ時代」にまでさかのぼるものだと表現しているのも、ただ大げさにすぎると嗤(わら)うには忍びないように思う。

実際、ギリシア時代には惑星や星座の記号は文字で表現されていて、このような記号の原型が出現する、現存する最古の資料が5世紀のものであるにしても、である(さらにいえば、この時代の天体記号は火星や月をのぞけば、現代のものとは大きく異なっている。現在の形にはっきり整ってくるのはルネサンス以降のようだ)。

そして、天体記号を見ていると、このような図形が何を意味しているのか、深読みをしたくなるのもわかる。

太陽☉は単に円形の日輪を象形したものなのだろうか。

牡羊座♈はただ、羊の頭の形をを単純化したものなのか。

さらにいえば、木星♃や土星♄の場合は、いったい、何に由来してこのような不思議なかたちになったというのか。

そこにあるオカルト的なもの……「オカルト」とは「隠されたもの」という意味だ……を読み取ろうとする人々が登場するのも無理はない。

代表的なところでは、近代占星術の父と呼ばれるアラン・レオは、惑星の記号を神智学的な立場から、円、半月、十字に分解し、その一つひとつの組み合わせでできた象形文字だと解釈する。これは1913年に出版された『秘教的占星術（原題：Esoteric Astrology）』という本で発表されたアイデア（注）で、それ以降、多くの占星術家が採用している。

レオの意見を見てみよう。

円は精神ないし霊を表わす。そこで太陽は「統一性、生命、ないし意識、個人の自己、スピリット」を表わす。

半月の月は魂であり、「二元性、関係性、形成の原理、人格の自己、魂」を表わす。

金星の記号は物質を表わす十字の上に精神や霊が載っており「物質から上昇する霊的自己」であるが、火星は逆に「精神を支配する物質、物質を通じて働く霊」となる。

木星は物質（十字）を超えて広がりゆく魂（半月）であるが、同時に物質的形相を保持もしている。

土星は物質（十字）条件に限界づけられた、具体的な魂（半月）を表わす、という。

半月、円、十字のすべてをそろえて持った水星の解釈は、やや複雑だ。

「下の十字はアストラル的な意識、欲望を表わす。中央の円はメンタル的な意識を、上の半円はメンタル界を超えた世界に進化が進み、すべてを支配するより上位の世界、仏性の世界から降りる光を受け止めることを示す」となっている。現在もこのような解釈が広く出回っているが、僕の知るかぎり、もっとも古いこのアイデアのソースはこのアラン・レオである。

一方で、星座記号の解釈は主に象形文字的なものであり、ほとんどの教科書は♈を羊の顔、♉を雄牛の顔と見ている。せいぜいが♈を芽吹く新芽と見て、牡羊座の持つみずみずしいエネルギーを象徴する、といった程度の読み換えをするにすぎない。

だが、幼いころに読んだ澁澤龍彦（しぶさわたつひこ）の著作には、かなり大胆な解釈が掲載されているのだ。かの有名な『黒魔術の手帖』（桃源社）所収の「カバラ的宇宙」である。初版は１９６１年。そのなかでは、カバラ的、神智学的人類の進化史における人間の性（セックス）の進展が星座の記号になぞらえられて解説されるのだ。

遥（はる）か以前、人類に性がまだなかった時代には人は四つん這（ば）いで歩行し、単性生殖をしていた。快楽も知らぬ、乙女座の時代である。しかし、獅子座の時代には一人の人間のなかに両性が出現し、一人のオーラルセックスをすることを覚え始める。次の蟹座の時代には男性と女性が分化しつつあった。そしていわゆるシックス・ナインの性交を行うようになる。そして双子座の時代になって初めて、男性と女性が個別の存在として分化するようになった、というのである。

そして、恐れ入ることに、その有史以前の人間の性的姿勢に星座記号が対応する、というのである。

残念ながら澁澤はその出典を明示しておらず、寡聞にして僕はこの奇怪な図がどこからきているのか知らない。もしご存じの方がおられたら、ぜひ、ご教示願いたいものである。

それにしても、星の記号から人はいかに想像力を広げるものか。あなたはここにどんな秘密をみつけるだろうか。

（注）第55話を参照。この連載当時では、僕はまだセファリエルの記事を発見していなかった。

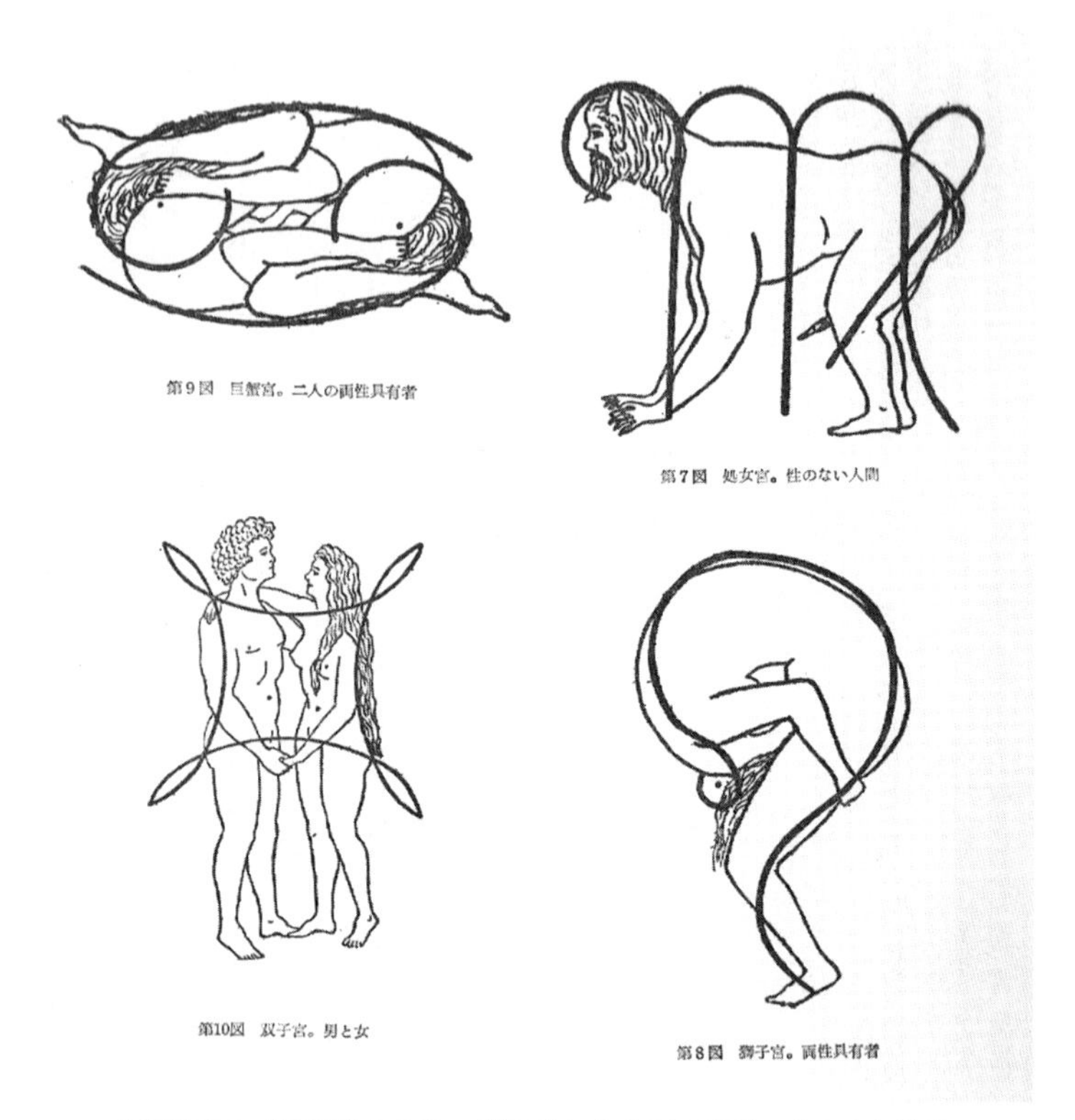

第9図　巨蟹宮。二人の両性具有者
第7図　処女宮。性のない人間
第10図　双子宮。男と女
第8図　獅子宮。両性具有者

澁澤龍彦の『黒魔術の手帳』（桃源社）から星座記号のオカルト性科学的解釈。

第37話

「傷と癒し」のカイロン

最近の天文学の発達は実に目覚ましい。

ガリレオが初めて望遠鏡で月や外の宇宙を観察してから、実に400年あまり。望遠鏡の性能はどんどんと上がり、さらには写真で星空をくまなく探査できるようになった。最新鋭の電波望遠鏡は何百光年の深宇宙にまで、人類のテクノロジーの「眼」を向けることになった。

この技術を、歴史上、初めて体系的な星空の観測を行ったとされるバビロニアの人々が垣間見たら、いかに驚嘆されることだろう。

こうした天文学の発達は、僕たちの太陽系のイメージをここ十数年で大きく変えてきた。

歴史をさかのぼれば、土星の外側をめぐる天王星が発見されたのは1781年。海王星、冥王星、そしてセレス、パラスといった小惑星の発見も相次ぎ、現在は何万個もの小天体が太陽系の周囲を回っているということがわかっている。

占星術もこうした天文学上の知見を取り入れて変化してきたところもある。

伝統的な七つの天体と12の星座宮しか用いないという流派も存在するが、現在では多くの占星術家は天王星や海王星、冥王星といった天体もホロスコープに描きこんで、その意味を解釈しているのである。

今回ご紹介したいのは、そのなかでもとくに僕が重視している、天体カイロン（天文学上では「キロン」とも呼ばれる。Chironは英語では「カイロン」と発音）についてである。

カイロンが発見されたのは１９７７年。それまでも火星と木星の間に何万個もの小惑星が周回しており、「小惑星帯（アステロイ・ベルト）」と呼ばれる地帯を作っていることは知られていた。

しかし、この不思議な天体は土星と天王星の間の軌道を、およそ50年かかってめぐっているのである。

この天体は惑星というにはあまりにも小さく、かといって、当時知られていたような小惑星と呼ぶにはあまりにも公転周期が長いので、「疑似惑星（プラネトロイド）」などと呼ばれ、分類に困ったようだ。

さらには、カイロンは彗星のような尾を持っていることも判明し、現在ではカイロンは小惑星番号も彗星番号も共に与えられている。

しかも最初、このカイロンは奇妙なはぐれものの天体のように思われていたのであるが、さらなる観測によってフォロス、ネッソス、カリスコーなど、似たような軌道を持つ天体が続々発見され、これらの天体は一つのグループに分類され、「ケンタウロス族」と呼ばれるようになった。

以上は天文学的なカイロンの説明であるが、占星術のなかでもこの天体は極めて重視されるようになっており、現在では多くの占星術家が、大天体並みの扱いをするようになっている。カイロンは発見されてすぐに占星術用の天文暦が作成され、どのような象徴性を持っているかが大いに探究されたのだ。

鍵になるのはその名前である。

カイロンとはギリシア神話のカイロン（ケイロン）に由来する。カイロンは、神話の上では上半身が人間、下半身が馬という、いわゆるケンタウロスの一体である。

ケンタウロスの多くは、野蛮で粗野、荒々しく知性も低いといわれている。しかし、カイロンは、ずば抜けて聡明で智恵に満ちていた。音楽、射矢の術、教育術などたくさんの技能に優れていたが、特筆すべきは医術であった。どんな傷も病もカイロンなら癒すことができた。

しかし、皮肉なものでケンタウロス族が英雄ヘラクレスと戦ったとき、カイロンは流れた弾（というか矢）を受けてしまったのだ。この矢には妖獣ヒドラの血液から取られた毒薬が塗られていたため、いかなカイロンもこの傷だけは癒すことができなかった。さらにカイロンは神々の血を引く不死の存在。このままでは永遠に苦しみが続くことになってしまう。そこでカイロンは自らの不死を神々に返し、天に昇るという道を選んだのであった。現在ならさしずめ尊厳死ということであろう。

不思議なことに多くのホロスコープを見ると、このカイロンの位置が「傷と癒し」を意味することがよくわかるのである。ヒーラーや心理学者にはこのカイロンが顕著な位置にあることが多く、また、その癒しの技の方向や意味がカイロンとかかわる天体の神話的意味と合致するのである。

以下は僕が発見した驚くべき星の符合である。

注目すべきは「ミッドポイント」と呼ばれる二つの星の中間点を用いる技法だ。この技法そのものは専門的になるので、解説は別の機会に譲りたいが、要は二つの天体のエネルギーがブレンドされるポイントだと考えたい。

歴史上、心理学を立ち上げた偉人たちのホロスコープを調べてみたのだが、このカイロンが見事なかたちでその心理学者たちの志向性を示していたのだ。

注目したいのは、ホロスコープを代表する点であるアセンダントである。

性と死への欲動が無意識の鍵であると考えたフロイトは、カイロンがアセンダントと冥王星にコンタクトしている。宗教性こそが治癒の鍵になると考えたユングの場合には、聖なるものと神々を示す木星が、さらに力への意思こそが治癒のキーだと考えたアドラーの場合には戦いの火星が、人間関係と他者のまなざしが重要だとしたR・D・レインの場合には、愛を示す金星がコンタクトしているのである。

傷と癒しのポイントであるカイロン。

あなたのチャートではどこにあるだろう？

アキレスを指導するケイロン（カイロン）。

第38話

二十四節気と占星術

新しい年が明けると、多くの人は新しい暦や手帳を手にすることだろう。なかには、モバイルなどを使ってスケジュールを管理されておられる方もいると思うが、要は同じ。日を数え、そのスケジュールをもとにこの社会は動き、統制がとられている。暦が崩れてしまえば、この複雑な社会を維持し回していくことなど、とうていできないだろう。

そして、この「暦」が星の動きをもとに人知のかぎりを尽くして作られてきたことは周知の事実であり、そしてその作暦が占星術とわかちがたく結びついていたこともまた事実なのである。

つまるところ、文明は占星術抜きには成立することはなかった。

「カレンダー」という言葉を今でも使うが、これは本来、月の最初の光が現れたときに、古代バビロニアの（カルデアの）占星術師たちが「カレンダエ！」と叫んだ言葉に由来しているのである。

一見、合理的に見えるわれわれが使っているカレンダーは、太陽暦ですら占星術と密接なかかわりがある。これは太陽の動きと、それに基づく季節を日付の基準として用いていることを意味する。

そして、みなさんがよく知る、牡羊座だとか牡牛座といった「誕生星座」は、この太陽の動きをもとにして決められているのである。

占星術の宇宙観では、地球を中心においている。その周囲を太陽が1年かけて1周するように見えるのである。この見かけの太陽の通り道を「黄道（こうどう）」と呼ぶ。

そして、この黄道を、春分点を基準にしてきっかり12のエリアに分割したものが星座宮（サイン）であり、ある人が生まれたときにどのサインに太陽があったかによって、その人の「誕生星座」が決められるのである。

先に述べたように、現行のカレンダーは太陽暦であり、太陽の動きをもとに日付を決めているので、逆をいえば日付がわかれば、そのときの太陽の位置は自動的にほぼ正確にわかる。

月や火星などといったほかの天体ではそうはいかず、複雑な天体暦が必要になるが、太陽の場合は極めてシンプルだ。そこで雑誌などでは、太陽の星座を中心にした星座占いが主流になったのである。

このシンプルな占星術はその名前から完全に西洋のものだと思われるかもしれないが、実際にはそうではない。われわれ日本人が伝統的に使っている暦とも大いに共通している部分があるのだ。

12星座の境い目の日付をじっと見てほしい。そして日本の暦と見比べてみよう。

不思議な符合に気がつかないだろうか。それは「二十四(にじゅうし)節気(せっき)」である。

「暦の上ではもう春」などというときの節気は二十四あるが、それは十二の倍数である。節気

季節	節月	節(せつ)	中(ちゅう)
春	1月	立春(りっしゅん)（315度、2月4日）	雨水(うすい)（330度、2月19日）
	2月	啓蟄(けいちつ)（345度、3月6日）	春分(しゅんぶん)（0度、3月21日）
	3月	清明(せいめい)（15度、4月5日）	穀雨(こくう)（30度、4月20日）
夏	4月	立夏(りっか)（45度、5月6日）	小満(しょうまん)（60度、5月21日）
	5月	芒種(ぼうしゅ)（75度、6月6日）	夏至(げし)（90度、6月22日）
	6月	小暑(しょうしょ)（105度、7月7日）	大暑(たいしょ)（120度、7月23日）
秋	7月	立秋(りっしゅう)（135度、8月8日）	処暑(しょしょ)（150度、8月23日）
	8月	白露(はくろ)（165度、9月8日）	秋分(しゅうぶん)（180度、9月23日）
	9月	寒露(かんろ)（195度、10月8日）	霜降(そうこう)（210度、10月24日）
冬	10月	立冬(りっとう)（225度、11月8日）	小雪(しょうせつ)（240度、11月23日）
	11月	大雪(たいせつ)（255度、12月7日）	冬至(とうじ)（270度、12月22日）
	12月	小寒(しょうかん)（285度、1月6日）	大寒(だいかん)（300度、1月20日）

の日付は、一つ飛ばしで、雑誌などに見られる星座の始まりの日付と合致していることがわかるだろう。

一応、二十四節気をリストアップしてみよう。

ちなみにカッコのなかの数字は、黄道上の太陽の正確な位置、度数である。

雨水は魚座、春分は牡羊座、穀雨は牡牛座……と合致している。これは当たり前のことで、季節の変化を示す節気は、誕生星座を決める太陽の動きをもとに定められているからなのだ。

ホロスコープをバタ臭い西洋のものだと考えている方は、ぜひ考えを改めてみていただきたい。

もちろん、西洋の祝祭のカレンダーも同じ原理で定められている部分がある。クリスマスは以前は冬至の祝日であった。イエス・キリストの復活は、冬至を境に力を徐々に取り戻していく太陽と重ね合わされた。10月31日のハロウィンはケルトの新年に当たり、ちょうど、秋分と冬至の中間地点に当たる。この日からヨーロッパでは長い冬が始まる。死と闇の時期への始まりなのだ。

さらに1年を円環と考えると、ハロウィンの正反対に位置する、春分と夏至の中間は今のメイデイに当たり、夏の到来を祝ってヨーロッパでは乙女たちがダンスをする。ケルトでは火祭りが行われ、太陽の力を焚火の力によって援護しようとした。

キリスト教の暦は春分を「イースター」に、春分と冬至の中間（イモルク）を「聖燭祭（せいしょくさい）」に、また夏至を不思議が起こる「聖ヨハネの祝日」に、夏至と秋分の間を初穂の祭りである「ラマス」と変換して自らの体系のなかに取り入れていった。

それは、現代の魔法の世界で「Wheel of the Year（年の円環）」と呼ばれていたものの焼き直しなのである。

人々は太陽の動きをもとに1年を一つの円環と考えた。そしてその悠久の円環の回転のなかに生きる自分たちも、また太陽のリズムと同調してこそ初めて生かされると考えていたのだ。それは洋の東西を問わない。そしてその宇宙のリズムを感じることこそ、占星術の礎でもある。

イギリスの魔女博物館に展示されている年の車輪。著者撮影。

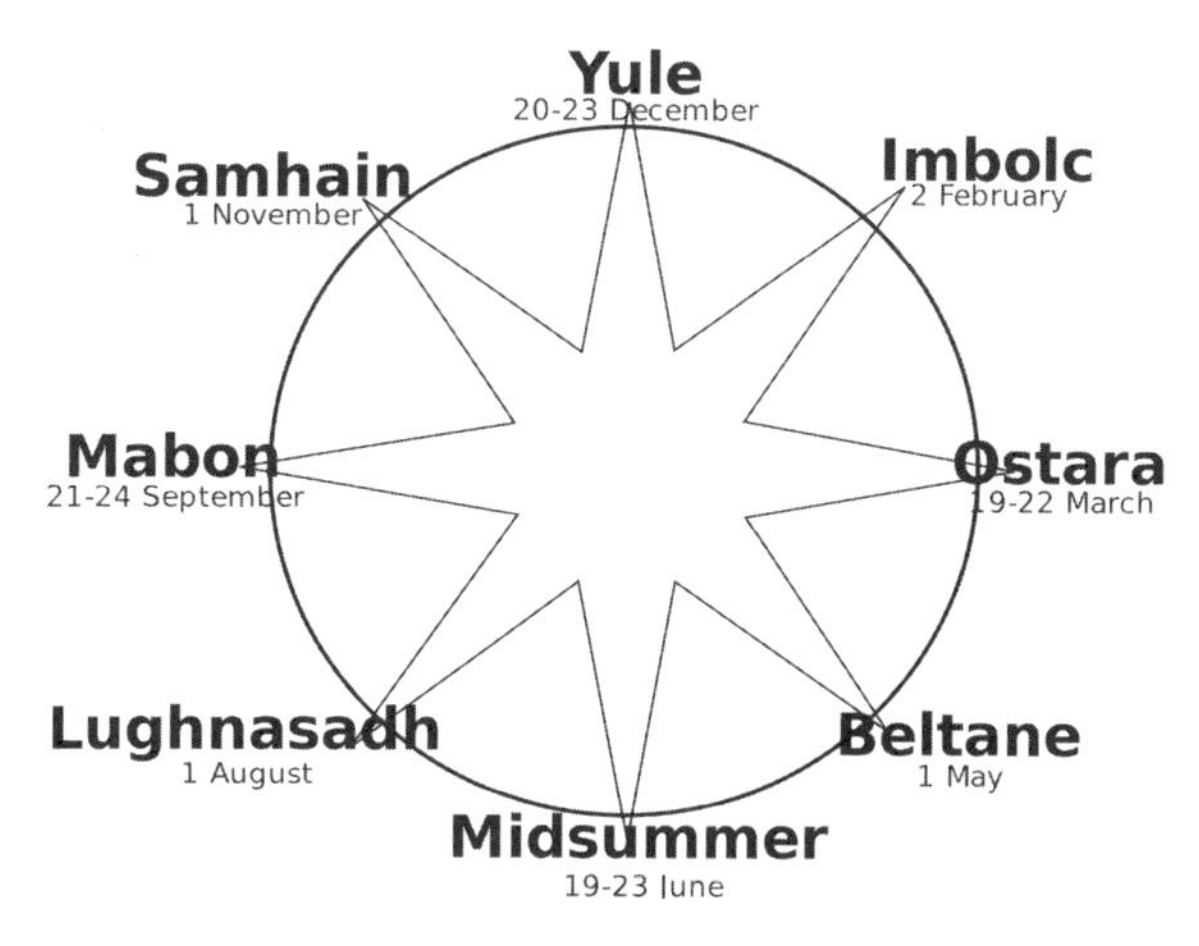

西洋魔法における年の車輪。

第39話

占星術的彗星論 ～前編～

２０１２年は天文ファンにとっては「金の年」と呼ばれるほどの当たり年であった。日本で観測できる金環日食をはじめ、金星の太陽面通過、金環食など華々しい天体ショーが立て続けに起こり、人々が空を見上げる機会が増えた。東日本大震災の深い傷跡に今なお苦しむ日本人にとっては、それは「上を向く」素晴らしい機会を与えてくれたのだと思う。

それに続く２０１３年は、占星術的にはともかく、観測できる天体現象としてはちょっと地味かなと思っていたところ、天は思いがけない「アンコール」のようなショーを贈ってくれそうなのだ。しかも、２０１２年のショーをしのぐような、華麗なショーを。

それは、相次ぐ大彗星の出現である。

彗星とは太陽系の彼方（かなた）から太陽に接近してくる小天体であり、突如、夜空に長い尾を引いて浮かび上がり、人々を驚かせる。有名なのはハレー彗星だろうし、百武（ひゃくたけ）彗星やヘールボップ彗星などの出現に目を奪われた人も少なくないだろう。ただ、その多くはぼんやりとした姿であり、街の明かりで夜が明るくなってしまった昨今では、さほど強い印象を残すことは少ないかもしれない。

しかし、２０１３年に出現が予想されている彗星は、まさに史上初ともいえる明るさになるのではないかと期待が寄せられているのだ（連載当時）。

一つ目は、３月〜４月に見えるというパンスターズ彗星。この彗星は、過去数年に観測された彗星のなかではもっとも明るくなると予想されている。今回初めて太陽に接近、その後は二度と戻ってこないという。３月中旬には、西の空に長い尾を垂直に引かせた姿で現れると予想されている。その明るさは実に一等星に匹敵するという。

さらに注目なのが11月〜12月に出現するアイソン彗星だ。２０１２年９月に発見されたこの彗星は、軌道を計算すると太陽のすぐそばを通過する天体だということがわかった。その距離、実に０・０１３５天文単位、太陽のコロナのなかにつっこんでいくという予報だ。

その明るさは、実に満月をしのぎ、もしかすると昼間にでもその姿を見ることができるのではないかというのだから、予想通りだとすると、超ド級の彗星だということになる（残念ながら、その予報は外れた）。

天文学の視点からは、彗星は太陽系の彼方（かなた）から大惑星の重力によって引きこまれてくる小天体にすぎない。しばしば「汚れた雪だるま」などといわれるように、ガスや氷とちりの塊であり、これが太陽の近くを通過すると、その熱で凍っていたガスが溶け出し光って見える。これが彗星の「尾」である。

また「ふたご座流星群」など、1年の決まった時期に現れる流星たちは、彗星がまき散らしたちりのなかを地球が通過するとき、そのちりが地球の大気との摩擦熱で燃えていく姿であることがわかっている。だから、映画「アルマゲドン」のように彗星や隕石が地球に衝突するような事態さえなければ、彗星の出現は何の意味もないということになる。

いや、古代にもこうした「科学的」な思考を持って彗星に対峙した人はいた。

有名なところでは大哲学者アリストテレスであろう。アリストテレスは、彗星を宇宙現象だとは考えなかった。アリストテレスの宇宙観では、月よりも上の世界は永遠に不滅の変化のない完全な世界なのである。

となれば、突然、新しく星が現れるはずはない。そこで彗星は地上の蒸気が立ち上り、上空にある火の要素によって着火し、それが月の影響で移動、やがては燃え尽きて消えていくというものだと考えた。彗星の出現は熱波の到来の原因にはなるかもしれないが、物理現象にすぎない。この説明は近代天文学からすると誤りではあるが、神々の存在や何かの「兆し」としての彗星という考えを退けているという意味で、科学を先取りしている。

しかし、人々の想像力がそうした「科学的」説明で納得できるはずはなかった。実際、彗星を観測するとわかるが、その姿は実に深い印象を人々に与える。そのぼおっとした光は、まるで死者の魂のようだ。

この彗星の出現が、人類にとっての何かの兆しでない、などとはなかなか思えないものなのである。

かのシェイクスピアもその戯曲、『ジュリアス・シーザー』のなかで登場人物にこんなセリフを吐かせている。

「凡人が死ぬ前に、彗星が現れなどいたしませぬ。天は王侯の死を知らせようとして焔を吐くのです。」（福田恆成訳、新潮社）

実際、シーザーが暗殺された2か月後に、天には彗星が出現したことが知られている。

歴史を振り返ると、1066年のノルマン公ウィリアムが、イギリスへ進行して英国に初めて王朝を作ったとき、あるいはナポレオンがロシアへ侵攻する直前にも彗星が出現していたことがわかる。

占星術では、当然、彗星の出現に大きな意味を持たせてきたのである。

むろん、近代天文学が誕生する遥（はる）か以前から、人々は彗星に大きな関心を寄せていたことがわかる。最古の天文学を築いたと呼ばれるバビロニアの碑文では、彗星の最初の記録は紀元前

234年のものがあるし、おそらく彗星だと推測されるものとしては、紀元前7世紀から8世紀にさかのぼるものもある。

まさにそれは彗星の不気味さに心奪われてのことだったはずだ。

1世紀のローマの占星術詩人マニリウスは、アリストテレスの科学的解釈を引用しつつも「彗星が意味を持たないことは決してない」と断言しているのである。

そこから占星術的彗星論が展開されていく。次回はその彗星の占星術の歴史をたどり、現代の彗星に当てはめていってみよう。

彗星は伝統的に凶兆だと解釈されてきた。

第40話

占星術的彗星論

〜後編〜

この原稿にとりかかろうとしたまさにその直前、衝撃的なニュースがメディアを騒がせた。２０１３年２月15日、ロシアのウラル地方に隕石が落下したのだ。重さは10トン、その破壊力はヒロシマ型原爆のおよそ30倍というから、想像を絶する。落下時の映像が多くのムービーカメラでとらえられていたので、その映像が世界を震撼させたというわけだ。

折しも大きな小天体が地球のそばを掠めているときだったので、その小天体との関係も取りざたされた（現時点では、この二つの現象は偶然の一致とされているようだ）。

隕石の落下自体は珍しくはないが、このような人工密集地で大きな隕石が落下し、１０００人もの人が被害を受けた、というのは記録に残るなかでは初めてのことかもしれない。しかも、これだけの映像が残されたというのは、まさに歴史的なことであろう。

この事件は、何か２０１３年を象徴しているように思えてならない。

というのは、前回もお話ししたように、２０１３年は「大コメットイヤー」だからだ。２０１３年３月～４月に接近するパンスターズ彗星、そして11月～12月に接近するアイソン彗星と二つの大きな彗星が観測できると予測されているからだ。

安定した軌道を悠久のサイクルでめぐる惑星たちと異なり、こうした小天体は太陽系の彼方から内側へと、直前まで予測不可能なかたちで（ときにはロシアの隕石のようにまったく予測不可能なかたちで）飛来する。占星術の伝統のなかでは、安定したホロスコープを揺るがす特異変数として扱われることになるのである。

まさに「天変」ということになる。

パンスターズやアイソンのような大彗星は地球に衝突することはないだろうが、しかし、こうした印象的なかたちで小天体が次々に接近していること自体が、何かの象徴に感じられてしまうのは、占星術家の本能のようなものかもしれない。

では、伝統的に彗星が占星術のなかでどのように解釈されてきたか、以下に少しまとめてみよう。

彗星の解釈の歴史を詳細に研究した歴史家サラ・ゲニュスによれば、彗星の意味を解釈するクライテリアは、以下の10のファクターに分類できるという。

（1）彗星の色
（2）会合
（3）12星座サイン中の位置
（4）ハウスの位置
（5）尾の方向
（6）彗星の核の見え方
（7）彗星の形
（8）出現の期間
（9）過去の彗星との類似性

このような条件を順次検討して、彗星出現が何の予兆であるかを解釈していくのだ。

このような占星術を「コメトロジー」と名づけよう。

たとえば、17世紀のクリストファー・ネスによれば、彗星の色がどの惑星の輝きに似ているかによって彗星の性質を判じる。

うす暗くぼんやりした、つまり土星のような輝きであれば、土星が象徴するような恐怖や飢えを、木星のようなまばゆさをもったときには、木星が象徴する宗教上での異変を表わすのだという。

このような判断は、近代天文学の父の一人、ティコ・ブラーエもしている。1577年の彗星は青ざめた色をしていたが、尾は赤かったので、土星と火星の影響力を持つはずで、大きな凶兆だったというのである。

時代をさかのぼって、2世紀の占星術の大成者、プトレマイオスの名高い占星術書『テトラビブロス』を開いてみよう。

プトレマイオスは、太陽より先に上る彗星は影響が早く現れ、後から出てくる彗星は、影響は遅くなるという。

さらに、彗星が見える黄道上の星座が象徴する国の異変を示す、というのである。

占星術では、個々人に星座があるようにその土地にも星座があると考えている。たとえば、イギリスは牡羊座、インドは山羊座、イタリアは獅子座、スペインは射手座、といった伝統的な対応があるのである（本書第3話参照）。

17世紀の占星術家ウイリアム・リリーは、1678年に出現した彗星は牡牛座を通過していたので牡牛座が支配するロシア、ポーランド、スウェーデン、ノルウェー、シシリー、ローマなどでの異変を暗示するという。またそれに関連して彗星の天球上の赤緯に対応する地上の緯度の場所にも影響が及ぶという説もある。

さらに、実際に見える星座の上での位置も判断の材料にされた。たとえば人型の星座の性器の部分に表れた彗星は、不道徳の蔓延を象徴する、などとも解釈される。

面白いのは、彗星の出現期間である。

17世紀のリリーなどによれば、彗星が見えていた日数の長さ分の年の間、彗星の影響は続く。たとえば28日の間、彗星が見えていればその影響は28年間に及ぶ。彗星の出現から10日後に彗星が星座を変えれば、10年後に彗星が入った星座の表わす国に異変が起こる、というわけだ。

僕自身は今回の彗星から「予言」をすることは差し控えたいが、これらのルールを２０１３年のスーパーコメットであるアイソン彗星に適用するとどうなるだろうか。

彗星の色はまだわからない。が、現時点では彗星は近日点ごろには占星術上の蠍座から射手座へと移動する。もっとも明るくなると予測されるころには、占星術上の射手座の上旬である。となると射手座が象徴する国はスペイン。現代ではクウェートやサウジアラビアも射手座の領域内に含まれている。

さらに実際の星座ではへび座を通過するのだが、ヴィヴィアン・ロブソンによれば、智恵と同時に毒なども象徴するという。この彗星は、人類に「毒にも薬にもなる智恵」の使い方を今一度考えよ、といっているような気もする。

さて、この彗星は何の兆しなのだろう?
※残念ながら、この彗星は途中で消失し、期待されていた天体ショーは観測できなかった。

彗星はさまざまな災厄と結びつけられて考えられてきた。

第41話

占星術と魔女狩り ～前編～

この原稿を書いている今、僕はイギリスから帰国したばかりである（連載当時）。もしかしたらご存じの方もおられるかもしれないが、僕は学生時代からイギリスに通い詰めている。最近では1年に3回ほど渡英しているし、また、イギリスのマジカルなスポットをみなさんにご案内するツアーも開催しているほどだ。

ご承知のようにイギリスは近代占星術復興の地であり、またエリザベス朝に活躍した魔術師ジョン・ディーや19世紀末の魔術結社「黄金の夜明け団」の魔法導師(マグス)たちの伝統をひくオカルト主義者や現代魔女運動発祥の地として、世界に冠たる「魔法大国」である。

実際、秘教や魔法、占星術を講じる大学も数少ないが、存在する。

と、これだけいうとイギリスがまるで占星術家にとってのパラダイスのように思われるかもしれないし、実際、日本の占星術家たちは「英国は占星術先進国」というイメージを喧伝(けんでん)してきた。

しかし、それは実は真実の一面でしかない。

占星術や魔法はイギリスでも、決して100パーセントの市民権を得ているわけではないのだ。占星術や魔法は、科学者から、あるいは教会から、あるいは法律的に、散発的にではあるが攻撃の対象にされているのだ。

いささか古いニュースになるが、最近では2008年にも、占星術が脅かされるのではないかと関係者を震撼(しんかん)させた法律の改正(改悪?)があった。

消費者保護法が変更され、「占星術師、霊媒師、霊能者、信仰治療者などは、その仕事をするとき、それが単にエンターテイメントであることを明示しなければならない」という条項が加わったのである。これは事実上、占星術の立場を骨抜きにするものである。

とはいえ、さすがにこの法律が良心的な多くの占星術家に適用されて処罰されたという話はその後、数年の間、聞いていない。条項の目的はあくまでも社会通念に反するような悪質な霊感商法に向けられたものであるということだ。

しかし、同様の法律はアメリカの一部などにもあり、APAI(国際職業占星術家協会)などでは、リスクを回避するために自分たちの活動の際に、きちんと事前にクライアントに内容や条件を説明し、トラブルを避けるようアドバイスしている。

「何も占いでそこまで神経質にならなくても」と思われるかもしれないが、実は英国や米国の占星術家たちが占星術や占いを取り締まる法律に敏感になるには、歴史的な経緯があるのだ。そしてその経緯が、近代になってからの占星術の変容と大きくかかわっている。

　占星術を脅かす法律でまず、注目しなければならないのは、「魔女法（Witchcraft Act）」である。英国でこの法律が制定されたのは、16世紀半ばの１５４２年である。悪名高き、魔女狩りを正当化した法律だ。それは遥か過去のものだと思われるかもしれないが、しかし、驚くなかれ、この法律はかたちを変えて生き残り、最終的に撤廃されるのは、何と１９５１年である！　この魔女法の撤廃がきっかけの一つとなり、英国では現代の魔女運動が勃興するのだが、これはまた別の機会に譲ろう。

　大英帝国の礎を作ったエリザベス１世は、自ら占星術師にして魔術師であるジョン・ディー博士を寵愛したくらいであるから、１５６２年の法改正で魔女法をずいぶん寛容なものにしたのだが、そのあとを継いだ１６０４年のジェイムズ１世は大の魔術嫌い、いや魔術フォビアの持ち主でもあり、自ら悪魔学の専門書を著すほどの専門家であった。そこでジェイムズ１世は魔女法を「改悪」し、厳しいものにしたのだ。

　概してイングランドでは魔女狩りの被害者は少なかったが、この法律の時代に活動した「魔女狩り将軍」マシュー・ホプキンスは、わずか2年ほどの活動期間の間に３００名もの「魔女」を処刑台に送ったというからすさまじい。ホプキンスが活動したのは、17世紀半ば、１６４５

年から67年ごろだというが、この年号を見ると、多少なりとも自分たちのアートの歴史に知識のある占星術家なら、足元が震えるはずだ。

17世紀の半ばは「占星術の黄金時代」であるとされている。わけてもロンドンで活躍した占星術家のウイリアム・リリーの活躍が目覚ましいし、また薬草学者であり占星術師のニコラス・カルペパーもいる。

リリーが歴史上初めて英語で書かれた、占星術の教科書として知られる『クリスチャン・アストロロジー』を世に問うのは、1647年。まさに英国に魔女狩りの嵐が吹き荒れた時代であったのだ。

同書は、内容的にはキリスト教とはまったく関係がないのだが、リリーは占星術が悪魔的なものではないということを強調する必要があったのである。リリーはその序文のなかで、「占星術が悪魔的なものとかかわるというのはもっともひどい扇情的な非・真実」であると強く訴えかけなければならなかった。

一方、リリーの教科書には禍(わざわい)が魔女の呪いによるものかどうかを判じるための方法なども掲載されており、ここからも占星術と悪魔的な魔女の術が区別されていることを察することができる。

しかし、これほど周到な自己弁護にもかかわらず、リリーは1653年に「予言」のかどで告発され、わずか16日間であったが投獄される。また1655年にも、盗品を悪魔的なものに導かれて発見したかどで告発されている。

リリーの自伝によれば、しかし、この女性はなかば正気ではなく、告訴は無効とされたということではある。しかし、その後、悪魔と契約した「魔女信仰」という恐ろしい迷信が廃れたのちも、占星術への法的な取り締まりの脅威は消えなかった。

次回もそのかかわりについて見ていこう。

魔女狩りの様子。無実の罪の人々が
魔女の汚名を着せられて処刑された。

魔女狩り将軍といわれた
マシュー・ホプキンス。

第42話

占星術と魔女狩り

～後編～

前回では、占星術と魔女禁止法との関連についてお話しした。

近代の黎明期（れいめいき）、17世紀にはまだ魔女狩り法が効力を持っており、「占星術の黄金時代」といわれることもある当時のイングランドでは、数多くの占星術の暦が発行される一方で、魔女狩りの嵐が吹き荒れていた。

そこで、占星術家たちは自分たちが行っているアートが魔術や妖術ではないということを強く訴えかけなければならなかった。

占星術による予測が的中すると、それは悪魔の力によるものであるとみなされる可能性もあったし、また、あまりに予言が正確だった場合には、その予言を成就させるために自らが手を染めたと考えられる可能性もあったのだ。

17世紀を代表する大占星術家であるウイリアム・リリーは、実際にはそのなかにはマジカルな要素があったのにもかかわらず、自分の著書に『クリスチャン・アストロロジー』というタイトルをつけて、キリスト教の枠内であることを強調して予防線を張らねばならなかったし、１６６６年のロンドン大火を予言、的中したときには、自らロンドンに放火したのではないかという嫌疑をかけられるということもあった。

イギリスの魔女法そのものは何と、実に１９５１年まで生き延びるのであるが、しかし、近代社会に移行してからは、さすがに「魔法を使ったかどで」罪に問われることはなくなった。

とはいえ、占星術家たちへの法的な脅威が完全消滅したわけではない。「魔女法」は、魔術そのものを罪に問うのではなく、「未来を予言できると『詐称』すること」や「運勢判断（フォーチュン・テリング）をすること」を罪として罰するという条文を含んでいるからだ。

つまりは、占星術や占いの効力を認めない時代のなかでは、「占い」イコール「詐欺」であるとみなせば、有罪にできるということなのである。

20世紀に入ってからも米国や英国では、この法律が適用されて、高名な占星術家たちが法廷へと召喚されているのである。

そのもっとも有名な……そして占星術サイドから見てもっとも輝かしい例は、アメリカのエヴァジェリアン・アダムスのケースだろう。

アダムスは、アメリカでもっとも人気を博した占星術家の一人であり、後年には数々の予言を的中させ、またラジオ占星術家としてその名を全米中に馳せることになる（彼女の著した占星術書は、実はかの魔術師アレイスター・クロウリーと共同執筆されたものであったこともつけ加えておこう）。

１９１４年、アダムスは「運勢判断」をしたかどで逮捕、法廷に召喚される。保釈金を支払い、難を逃れることもできたのであろうが、アダムスは自らの潔癖を証明しようと、占星術書や、おそらくは天体暦を携えて法廷へと乗り込んだのであった。

そのとき、彼女に向かい合ったのは、若き判事ジョン・フレチであった。

アダムスは自分の占星術が決して怪しげなものではなく、一種の法則性に基づく科学であることを強く訴え、その正確さを実際に示そうとした。判事は、ある匿名の人物の出生データをアダムスに示した。ノーヒントで、この人物の人生を言い当ててみよ、と。

アダムスはデータからホロスコープを作成し、この人物が短命であり、おそらく水に関した死を迎えると読んだと伝えられている。この人物は、判事の息子のもので実際、その子は水泳中に溺死していたという。

この逸話は、繰り返し占星術書に掲載されているが、裁判記録にはここまでは記載されていない。

しかし、公式の裁判記録でも判事が「被告は占星術を精密科学の域にまで高めている」と認め、アダムスを無罪にしたことはきちんと残っているのである。これは占星術の「勝利」であった。

しかし、残念ながらこれは例外であろう。近代占星術の父と呼ばれる英国のアラン・レオは二度にわたって「運勢判断」のかどで起訴されている。一度目は起訴は取り下げられているが、二度目の１９１７年のときには、当時の金額で25ポンドの罰金を支払うはめになったのである。これは現在なら何千ドルにも相当する大金である。

同年、レオは77歳で他界するが、一部にはこの裁判がレオの死期を早めたのではないかという向きもある。実際、それまでレオの健康には問題はなかったという。しかし、レオはその後、法律上、占星術が問題にならないように自分のテキストを大幅に書き直していく作業に没頭し、この労苦が命を削ったという向きもある。

これは占星術の「敗北」なのであろうか。

いや、僕はそうは思わないのである。

占星術の判断は決して、断言的な予言ではない。星の動きから自分を知り、そして自らをナビゲートするためのアートなのである。単なる当てものではないのだ。

レオ以降、占星術家はそうした占星術の真の価値に対してより意識的になり、その線にそった占星術の現代的な発展に寄与していくようになる。その最大の成果の一つが、深層心理学と結びついた「心理学的占星術」でもあろう。

レオらの犠牲の上に、占星術は自らをより深く見つめ、現代的な価値を持つものとして再生したのである。

つまずきや失敗から学ぶのは、占星術とて例外ではないといえるだろう。

占星術や占いといったマージナルなジャンルは、近代社会のなかでは、まさに「綱渡り」をしながら、果敢にも前進を続けているのである。

エヴァンジェリン・アダムス。

近代占星術の父、アラン・レオ。

第43話

ルノルマンカードの魅力 ～前編～

2013年6月。

つい昨日、僕の手元に、マーカス・カッツとタリ・グッドウィン共著『ラーニング・ルノルマン』が届いた。

マドモアゼル・ルノルマンの名前をみなさんはご存じだろうか。

もしあなたが、西洋の占い術に少しでも関心があれば、きっとその名前に覚えがあるだろう。俗に「カード占いの女王」と呼ばれ、ナポレオンの時代のパリで伝説的な成功を収めた女流占い師である。

多くの本には、こんな伝承がまことしやかに書かれている。

ルノルマンは、1772年、大革命時代のフランスに生を受けた。修道院で教育を受けるものの、その後、職業を転々とし、占いの秘術を授かる。

その名声は瞬く間に広がり、その時代の名だたる名士を顧客に持つようになる。その名前を挙げれば、ミラボー、プロヴァンス伯、ランバル大公妃、ロベスピエール、マラー、サン＝ジュスト、ダントン、ひいてはマリー・アントワネットまで。そして、ナポレオン妃ジョセフィーヌの顧問的存在にまでなったというのである。

ルノルマンの相談室は屋敷の寝室であり、そこには長蛇の列がいまかいまかと自分の順番を待っている。順番が来ると、「占い師と訪問客は、緑色のクロスを張ったテーブルに一対一で向かい合う。……生年月日、好きな花、好きな色、好きな動物、嫌いな動物をもとにして」ホロスコープが組み立てられる。その謝礼金たるや、1回に400フラン、当時の賃金労働者の平均給料3か月分であるという！（ジョルジュ・ミノワ『未来の歴史』菅原賢治・平野隆文訳、筑摩書房）。

彼女は占星術のほかに、コーヒー占いや姓名判断、手相、水滴などさまざまな技法を使ったが、とくにカードの占いが得意であり、独自の占い専用トランプを使っていた。それが今日、復刻されている「大ルノルマン」、そして「小ルノルマン」と呼ばれる2種類のカードである……。

以上が、広く流布（るふ）してきた伝説である。何と魅力的なことだろう。

かくいう僕も若いころは、この伝説を信じてきた。

しかし、残念ながら、このストーリーは「神話」である。

19世紀にルノルマンが占いの大スターであったことは事実であるが、しかし、多くの著名人の顧客がいたということは、眉に唾をつけなければならない。というのも、これらのエピソードはすべて、ルノルマンが自身で書いた自伝によるものなのである。それを実証するような記録はほとんどない。

また、現在ルノルマンの名を冠して知られているカードも、実はルノルマンとは何の関係もないことがわかっている。

しかし、これらのカードを一度見ていただきたい（257ページ参照）。そのエレガントでキュートなたたずまいは、タロットに勝るとも劣らない魅力を持っていないだろうか。以前から、僕はこのカードに惹(ひ)かれてきたのだが、詳しい研究書がなかなか英語圏で発行されず、また多くのタロット研究者も追求してこなかった。

ルノルマンについて詳しく言及している伊泉龍一氏も、「現代のまじめなタロティストの間では、大概、軽視されるか、完全に無視されるかのどちらかである」と述べておられる。これは２００４年の記述（『タロット大全』紀伊國屋書店）である。しかし、それから10年近く経った今、状況は大きく変わってきた。

今、ルノルマンカードルネサンスとも呼ぶべき現象が起こりつつあるのだ。とくに小ルノルマンと呼ばれる36枚のカードに対しての注目ががぜん高まっているのだ。

冒頭で紹介したカッツとグッドウィンは、国際タロット研究協会を代表する人物であり、現在、もっとも活躍の目覚ましいタロティストである。彼らは、大英博物館に所蔵されているオリジナルの小ルノルマンカードを発掘し、復刻した。その詳細な歴史を研究している。

さらに、メアリ・グリアー、ケイトリン・マシューズといった現代を代表するタロット研究家も、次々にルノルマンカードに関する研究を発表し始めているのだ。

もちろん、種火はあった。日本でも木星王氏は早くからルノルマンカードを紹介されておられるし、僕の手元には1989年刊行のフォン・エンゲ著の『ルノルマンカード入門書』も、2007年のスタインベック著のものもある。

デッキそのものといえば、フランスの名門カードメーカーであるグリモー社からの小ルノルマンが有名だが、現在では、イタリア、ロシアなどからも小ルノルマンカードが新たに発行されるようになっているのである。

いったい、これはどうしたことなのだろうか。

一つには、タロットをめぐる市場が成熟し、タロットを特別視することなく、より自由に楽しめるようになってきたということもあるだろう。

一方で、アメリカ発のオラクルカードと呼ばれる自己啓発的なカードの氾濫(はんらん)に対し、より伝統的でキュートなイメージのカードが求められるようになったということもあるかもしれない。

詳しくは次回に譲るが、このカードの成立の歴史そのものも興味深いし、またそこに出てくるシンボルも、解釈のためのルールも実に面白い。

今後、ルノルマンカードは、日本の占いやオカルトファンの間でもブレイクするポテンシャルを大いに秘めていると強く感じている。

それではさらにこのカードの魅力に迫っていこう。

マドモアゼル・ルノルマン。

第44話

ルノルマンカードの魅力 ～後編～

前回、ご紹介したのがマドモアゼル・ルノルマンとその名前を冠した占いカードのことであった。

フランス革命からナポレオン帝政の歴史の激動期を駆け抜けた、伝説のカード占い師、マドモアゼル・ルノルマン。彼女自身が語る物語によれば、フランス革命の旗手からナポレオン妃ジョセフィーヌまでも、その予言の力で魅了し、震え上がらせたという。もっとも、この伝説は、彼女自身のセルフプロモーションでもあるので、相当、割り引いて考えなければならない。

しかし、それでも、ルノルマンが当時、大人気を博した占い師であったことには間違いがない。

ただ、彼女が使っていた占いの実体はよくわからない。はっきりしているのは、「ピケ」と呼ばれる32枚一組のトランプを使っていたということくらいだろうか。

そして、ルノルマンの名声が「カード占い」を世に広く知らしめていったことはだれも否定できないだろう。

　このルノルマンの名前を不朽のものにしたのは、ルノルマンの名前を冠したカードが生み出されたことである。

「プチ・ルノルマン」という愛らしいカードが出版されたのは、１８５０年のこと。これは、ルノルマン本人の死後、７年後のことだった。

　いくつかの本は、これがルノルマンの使っていたカードの再現であるとしているが、実はこれはまったくの間違いである。

「プチ・ルノルマン」が最初に出版されたのはドイツでのこと。そして、その原型は18世紀末ドイツのＪ・Ｋ・ヘクテル（Hechtel）という真鍮職人が、「希望のゲーム」として発明した、純粋なカードゲームだったのだ。

　それが、独自の占いに使われるようになり、ルノルマンの死後、彼女の名声にあやかって、「プチ・ルノルマン」という名前で普及するようになったというわけである。

　この占いカードは、これまで、トランプ占いでもタロット占いでもない、一風変わった、しかし、とてもキュートなカード占いとして、一部の好事家たちに用いられているにすぎなかったのだが、ここ数年、英語圏でもにわかに人気が高まり、優れたカード占い研究家たちが本格的に取り組むようになってきたのである。

では、このルノルマンカードの占いの特徴を見てみよう。

タロットもそうなのだが、もともとはゲーム用のもの。最初から占い上の「意味」が定められていたわけではない。しかし、通常、36枚のカード1枚1枚に「騎士」や「手紙」、「ハート」などといった、いかにも象徴的でキュートな絵が描かれており、そこから連想される意味が膨らんでいくのである。

また、ルノルマンカードで多くの使い手が採用するのは、タロットの「正位置・逆位置」に代わるものとしてある「近・遠」の使い分けである。

ルノルマンカードでは、相談者（ルノルマン占いでは「シッター」という）を表わすカード（象徴カード）のそばにカードが出た場合、もしくは何枚か挟んで遠くに出た場合で、その意味が変わってくる。また、「雲」などは、左右で白黒と雲の色が変わっており、白雲の側に出たカードは吉兆、黒雲の側に出たカードは凶兆を帯びる、という。

では、そのカードの鍵言葉を紹介していってみよう。

ルノルマン占いでは「スプレッド（カードの配置）」を「タブロー」という。一般的なものは9枚ずつ、4列にすべてのカードを展開するもの。そのなかから相談者の性別によって「紳士」か「淑女」を探し、そのカードを中心に解釈をしていくというものである。

もしカードを手にされたら、一度チャレンジされてみては？

1	騎士	近：近くから来るよい知らせ／遠：遠くから来るよい知らせ
2	クローバー	近：心配は消える／遠：抽象
3	船	近：遠洋航海／遠：成功の機会
4	家	象徴カードの下に出た場合には近所の人からの禍。一般には安心できる場所
5	樹	近：健康に注意／遠：よい健康、先祖からの系譜
6	雲	白雲の側なら吉兆、黒雲の側なら凶兆
7	蛇	近：嫉妬深い女性／遠：前もっての警告
8	棺	近：病気や損失、死／遠：物事の終焉
9	花束	近：日々の幸福／遠：友情
10	鎌	近：脅威、排除すべきもの／遠：身を守る必要性
11	ムチ	近：仲間割れ／遠：争い
12	鳥	近：会話／遠：予期せぬ旅
13	子供	近：無垢／遠：親切さ
14	キツネ	近：罠／遠：あなたを貶めようとする人
15	熊	近：強力な援助者／遠：いやな噂
16	星	近：希望、明晰さ／遠：希望の陰り
17	コウノトリ	近：移転／遠：定着
18	犬	近：忠実な友／遠：不実さ
19	塔	近：長寿、有利さ／遠：転落
20	庭	近：身近な友情／遠：不誠実さ
21	山	近：ハードル／遠：危険からの防壁
22	道	近：岐路／遠：熟考
23	ネズミ	近：盗難、損失／遠：大きな損失
24	ハート	近：ロマンス／遠：孤独
25	指輪	近：結婚／遠：破談
26	本	近：秘密、知識／遠：隠されたよいこと
27	手紙	近：遠くからの手紙／遠：悪い知らせ
28	紳士	男性の相談者を象徴
29	淑女	女性の相談者を象徴
30	ユリ	近：純潔／遠：性的関係
31	太陽	近：名声、成功／遠：失墜
32	月	近：創造性、想像力／遠：幻想
33	鍵	近：新しい機会、コツ／遠：困難
34	魚	近：富／遠：からくも失敗
35	碇	近：着地、希望／遠：不安定さ
36	十字架	近：苦難／遠：周囲のカードが苦難の性質を示す

（エンゲの著書などを参考に作成）

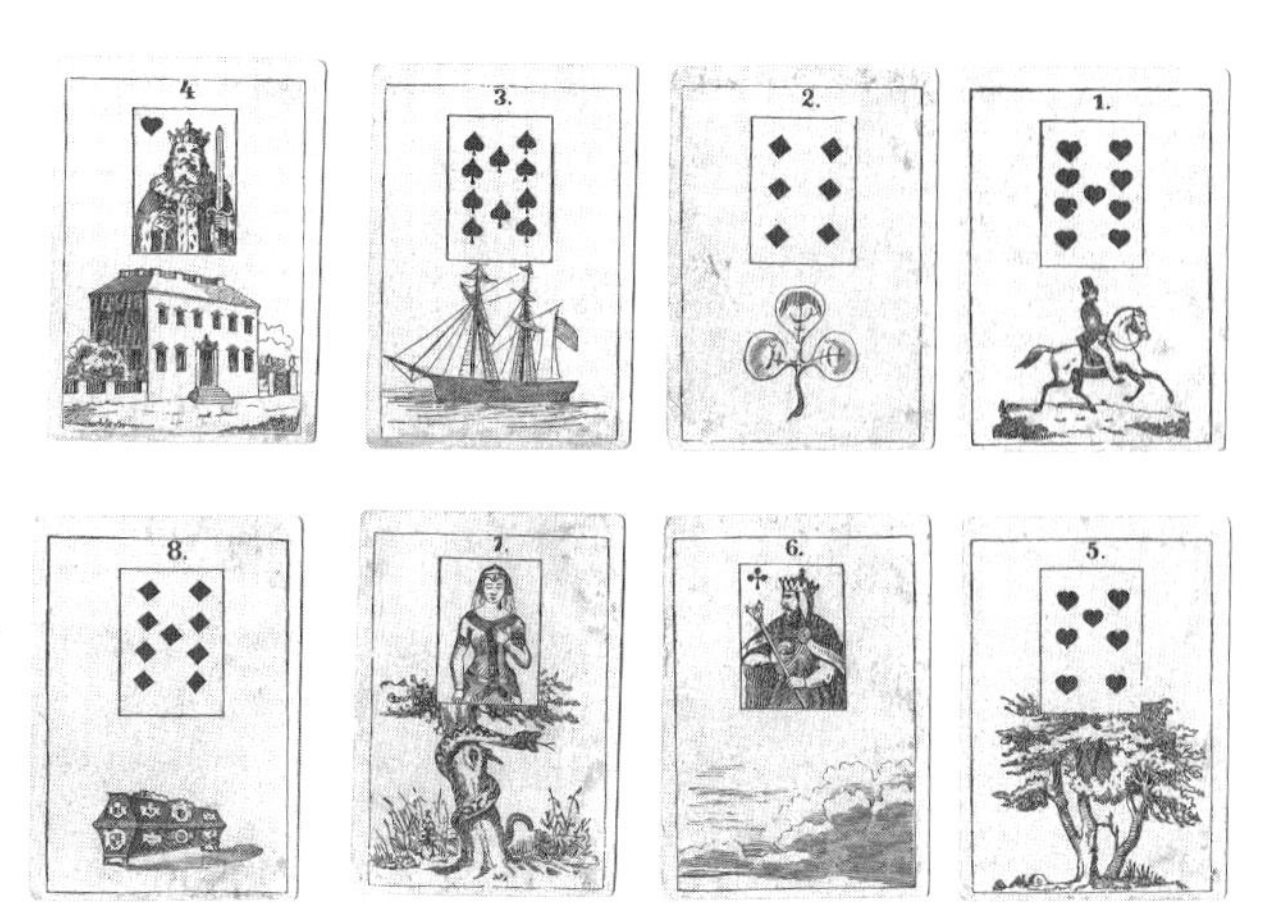

ヴィンテージ版ルノルマンカード。19 世紀末のもの。著者所蔵。

ルノルマンカード。遠藤拓人画、鏡リュウジ著『秘密のルノルマン・オラクル』（夜間飛行）より。日本初のルノルマンカード占いの入門書。

第45話

相性占星術 ～前編～

占星術を使ってあなたが一番知りたいことはなんだろう。

あなたの潜在的な可能性?

仕事での成功?

あるいは、健康?

どれも重要なことだとは思うが、現代において何といっても、占いに対してのニーズがもっとも高いのは、「相性」ではないだろうか。

恋や結婚の相性はもちろんだが、ほかにも親子関係や上司、取引先との関係など含めていけば、その重要性は容易に想像できるはずだ。

突然の災害や事故に巻き込まれる可能性も、この時代にはかえって高まっているとはいえ、普通の生活をしているときには、人の運命の良し悪しは、人間関係が大きな鍵を握っているといっていい。

占星術では、ギリシアの昔からこの「相性」の秘密に迫ろうと、さまざまな技法を開発してきた。その「相性」の占星術を、専門用語では「シナストリー」と呼んでいる。

一見、聞き慣れない言葉だが、その語源をたどると、そこには実にロマンチックな意味が込められている。

「シナストリー」はSynとAstryという言葉の合成語である。前者のSynは、たとえばシンセサイザーというときのような「合わせる」や「統合する」という意味。後者のAstryはアストロと同じで、「星」という意味だ。

つまり、「シナストリー」とは、星と星を合わせること、それぞれの人の持つ「星」を見比べ、そこから一つの物語を紡ぎ上げていくことになるのである。

では、そのためにはどうするか。

占星術の基本は、何といっても、その人が生まれたときの正確なホロスコープである。ホロスコープとは、ある人が生まれたときの太陽系の星の配置を円形の図表にしたもの。

「シナストリー」では、2枚のホロスコープを「重ね合わせる」。実際には、同心円として大小の円を作図し、ホロスコープを比較することが多い。これを「二重円」という。

その比較の方法には、さまざまな視点があるわけだが、とくに鍵になるのは「相互アスペクト」と呼ばれるものだ。

たとえば、Aさんの太陽とBさんの月がホロスコープの上でちょうど180度で向かい合っていたとしよう。

ホロスコープでは、0度、180度、120度、90度、60度などの角度をお互いの星が作るとき、二つの星が「アスペクトしている」といい、二つの星の間に特別な磁力が働くと考えるのである（このときの角度は中心角である）。

この技法、実にもっとも古い占星術の教科書と呼ばれる、2世紀のプトレマイオスの『テトラビブロス』という書物にもその端緒（たんしょ）を見ることができる。夫婦の相性を見るときには、互いの太陽と月の位置を比較し、それが同じ位置にあれば相性がよい、などという記述が見出せるのだ。

ちなみに、この「アスペクト」という言葉は占星術を学ぶ人間なら、ごく当たり前に使っている用語で、とくに意識していないかもしれないが、相性という面で用いるなら、非常に意味深いものがある。

「アスペクト」というのは、実はもともと「見つめ合う」という意味もあるのである。相性を判断する上での相互アスペクトを調べていくということは、自分の内なる星空と相手の星空の視線の交差具合を見ていくということなのである。何というロマンチックな作業であろうか。

とはいうものの、この相互アスペクトを調べるのは、かなり面倒で煩瑣(はんさ)な作業でもある。通常、それぞれのホロスコープには十数個の天体や感受点と呼ばれるポイントを書き込む。それが2枚になるということは、単に要素が2倍になるということではない。実際には2乗になる。相互のアスペクトを線で示すと、その複雑さがよくわかるだろう。そのすべてを「総合」して一つの物語を紡ぎ出すことなど、事実上、無理だということがわかるはずだ。

だからといって、相性を星から見ることができない、というのではない。この相性のラインの複雑さは、言い換えてみれば人間関係そのものが複雑である、ということの表れではないだろうか。

しかしそういっていても始まらない。そこで、そのアスペクトの優先順序を決めることが読解のための一つのヒントとなるだろう。

アスペクトには、「オーブ」というものが許されている。

アスペクトはちょうど0度や180度になったときがもっとも強力であるが、このようなことはごくまれである。そこで、実際には決められた角度ぴったりではなかったとしても、誤差が5度程度であればアスペクトを形成しているとみなそう、というのである。この許容誤差を「オーブ」という。

オーブといえば、写真に写り込む、あのオーブを連想される向きが多いだろうが、オーブとは「球」というような意味で、占星術やかつての天文学では、惑星や太陽の光が届く範囲の球を示していたのだ。つまりは、星の光が届く範囲、というようなことだろう。

手前味噌になるが、拙著『星のワークブック　相性編』（講談社）では、専用のアプリを使って、2枚のホロスコープを算出の上、二重円として表示し、相互アスペクトをオーブの狭い順、つまり、重要度の高い順にリストアップする機能をつけている。

もちろん、これがシナストリーの技法のすべてではないのだが、初心者には解読のための重要なヒントになるはずだ。

次回は、このような相性占星術の実例をいくつか見ていってみることにしよう。

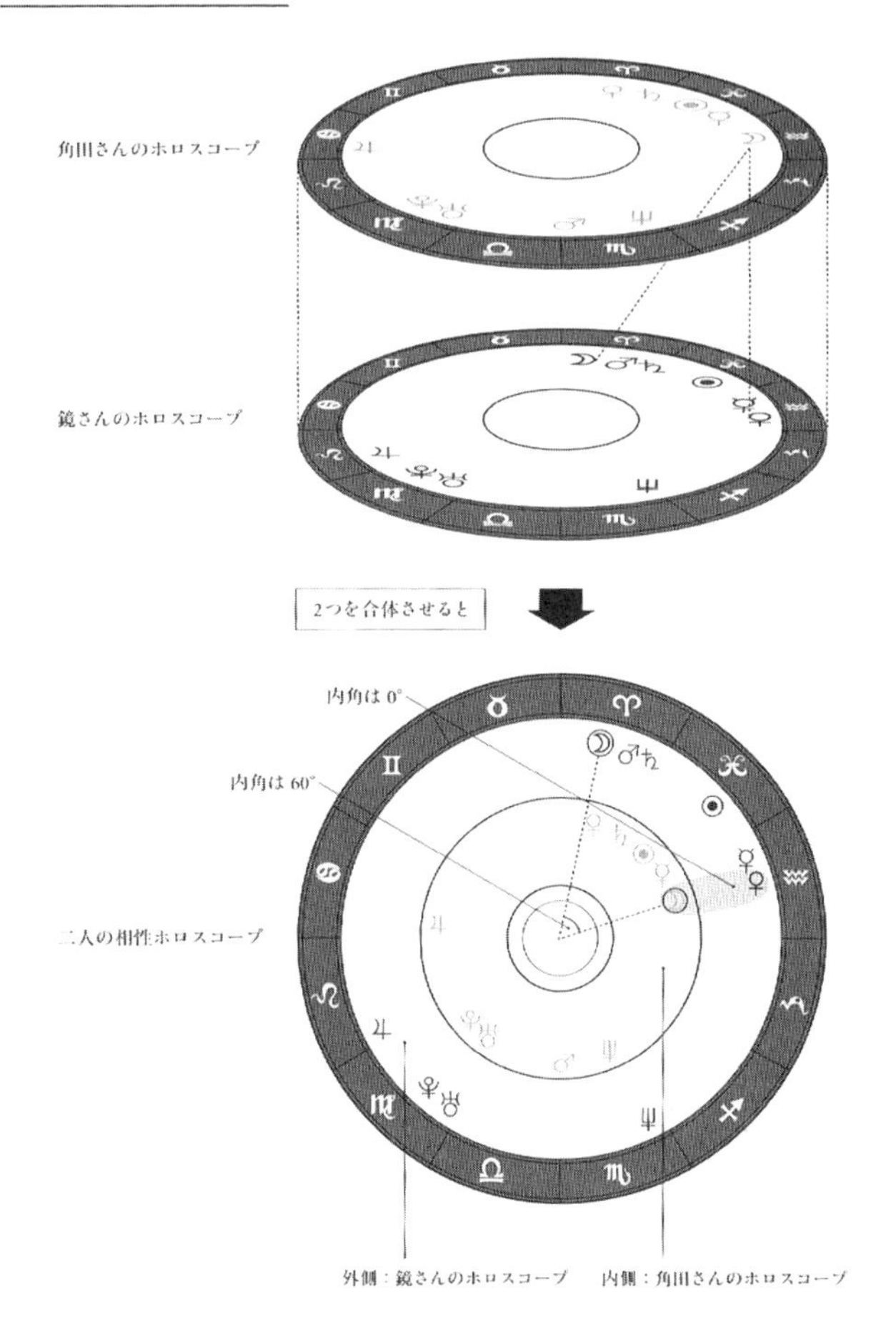

相性占星術のしくみ。（『星のワークブック　相性編』より）

第46話

相性占星術 〜後編〜

占星術が求められる契機は、実にさまざまだ。本人の個性を知る。人生の転機に備える。開運の場所を知る。ときには、気候や歴史的変遷を予見する。病気が治癒するかどうかを判断する。占星術は、こうした人生百般すべてにおいて有効であると考えられてきたのだが、ときにニーズが高いのは「相性」ではないだろうか。

もちろん、人生には突然の不運や幸運がある。東日本大震災を思い起こすまでもなく、天災に巻き込まれるということもあるだろう。こうしたことは、人知を超えたことである。

しかし、一方で人は社会的動物である。人生のほとんどのことは、人間関係によって大きく左右されるといっていい。たとえ危機的状況に巻き込まれたとしても、どんな人と一緒にいるかどうかで、その結末は大きく変わってくるといえる。

僕は常々、運の良し悪しの8割は人間関係で決まる、というのだが、こう考えるとそれが真理であるということをご理解いただけるのではないだろうか。

そこで、前回もお話ししたような「相性占星術（シナストリー）」が、占星術の発生の時期から発達してきたのである。

相性占星術（シナストリー）の基本は、二人のホロスコープを重ね合わせ、お互いの出生時の天体がどのように角度を取り合うかを見ていくものである。

このとき、意味のある角度を「アスペクト」という。

アスペクトには、お互いの天体の力がスムーズに働き合う「ソフトアスペクト」と、緊張をはらみながら働き合う「ハードアスペクト」の２種類に分類することができる。

ただ、ハードアスペクトといっても一概に「悪い」というわけではない。とくに星が向かい合う１８０度（オポジション）は、相性では強い引力を示すことがある。

さらに、ホロスコープのなかで、もっとも重要な天体である太陽と月が相互にアスペクトする場合には、強い縁が生じるという。これは占星術では「象徴的結婚」と考えられており、古くは2世紀のギリシアの占星術家であるプトレマイオスの教科書『テトラビブロス』にも登場するルールである。

さて、このようなことを念頭において、実際のホロスコープを見ていこう。

２６９ページの上部にあるのは英国のプリンス、チャールズと故ダイアナ妃のホロスコープである。

当初、「おとぎ話のような結婚」と全世界を熱狂させた二人。しかし、その後、二人をとりまくスキャンダルは絶えず、その悲劇的な結末はみなさんもよくご存じだろう。

その二人の星はどのような運命を告げていたのだろうか。

まず、二人の相互アスペクトでもっとも正確なものは、チャールズの水星にダイアナの冥王星が60度となっていることである。水星は知性の星、冥王星は深い変容を示すので、ダイアナの存在は、チャールズの思考や思想に大きな影響を与えて、変化を生み出すことを示している。

さらに仔細（しさい）に見ると、ダイアナ妃自身のチャートで、月、天王星、金星がT字型のハードなアングルをとっていることがわかる。

月や金星は、とくに女性にとって重要な天体で、月は本人の内的な気持ちを、金星は愛を象徴する。突然の変化の天王星が、ここにもともと加わっていることは、ダイアナ妃がドラマティックな変化に富む愛情生活を送るであろうことを示すものだ。

そして、チャールズの太陽の位置をチェックしてみよう。すると、ダイアナの金星と正確に180度を形成していて、全体としてホロスコープに大きな十字を形成していることがわかるだろう。専門用語では、これを「グランドクロス」と呼ぶ。

このような運命的なアスペクトのパターンを形成していることは、二人の間にとりもなおさず宿命的な強い絆（きずな）があり、天王星が示すようなスキャンダルと突然の変化を決定づけているということになる。

また、宿命論的な見方はしたくないが、「死のハウス」と呼ばれる8ハウスに天王星、火星、冥王星、土星という「凶星」が二人のチャートで揃い踏みで入ってしまうこともまた、占星術家としては悲劇的な死を遂げた人物のチャートだと知った上で見ると、偶然には思えないのだ。

もう一つ、今度は僕自身の例を挙げてみよう。

269ページの下部にある僕とある人物の相性チャートである。目立つのは僕の太陽と相手の太陽が極めて正確に180度をとっていることが印象的だ。

そして、この180度は僕のチャートでは、3ハウスと9ハウスの境界線上で形成されている。3ハウスも9ハウスも「知性」を象徴する。

僕は魚座、相手は乙女座だが、伝統的なその支配星は木星と水星。さらに3ハウスの定位置は双子座、9ハウスの定位置は射手座でこれも水星と木星を支配している。

そして、実際の僕の木星に対して相手の水星が星座こそわずかにズレるものの、わずか2度差で合となっているのである。水星は知性を、木星は哲学と出版などを象徴する。

この相手は誰であろうか。

タネ明かしをしよう。実はこの相手はリズ・グリーンという、現代を代表する占星術家でありユング派の分析家である。

20世紀後半、グリーンはユング心理学と占星術を見事に融合させ、「心理占星術」を高度に展開、世界的な占星術再評価の基盤を作った。

そして僕は、彼女の著作を翻訳して日本に紹介してきたのである。まさにその関係を星は示している。

このような相性占星術。みなさんもお試しになってはいかが。

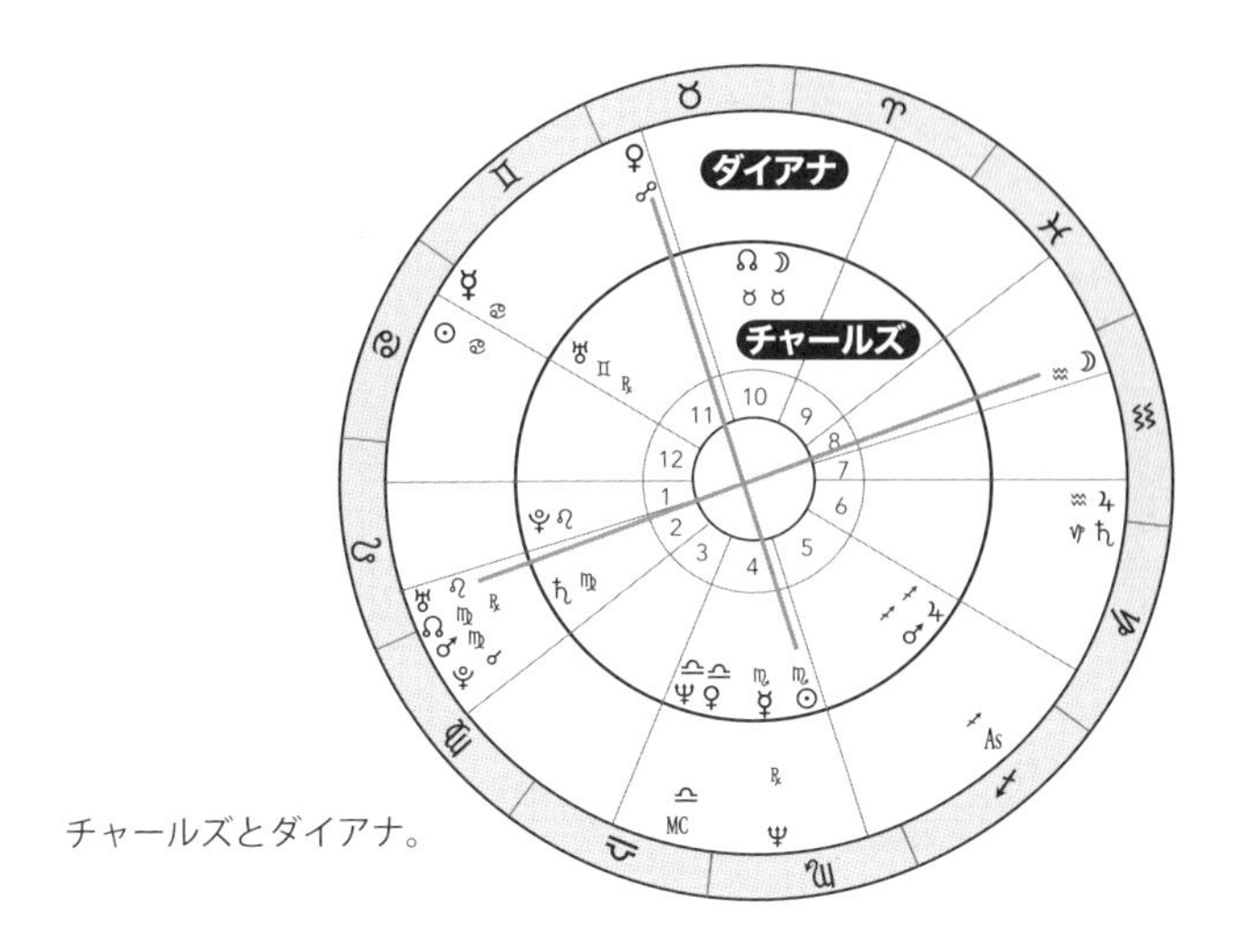

チャールズとダイアナ。

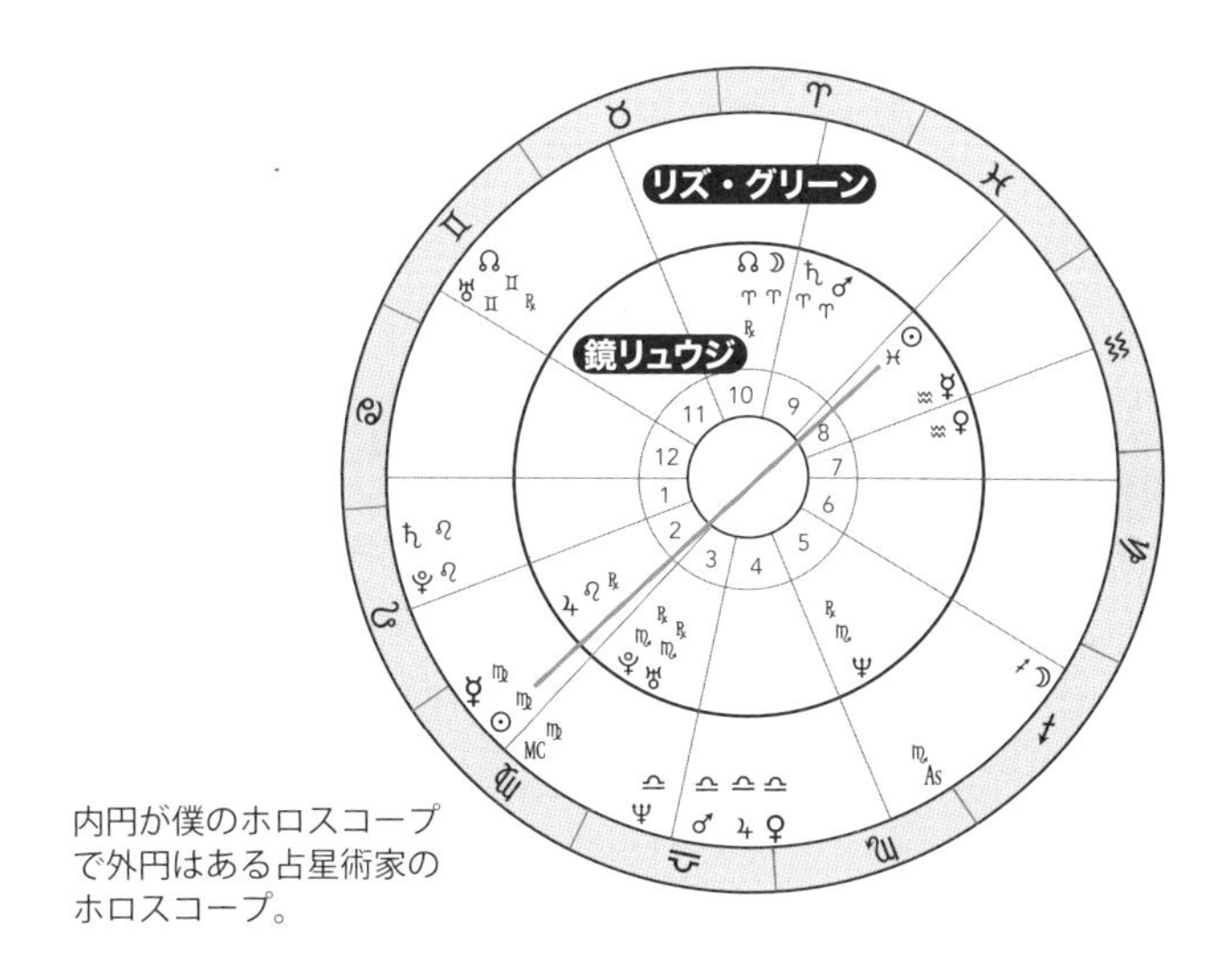

内円が僕のホロスコープ
で外円はある占星術家の
ホロスコープ。

第47話

占星術と統計学

占い師のなかには、こんな言葉を口にする人がときどきいる。

「私たちがやっているのは、単なる占いではなく、昔から続いている統計学なんです」

確かに、占いがよく当たることを経験すると、その根拠として「統計」があるのではないかと考えたくなるのもよくわかる。

星の動きやカードが、人間の運命を左右しているなどとは、科学的に説明することはとてもできそうにない。

しかし、現象として占いが有効ということだけを示そうとすれば、たくさんのサンプルを集めて統計をとればいいということになる。そして、統計的な裏づけがあれば、占いは一種の「科学」としての地位を獲得することができるだろう。

しかし、残念ながら「占いは統計」という惹句（じゃっく）には、根拠はほとんどないといっていい。

悲しいかな、現代では占い師の多くは数学的素養を欠いている。また、膨大なデータを収集するための、経済的、人的なリソースも不足している。占い師のいう「統計」とは、せいぜい一種の体験に基づく経験則でしかない場合がほとんどなのである。

また、実際に厳密な統計をとると、占いが当たることを証明するどころか、実際にはその逆になることが多い。

占星術の側にとって悲劇的な例を挙げれば、アメリカの占星術団体ＮＣＧＲのニューヨーク支部が１９７４年に行った大規模な調査であろう。

客観的に統計がとれる人生上のイベントを選択する。彼らが選んだのは「自殺」である。１９６３年から73年までの、２２５０名の自殺者から、出生時刻が正確にわかる３１１名を選び出した。

そして、対照群として同じく３１１名の非自殺者を抽出。彼らの間に、ホロスコープ上での有意な統計上の相違があるかどうかが調査された。

調査されたのは、占星術理論上のあらゆるファクターだった。惑星と星座、惑星とハウス、アスペクト、ハーモニクス、ミッドポイント、仮想天体などなど。つまり、占星術家が用いることができるテクニックのすべてが援用されたのである。

そして、結果は？

実は「何もない」であった。自殺という決定的に重要な運命的な事件を示す占星術的なファクターは、何もなかったのである！

統計は占星術を証明するどころか、反証する結果になってしまったのだ。

ここまでドラマティックなケースばかりではないが、ほとんどの場合、占星術を統計という網にかけると、そこから残るものは大きくないのである。

だが、まったく有意な結果がない、というわけではない。

もっとも有名な例は、ソルボンヌ大学のミシェル・ゴークラン博士によるものだろう。

ゴークランは、職業と出生時のホロスコープの惑星の配置に相関関係があるかどうか、調査をしたのである。

すると、その間にははっきりした相関関係が浮かび上がってきた。

まず、はっきり結果が出てきたのは、顕著な成績を残したスポーツマンたちの例であった。

彼らのホロスコープでは、火星が東の地平線上か、あるいは子午線を少し過ぎたところにあることが優位に多かったのである。この結果が偶然に表れる確率は、数万分の1であった。

この結果に勇気づけられたゴークランは、妻のフランソワと共に調査を続けた。

すると、たとえば科学者と土星、作家と月、政治家と木星といった相関関係が次々に表れてきたのである。

これはいずれも伝統的な占星術でいわれてきたことであった。

ゴークラン博士のこの研究成果は、最初の火星とスポーツマンとの関係にちなんで「火星効果（マーズ・エフェクト）」と呼ばれるようになった。

もちろん、主流派の科学者たちがこうした結果を受け入れることはなかった。

ベルギーの懐疑主義的な科学者のグループ「パラ委員会」は、データを再調査し、そこに統計上のミスがあったと発表した。

しかし、これには後日談がある。火星効果を調査した科学者グループのうちの一部が、統計データを不正に操作したのは、実は自分たちのほうであったと内部告発をしたのである。

さらに、ロンドン大学の統計学の第一人者、ハンス・アイゼンク博士も加勢した。アイゼンクは、ゴークランの統計を洗い直し、そこにデータのとり方、計算などに間違いがないどころか、多くの心理学的な統計よりも見事な結果を示していると証言したのである。

とはいえ、主流派の科学者たちがゴークランの火星効果を認めたわけではない。

いまだにこの統計データについては疑義が投げかけられ、論争は続いているのが現状なのである。

そして、悲劇は起こった。こうした調査と度重なる科学者たちからの再調査などが大きな心労になったのか、ゴークランは自らの命を絶つことになったのであった。

僕自身は、占星術には統計的な側面はあるだろうが、しかし、ある重要なときに不思議な「偶然」のかたちで星が語りかけてくるという、一種のシンクロニシティにこそ占星術の本質があると考えている。それを「再現」することは極めて難しい。

とはいえ、地道なこうした占星術への統計的な研究はいまなお続いており、その成果は、たとえば英国占星術協会が発行する学問的なジャーナル Correlation に発表されている。これからもこうした研究をウォッチしていきたい。

ゴークラン夫妻

Science and the Mars Effect

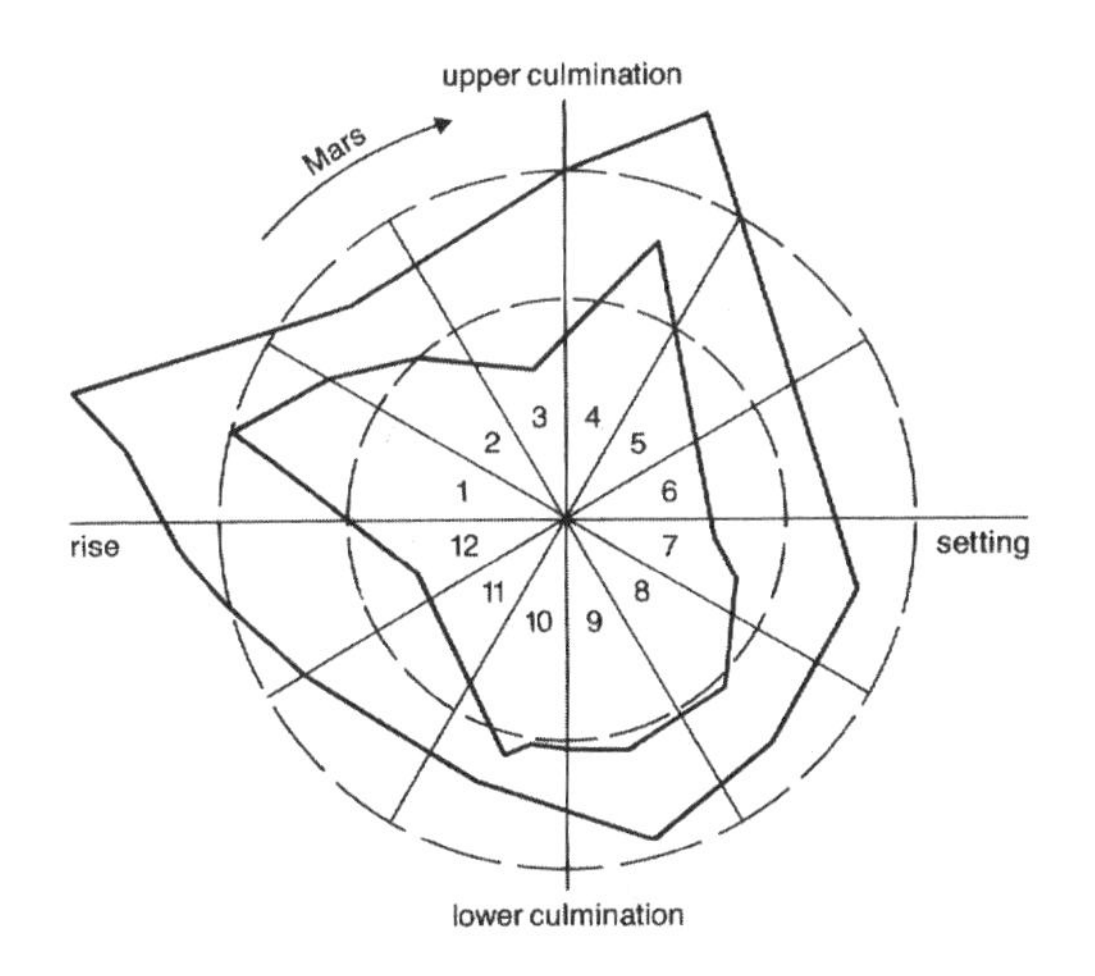

卓越したスポーツマンと出生時の火星の位置。外側のグラフはゴークランが集めた1553名のデータ。内側のグラフはベルギーの懐疑主義者団体パラ委員会が別途、追試した535名のデータ。いずれも火星が地平線の上、ないし天頂を少し過ぎたところに頻出していることがわかる。M.Gauquelin"Neo-Astrology a Copernican Revolution"（Penguin ARKANA 1991）。

第48話

トリックスターとしての天王星

1825年6月21日、朝のロンドン郊外。1年で一番日が長くなる夏至を目前に、一人の占星術師が自分のアトリエでホロスコープ計算に没頭していた。

その表情には困惑の色が浮かんでいる。太陽がもっとも高く昇る正午の1時間ほど前、男は息子を呼び出し、机に置いた懐中時計を時計職人に持っていって、正確かどうかを調べて来いと命じた。まだ時計の正確さが今ほどは信頼できなかった時代のことだ。占星術師は自分の計算に間違いがないか、もう一度確かめようとしたのである。

息子は時計職人のところで、グリニッジ時間と時計の示す時刻がズレていないか調べたが、時計は正確だった。

男はますます、困惑した。そして、ついに敗北を認めたようにつぶやいた。

「ああ、やはり私は間違っていたのだ」

息子は父にどうしたのか尋ねた。

占星術師は答えた。

「私のホロスコープは今日の正午には極めて危険な配置になっているのだよ。ただし、それは最近発見された天王星という惑星を取り入れての話だ。その計算によれば私自身か、私の財産に危機が、今日、まさに訪れなければならない。しかし、見ろ、私はまだぴんぴんしているではないか。私の新惑星に対しての考えは、間違っていたのだ……」

が、まさにそのときである。にわかに外が騒がしくなった。響く悲鳴や怒声。耳を澄ませば、「火事だ！」という声が聞こえてくる。

慌ててアトリエの外に飛び出す二人。

煙の上がっているほうへと走ると……燃えていたのは、何と、占星術師自身の自宅であった。隣接するピアノ工房から出火した火が、留守中の家へと燃え移ったのである。

占星術師は、家財道具を失った。

隣人たちは、突然の不幸に襲われた占星術師に、口ぐちに見舞いの言葉をかけた。

しかし、占星術師の瞳はむしろ、喜びで輝いていた。

「ああ、私は正しかった。私はこうなることを知っていたのだ！」

以上の逸話は、１９１６年、この占星術師の孫がイギリスの雑誌『オカルト・レビュー』誌で報告している話をもとにしている。

自分の家財道具を火災で失った不運を、嘆くどころか、自らの占星術計算の正確さの証拠として喜んだ、この占星術師の名は、ジョン・ヴァーレイという。

もし、あなたが近代英国の美術史に造詣が深いなら、その名をご存じかもしれない。ヴァーレイは、占星術師というよりも、19世紀の画家としても知られている。もちろん、ターナーのような世界的名声を得ているとはいえないが、ロイヤルアカデミーに出品する立派な画家であり、また、あのウィリアム・ブレイクとも親交を結んでいたことでも知られている。

しかし、占星術の世界では、何よりも、近代になってから初めて発見された惑星である天王星を占星術にいち早く取り入れた、ということでも知られている稀代の占星術師なのである。

現代占星術では、天王星、海王星、冥王星といった土星より外側の軌道をめぐる天体も、今では使うのが常識となっている。伝統的な占星術を標榜(ひょうぼう)する人々でさえ、一部の原理主義者をのぞき、外惑星も取り入れているのが現状である。

だが、二千数百年にわたるホロスコープ占星術の歴史のなかで、初めて肉眼では見えない遠い「惑星」が発見されたのは1871年のこと。天王星という「新惑星」を占星術のなかに取り入れたのは、大きなイノベーションだったといえるのではないだろうか。そして、そのことを初めて成し遂げたのが、おそらくこのジョン・ヴァーレイなのである。

古い資料をひもといてみると、１７９１年には、やはり英国の占星術家であり、アメリカ合衆国の建国ホロスコープを計算、出版したことで知られるエベネザー・シブリーは天王星（当時は発見者の名前をとって「ハーシェル」と呼んでいた）を獅子座の支配星であり、火のエレメントと親和性があると述べているが、その３年後には「まだその効果はわからない」といっている。

しかし、それから40年後、ヴァーレイは「突然のアクシデント」という現代の天王星の意味に肉薄するかたちで、その解釈を示したのだ。

では、ヴァーレイはどのような配置をもとにその解釈を引き出したのか、実践家としては関心があるところではあるが、残念ながら明確な手順は残されていない。

ただ、19世紀の占星術家ラファエルは、ヴァーレイの出生ホロスコープをその雑誌「19世紀の占星術師」に掲載しているので、そのチャートを見てみると……火災のまさに当日、土星がヴァーレイの出生時の天王星の真上を通過していることになる。これだけではヴァーレイのような正確な時刻まで含めた予言の根拠にはならないが、しかし、伝統的には「大凶星」と呼ばれる土星と天王星の合が、大きな根拠の一つになっていたことは疑い得ないだろう。

しかし、しかしである。この天王星の位置は不正確であった。現代の精密な計算ではラファエルの示す天王星の位置は６度も狂っている。

だが、奇妙なことに火災時をより正確に示すのは、この誤った土星の位置なのである！

占星術の象徴はときおり、このような不可解な偶然を示す。

そして、この奇怪さ、エキセントリックさが「奇妙さ」や「常識を打ち破る」を象徴する天王星そのもののトリックスター性をよく示すように、僕には見えるのである。

ジョン・ヴァーレイの肖像。

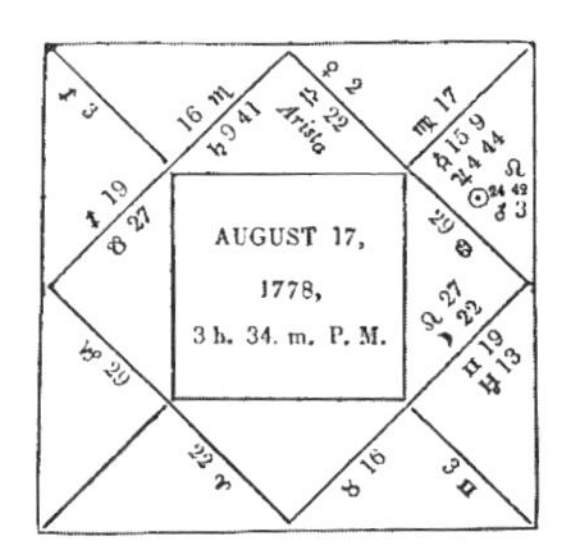

ラファエル『19世紀の占星術師』に掲載されたジョン・ヴァーレイの出生ホロスコープ。

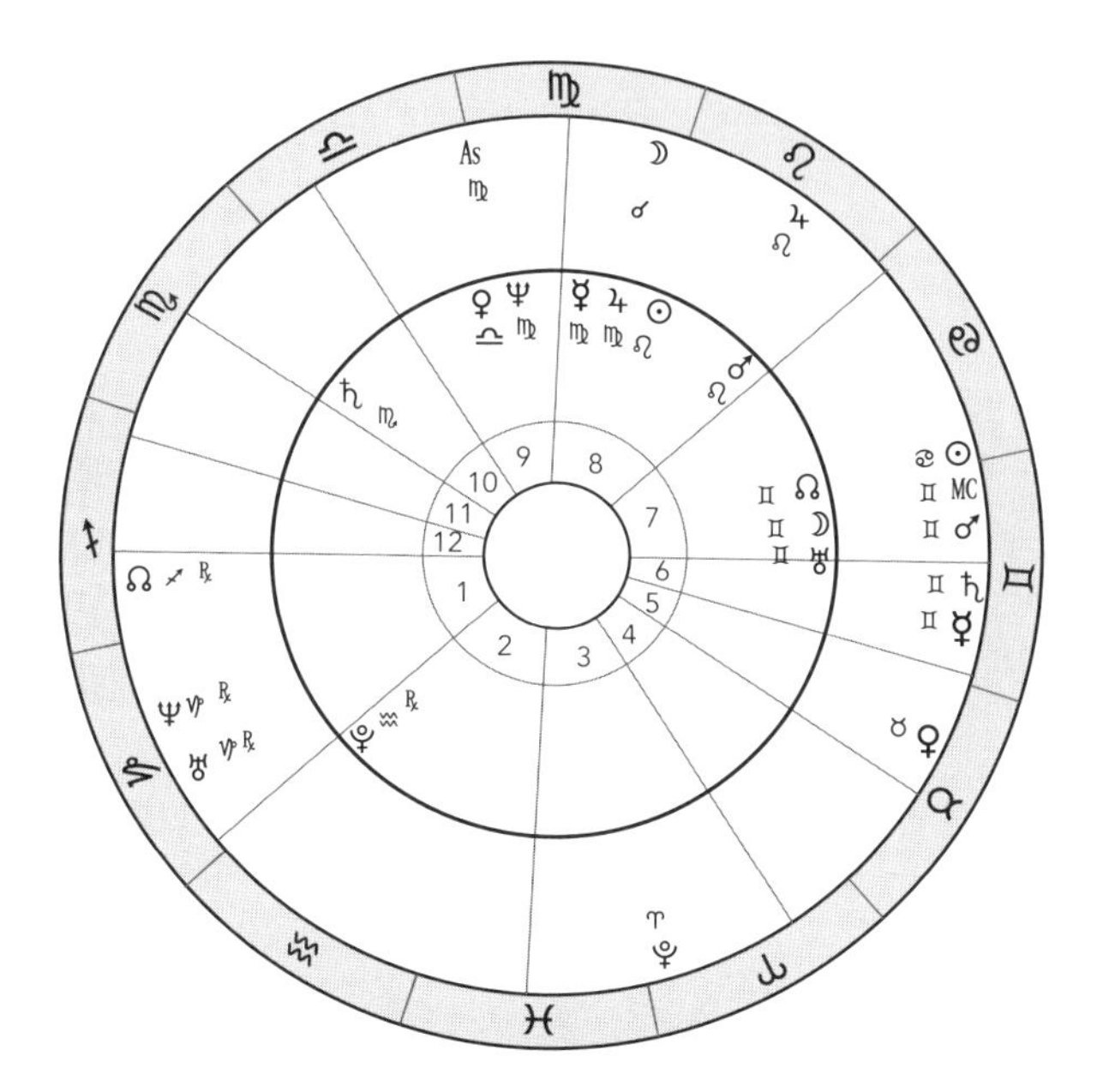

現代のコンピュータによるジョン・ヴァーレイのホロスコープと火災時の二重円。

第49話

占星術と精神医学理論
～前編～

ある脳科学者と話したときのことである。氏は、ＵＦＯによるアブダクション（誘拐）現象に関心を持っておられた。

アメリカやブラジルを中心に「ＵＦＯや宇宙人に誘拐された」記憶を持つ人は、相当数存在する。なかには、注目を集めたいだけのために作り話をしているホラ吹きもいるだろうが、多くは本気で自分がＵＦＯに連れ去られたと信じている。そして彼らの体験はよく似ているのだ。ジョン・マック博士の研究を知っている方も多いかもしれない。

あるとき、僕は某科学者とこのアブダクションの話をしたことがある。その脳科学者は、アブダクション・ケースをこのように説明した。

「おそらくそれは、出産時外傷と関係するのでしょう。つまり、出産時に受けたショッキングな記憶が、何らかのかたちでかたちを変えて意識上に昇ってきているのでしょう。『グレイ』

と呼ばれる宇宙人の姿は胎児にそっくりです。そして、ＵＦＯに乗せられるときの光のチューブは、たとえば母体の外に続く産道ですし、ＵＦＯのなかで『手術』を受けるというのも、病院の分娩台でへその緒を切られるといったような体験を思わせますからね。退行催眠をかけて出てくるような、出産時の記憶とも実際、そっくりです」

その発言を受けて僕はちょっと意地悪な気分になり、こんなふうにいってしまった。

「いや、先生、論理的には逆のこともいえるかもしれませんよ。本当は人類の多くがＵＦＯに誘拐されている。退行催眠で出産時のイメージとして出てくるというものこそ、姿を変えたＵＦＯ体験の記憶だ、という解釈も論理の上ではできるじゃありませんか」

もちろん、これは冗談だ。

僕とてＵＦＯのアブダクション・ケースが現実的、かつ客観的リアリティを持っていると考えているわけではない。ただ、ＵＦＯアブダクションや天使のビジョンのような、人間の心に強いインパクトを与える、そう、ユングなら「元型的」と呼ぶような体験をしたり顔で「〇〇にすぎない」と還元してしまう態度に、ちょっとだけ反抗したかったということなのである。

ＵＦＯ体験が出産時外傷と深くかかわるかどうかは、精神医学者ならぬ僕には判断できるものではないが、しかし、この出産時の体験が人生のなかで大きな意味を持つと考える医学者は少なくない。

「出産時外傷」という概念を最初に提唱したのはフロイトの弟子であるオットー・ランクだったとされる。そして、「トランスパーソナル心理学」の創立者の一人である、チェコ出身の精神医学者スタニスラフ・グロフ博士もそうだ。

グロフは人間の「変性意識状態」の研究者として特筆すべき立場にある。まだＬＳＤ（幻覚剤）が合法であった１９６０年ごろから、グロフは開発されたばかりのこの向精神性薬物を使い、無意識の領域を探究した。ＬＳＤが非合法化されたのち、グロフは呼吸法を使って、薬物抜きでも変性意識状態に入ることができる技法を開発、これを使って人間の意識状態をさらに深く探求しようとしていった。

そこで出てくるビジョンは、さまざまなレベルのものがあり、いわゆる幼いころの記憶や体験と結びついたものから、深い宗教者の体験と見まがうようなものまでも存在する。そして、そうした深い体験が、セラピー的な効果を持つ場合があることをグロフらは発見したのである。

とくにグロフが注目するのは、「分娩前後（ペリネイタル）の体験」と呼ぶものだった。

どうも多くの人が、ランクが「出産時外傷」と呼ぶような、分娩前後の体験をビジョンのなかで繰り返すらしい。そして、その人が強く体験するようなイメージが、本人の人生観や心の構造の深いところに存在しており、それがさまざまな問題を引き起こしていたり、逆に成長の種子になったりするということもある。

呼吸法を使って変性意識に入り、象徴的に「出産」を経験し直すことによってセラピー的な効果を得ることも、ときには霊的な成長につながることもある、というのがグロフの考え方であったのだ。

そのなかでは、確かにUFOアブダクション的な体験も多く報告されている。

グロフによれば、そのペリネイタルの体験は四つのレベルに分類される。

これがグロフのいう「BPM（Basic Perinatal Matrix／ベーシック・ペリネイタル・マトリックス）」レベル1から4である。

レベル1　羊水のなかの至福
レベル2　子宮口が閉じていて「出口なし」の苦しい状態
レベル3　狭い参道を通っていくような状態
レベル4　一気に母体から解放される体験

世界中の神話やシャーマン的な体験は、BPMの翻案として見ることもできるというのである。

とまあ、ここまでは比較的、受け入れやすい説明であろう。日本においてもトランスパーソナル心理学者としてグロフが紹介されるときにはこのような、大胆ではあるがまっとうな「精神科医」としての顔のほうであった。

しかし、話はここでは終わらない。グロフには、何と「占星術家」としての顔もあるのである。僕がグロフを初めて生で見たのは英国占星術協会での大会で、グロフが基調講演したときのことだったのである。しかも、それはグロフにとって単なる「趣味」ではない。グロフの主要理論であるこのＢＰＭと深く結びついているのである。

いったい、どのような？　この精神医学理論と占星術がいかにして結びつくというのか。その詳細と、その理論に関する僕自身の体験については、次回で詳しくお話ししていくことにしようと思う。

スタニスラフ・グロフ。チェコ出身の精神科医でトランスパーソナル心理学の創始者の一人。一方で占星術への造詣も深い。

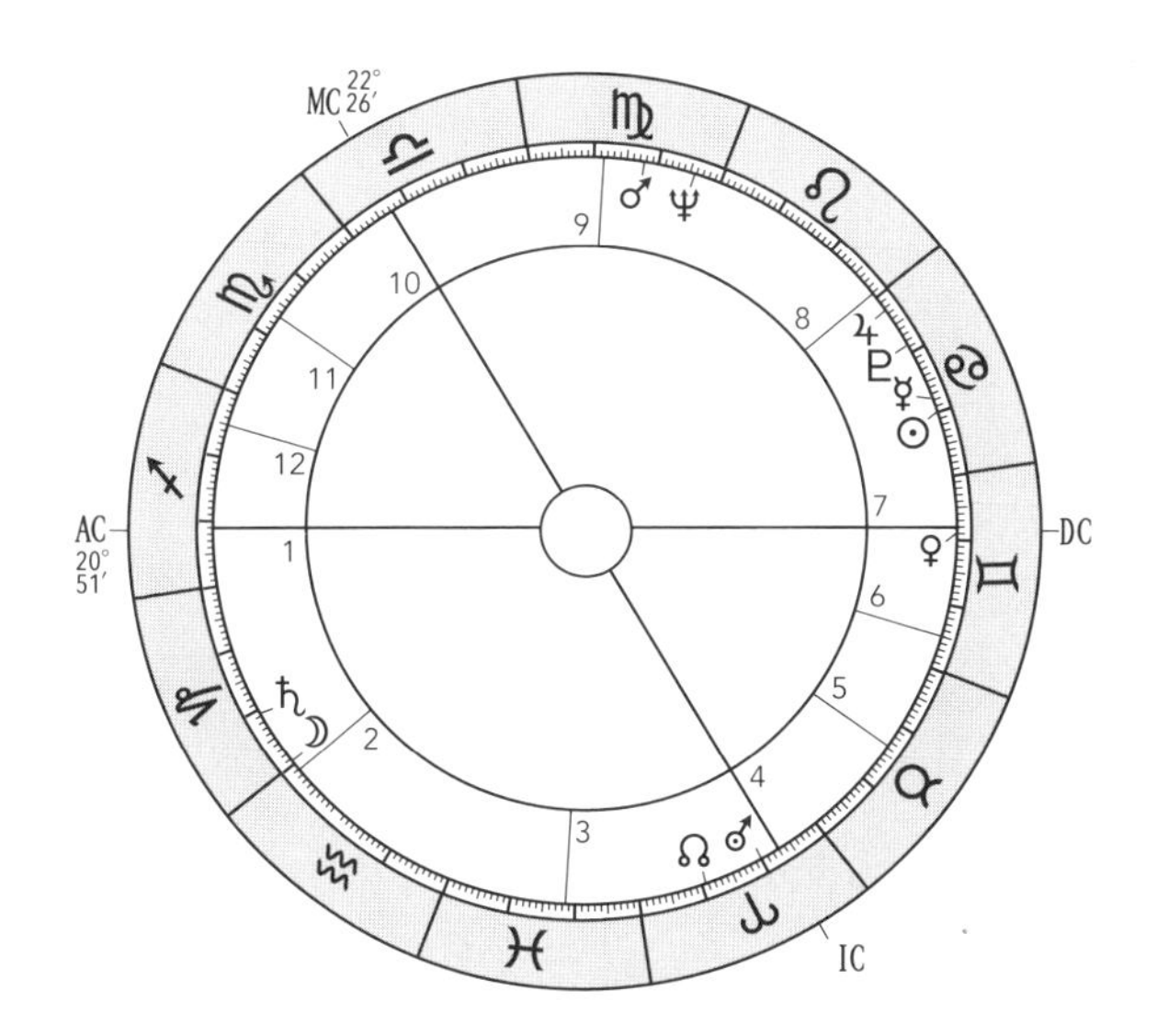

グロフの出生ホロスコープ。蟹座に集合した惑星群が印象的だ。「分娩前後のマトリクス」にさまざまな精神発達の基盤があるという仮説を打ち立てたことと見事に符合する。蟹座は子宮を意味する星座でもあるからだ。

第50話

占星術と精神医学理論 ～後編～

スタニスラフ・グロフ博士。前衛的な精神医学や心理学に少しでも関心を持つなら、知らぬ者とてないビッグネームである。

そう、「トランスパーソナル心理学」という領域を開拓し、人間精神の広大な領域の探索という可能性を開いたチェコ出身の精神医学者だ。

トランスパーソナル心理学では、近代に入ってからは単なる精神異常、あるいは詐欺的な行為だとみなされてきたシャーマンの意識状態を、人間の新しい可能性を示すものとして正当に評価しようとするのが特徴だ。

とくにグロフ博士はまだＬＳＤという強力な向精神薬が合法だった時代に、この薬物を使って、いわゆる通常の精神状態ではない意識レベル……現在では変性意識と呼ばれる……を探究、さらに、ＬＳＤ禁止後は呼吸法を使った変性意識状態への導入技法を開発。そして人間精神の深いところにある共通の神話的モチーフの層があることを確認した、というのである。

これが正しければ、グロフに先立つ、ユングのいう集合的無意識や元型仮説を実証したかたちになるわけだが、グロフはさらにその深層意識での体験の型が、分娩前後の四つのステージに相当するという分類仮説を提唱した。これが「ＢＰＭ（ベーシック・ペリネイタル・マトリックス）」であり、レベル1から4までの段階がある。出産時に人がだれしも体験するプロセスのうち、どの段階が強調されているかがその後の人の人生の物語の原型となる。

それは世界中の神話にも共通している。変性意識が深まると、その体験が浮上し、強力な治療的、霊的体験となる。

と、ここまではトランスパーソナル心理学のどの教科書にも記載されている事項であり、その探究と調査は実に革新的ではあるものの、21世紀の今ではとくに目新しいものではない。

しかし、前回少しご紹介したように、グロフには、いまだ日本ではほとんど知られていないもう一つの顔がある。それは「占星術家」としての顔なのだ。

僕が初めてグロフの講演を聞いたのは、英国占星術協会の年次大会でのことだった。僕にはこれだけでも十分、驚くべきことだったが、その内容にはさらに驚愕（きょうがく）した。

というのは、ＬＳＤのセッションやグロフの開発した呼吸法（ホロトロピック・ブレスワーク）が誘発する変性意識状態において現れるビジョンや体験は、占星術によって極めて正確に予測できる、というのである！

グロフのいうＢＰＭは四つの段階がある。

列挙すると、

（1）大洋感覚。胎児が子宮のなかでたゆたう幸福感のある状態。神話では楽園状態として現れる。一方で否定的に現れると何かに溺れるような、不安定な状態となる。

（2）産道がまだ閉まっているが、陣痛が始まり、子宮内の圧力が高まる状態。「出口なし」という感覚が生まれる。神話では地獄のイメージなどが相当する。

（3）産道を通過する体験。（2）と似ていて、細く苦しい領域におかれるが、その先は開いている。進む道の先には光が見えるが、それを邪魔するものがある。神話では強大な悪魔との遭遇でもある。また強烈な死と再生の体験、フェニックスのような体験としても現れる。

（4）産道からついに出ていく状態。この状況では、突然の解放、啓示が起こるという。

自己変容、自己解放の体験。

どうだろうか。本当はもっと詳細な描写をすべきだが、この基本的な素描を見ただけで、占星術に親しんでいる向きなら、すぐにピンときたことだろう。

そう、これはまさに占星術の外惑星のイメージと見事に合致するのである。

（1）は境界線を溶解させる海の星、海王星。（2）は圧迫感をもたらす土星。（3）は死と再生の冥王星であり、（4）は突然の解放とブレークスルーをもたらすという天王星の象徴的意味そのものではないか。

だが、占星術象徴とBPMの状態が似ているというだけなら、理解は難しくない。しかし、グロフがいうには、実際のこのような惑星の運行と、変性意識が起こるタイミングが見事に合致する、というのである！

たとえば「アルカイ」という2009年に発行され始めた学術誌を見てみよう。これはグロフに占星術を伝えたR・タルナスを祖として、この種の占星術を引き継いでいる研究者たちが創刊したジャーナルだ。その2012年の第4号にはグロフ自身が書いた症例が掲載されている。

それによれば、1960年代に、当時30歳手前であった独身女性（仮名フローラ）がLSD

セッションで、あたかも悪魔憑きのような人格変容を示したことが記されている。このフローラは、あらゆる薬物療法や通常のセラピーでも癒すことができなかった重度の症状の持ち主で、犯罪歴も自殺衝動も持っていた。しかし、このセッションで内なる「悪魔」を表出したことで、それまでの重篤な症状が消えてしまったというのだ。

この悪魔はＢＰＭ（３）に相当するが、このとき、まさに天を運行中の冥王星が、フローラの出生時の惑星集合を強烈に刺激していたのだった。

僕は、薬物経験はもちろんないが、呼吸法をワークショップで試したことはある。そのときには、宇宙船が光のチューブのなかをゆったりと飛行するのをビジョンのなかで「見た」。これはＢＰＭ（１）に相当するものだろう。そしてそのとき、天の海王星は僕の出生時の地平線を通過していたのだ。

これは偶然なのだろうか。それとも人間の「意識」は天体と通底する基盤を持っているのだろうか。

占星術と人間意識の関係の謎への探求は今、始まったばかりである。

変性意識状態で体験されるビジョンの例。これは「大洋感覚」を引き起こすBPM1に相当する。詳しくはグロフの『脳を超えて』（吉福伸逸・菅靖彦・星川淳訳、春秋社）などを参照。占星術では海王星の元型に対応する。

精神科医グロフの強い影響を受けて創刊された学術的占星術ジャーナル、『アルカイ』。

BPM1

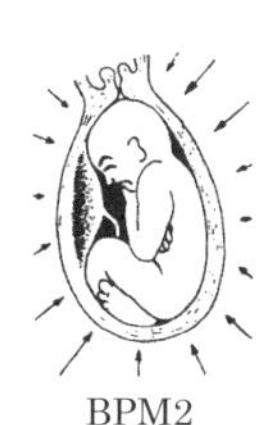

BPM2

BPM3

BPM4

胎児の状態とBPM段階。

第51話

魂と星の心理学者ジェイムズ・ヒルマン

英国を代表する占星術の教師の一人、シュー・トンプキンス女史は、占星術授業のなかでこういっているという。

「占星術家なら、すべからく、ジェイムズ・ヒルマンの『魂のコード』を読むべきだ」

『魂のコード（The Soul's Code）』は、1996年にアメリカで出版されるやいなや、人気テレビ番組「オプラ・ウインフリー・ショウ」でとりあげられたことも追い風となり、「ニューヨークタイムズ」の全米ベストセラー1位に躍り出た大ヒット本である。手前味噌になるが、日本語版は1998年に僕が訳すという幸運に浴することができた（河出書房新社）。

ただし、この本は占星術の本ではない。

そもそも、ジェイムズ・ヒルマンは心理学者、思想家であって占星術家ではないのだ。

では、ジェイムズ・ヒルマンとは何者か。

その活躍は多岐にわたるが、辞書的にいえば「ユング派の心理学者。元型的心理学という独自の心理学の創始者」となるだろう。

ヒルマンはスイス・チューリッヒのユング研究所で学習主任を10年にわたって務め、ユング本人が没したのちのユング派を牽引した人物でもある。日本にユング心理学を紹介した河合隼雄氏や樋口和彦氏とも親しく、何度も来日している。また世界中の知性が集ったエラノス会議でも中心的な役割を果たし、文字通り、20世紀を代表する知性の一人といっても過言ではない。

しかし、ヒルマンをオーソドックスな「心理学者」として、あるいはユング派の分析家として紹介するのもためらわれる。というのも、ヒルマンは自分自身が属しているはずの心理学をたびたび批判して、そのたびに論争を巻き起こし、果ては「心理学者自身がナルシズムの病にかかっている」として、心理療法の実践から足を洗ってしまったという経歴の持ち主でもある。いわば、ヒルマンは心理学の「天才的問題児」でもあったのだ。

『魂のコード』もそんなヒルマンの姿勢がよく表れた本である。この本には、古今の偉人たちの伝記的エピソードがちりばめられている。とはいえ、偉人たちの心理や才能をその生い立ちから「分析」するものではない。話はまったく逆だ。

ヒルマンは、現代の心理学や医学の視点が、人間を「遺伝子と環境から組み立てられるプラモデル」のようにしてしまっていると痛烈に批判する。そして「1000人の教育パパがいたとしても、たったひとりのモーツァルトを作ることもできなかったはずだ」と言い放つのである。

ヒルマンがここで召喚するのは、古代の哲学者プラトンである。プラトンの『国家』には、エルの神話という物語が挿入されている。今風にいえば、これは臨死体験談だが、英雄エルはいまわの際で人間の魂がどのようにしてこの世に降誕するのかを幻視する。

それによると、人間は運命の女神のひざ元で、自分自身の運命を「くじ」として引き当ててこの世に生まれてくる。ただ、人は肉体をまとったときに、それを忘れているだけである、というのだ。この神話的視点で偉人たちの伝記を読み返せばどうなるか。

たとえば、天才バイオリニスト、ユーディ・メニューインの場合。メニューインは幼いころ、バイオリンが欲しいとねだった。親は子供向きのバイオリンを買い与えた。しかし、メニューインは「自分が欲しいのはこれじゃない！」と投げ捨てた。そう、彼は知っていたのだ。自分の才能が「子供向き」のものではないということを。

また、天才闘牛士のマノレーテ・マヌエル・ロドリゲス・サンチェスは、幼いころ、母親のエプロンの下にもぐりこんでいた。そしてエプロンの紐をつかんで動きまわっていた。ひょっとしたら未来の天才闘牛士の魂は、子どものころからエプロンを代わりにして、闘牛のマントをもう翻していたのではないか……。氏にも育ちにも還元不可能な、運命の種子が人間には最初から具わっている、というのがヒルマンの視座なのだ。

これはまさに占星術の世界観そのものだ。

古代の占星術では、人間の魂は星の世界からやってくる。魂が太陽系を通過するとき、それぞれの惑星から、才能や運命を当てられていく。だからこそ、出生ホロスコープにはその人固有の運命が表れる、というのである。

もちろん、ヒルマンは単純なオカルト主義者ではない。文字通り、占星術や転生を「信じ」てはいない。

しかし、科学的になろうとするあまりに、人間を機械のように扱う心理学に警鐘を鳴らし、イマジネーションの重要性を説いているのである。

しかし、だからといって占星術を「否定」もしない。ヒルマンは自身のホロスコープについて、著書『戦争への恐るべき愛（原題：A Terrible Love of War）』のなかで言及し、自分が「火星の子供である」としている。ヒルマンが人生のなかで激しい論争を呼び起こしてきたのは、まさにその通りである。

また、最新の伝記によれば、ヒルマンは自身のホロスコープがあまりに正確に自分自身を描写していて驚いた、と妻に書簡で書き送っているし、第一子ジュリアが誕生したときには、自らストップウォッチを持って正確な出生時刻を記録している。そう、娘のホロスコープを計算するためである。ヒルマンは星のイマジネーションを深く愛し、感じていたのである。

ヒルマンは、２０１１年に惜しまれつつ星の世界へ帰還した。だが、その魂は消えてはいない。豊かなイマジネーションの営みとして心理学と占星術を再生しようとした試みは、多くの占星術家や心理学者に引き継がれている。

　つけ加えるなら、ヒルマンのご子息であるローレンス・ヒルマン氏は、れっきとした占星術家として活躍中だ。

　魂と星の心理学者ジェイムズ・ヒルマンの真価が評価されるのは、きっとこれからなのだろう。

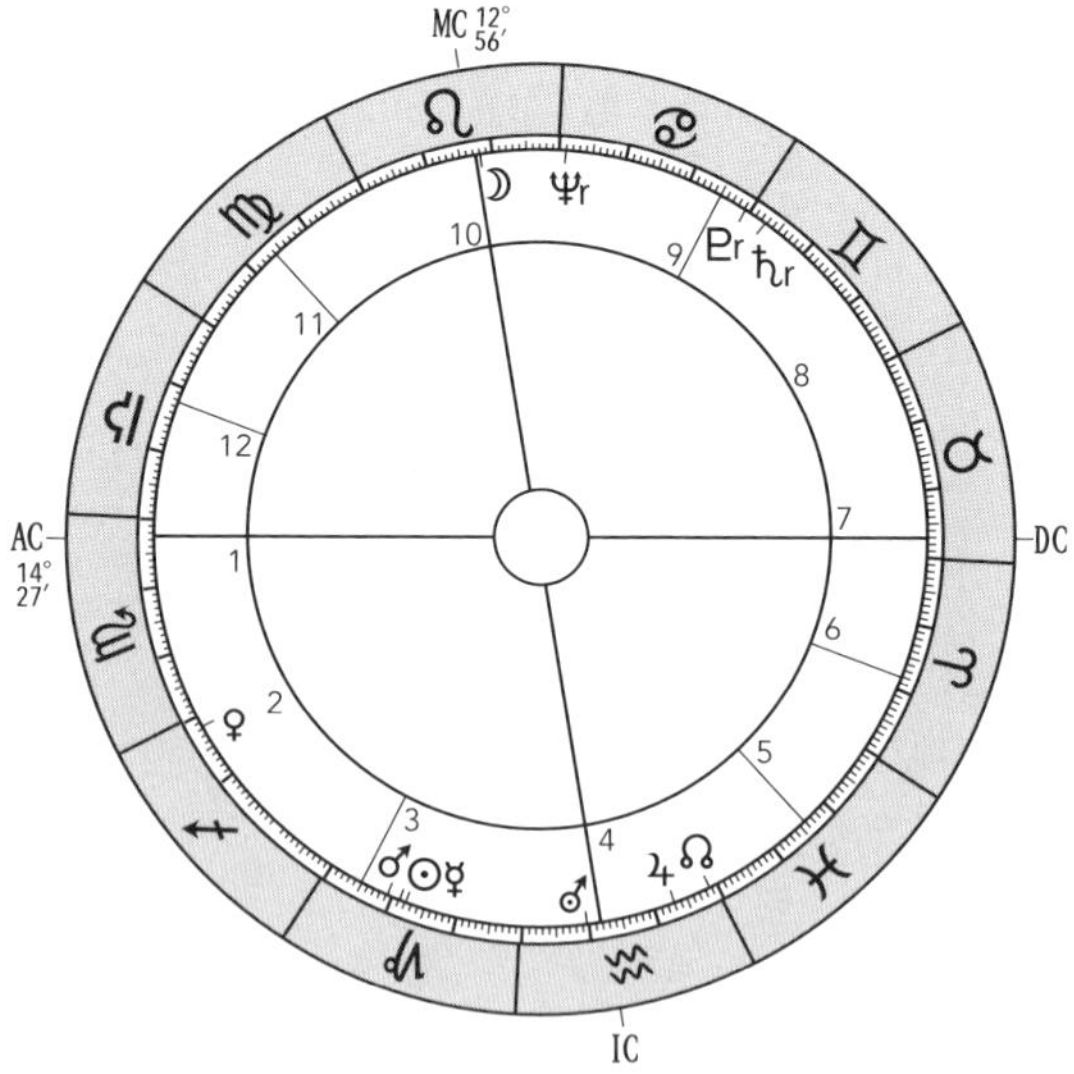

MC 12° 56′
AC 14° 27′
DC
IC
1 2 3 4 5 6 7 8 9 10 11 12

フォン・フランツのホロスコープ。

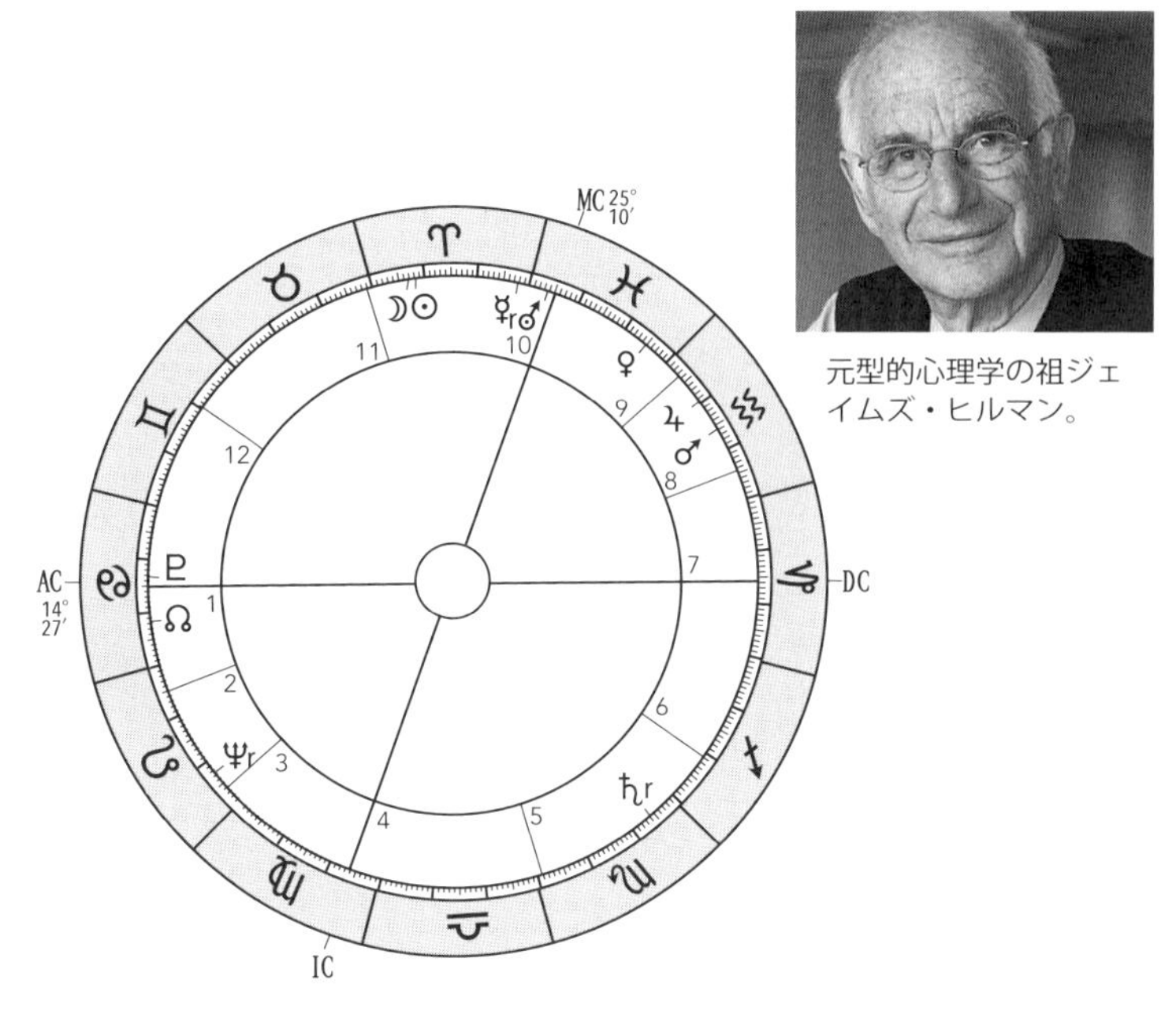

元型的心理学の祖ジェイムズ・ヒルマン。

ヒルマンのホロスコープ。出生時刻については諸説ある。これは占星術家リック・タルナスがヒルマンから聞いたという出生記録によるもの。以前から知られていたチャートではアセンダントが双子座であり、ヒルマンの元型的基盤であるプエル（永遠の少年）にふさわしいものにみえる。一方で蟹座のアセンダントも永遠の少年の背後には強力な母像があるという心理学的解釈に合致する。このように双方のチャートが有効であるというのも占星術実践ではしばしばあり、そこが興味深い。ちなみにユングの高弟子フォン・フランツは『永遠の少年』で星の王子さまに代表される永遠の少年像の心理的問題を鋭く指摘、ヒルマンは永遠の少年の肯定的な側面を強調し、鋭い対照をなしているがフランツの土星（老賢者）はヒルマンの双子座の場合のアセンダントにぴたりと乗る。蟹座アセンダントの場合にはフランツの太陽はヒルマンのディセンダントに合。ここでもはっきりとした占星術的符合を見ることができる。牡羊座の新月はいずれの時刻でも変わらないが、これは生涯で常に論争を引き起こし、自ら「火星の子供」であるといったヒルマンの姿を見ることができる。（牡羊座の支配星は火星）なお、ヒルマンが主幹となった出版社スプリング社のロゴは２匹の牡羊であるが、これはもしかしたら牡羊座のなかの太陽と月を暗に示そうとしたものかもしれない。

第52話

グラストンベリー・ゾディアック

英国の神秘に憧れ、毎年のようにイギリスを訪ねるようになってからもう20数年が過ぎた。今では年に三度くらいはイギリスを訪ねないと、一種の「ホームシック」になるくらいだ。

イギリス好きが高じて、旅行会社Tトラベルの企画で、みなさんをイギリスにご案内するツアーも、２０１３年時点で6回目を数えようとしている。

ツアーは毎回、コースを変え、ときにはイギリス最西のコーンウォールを訪ねたり、アイルランドまで足を延ばすこともあったが、毎年、必ず訪ねているのがグラストンベリー。イギリス最大のパワースポットと呼び声の高いところである。

音楽好きな方であれば、日本のフジロックフェスティバルのモデルにもなった、伝統ある屋外フェスの町としてご存じかもしれないが、ミステリー好きにとってはグラストンベリーこそ、英国でももっとも、いな、地球上でも重要な聖地の一つであるという認識をお持ちのはずだ。

今では、多くのオカルティストや作家、芸術家たちが住まう一種のコミュニティとなっている。グラストンベリーはドルイドの巡礼地であったとか、英国最初のキリスト教が布教された地であったとか、のちに述べるように聖杯の安置所であったとか、数えきれないほどの神秘的、かつマジカルな伝承がある。

なかでも占星術家としてとくに興味深いのは、この地そのものが、占星術の12宮の地形をしている、という説である。名づけて、「グラストンベリー・ゾディアック」という。

このグラストンベリーの12宮を「発見」したのは、キャサリン・モルトウッドという英国人女性であった。その「発見」は第一次世界大戦中の1917年ごろであり、彼女がその存在を世に問うたのは、1935年であった。

モルトウッドは、画家にして彫刻家であったが、神秘に深く関心を持ち、神智学の本などに親しんでいた。

彼女が何よりも関心を寄せていたのは、伝説の王アーサーとその騎士たちの物語であり、この物語には、単なる騎士ロマンスである以上の「真理」があると直観していた。とりわけ、S・エヴァンス訳の、中世の書物『聖杯の正史（The High History of the Grail）』はモルトウッドに大きな天啓を与えた。この物語には獅子が登場し、騎士に退治されるが、再び登場する。あたかも、永遠に繰り返される天体の運行のように。そして、この物語の舞台が、グラストンベリーのあるサマセット州である、という直観も得たのであった。

この直観が降りたときのことを、モルトウッドは「決して忘れないだろう」とのちに述懐している。

モルトウッドはサマセットの地図を広げたが、そこに描かれていたキャリー川の曲線が、鮮やかに獅子のシルエットを浮かび上がらせたのである。

「これは伝説のライオンであり、獅子座であり、古代の太陽崇拝者の神のかたちではないか」

また、同時に騎士物語に登場する巨人の姿も、この地形のなかに隠されていた。

そう、アーサー王の物語はこの地形の物語でもあり、騎士たちが集う円卓とはグラストンベリーそのものであったのだ。

そして、さらに地図を詳細に見ていくと、自然の地形や古くからの道などが絡み合って、占星術で用いる12星座のかたちを形成している姿が浮かび上がってきた。

モルトウッドは、これを「星の神殿（スターテンプル）」と呼ぶようになった。モルトウッド自身は、この地上の黄道12宮（ゾディアック）は、５０００年前のシュメール人によって造成されたと考えていた。

ただ、モルトウッドが残した地図に表れた12星座は、すべてがすべて、わかりやすいというわけではない。最初に浮かび上がった獅子座などはわかりやすいが、双子座は巨人であり、「二人の人間」とは似つかない。

また、蟹座は英雄たちを運ぶ船としてイメージされているようで、これもまた、一般的な星座のイメージとは異なっている。

重要なシンボルは、水瓶座である。水瓶座は、翼を広げたフェニックスとしてイメージされており、そのくちばしは「聖杯の泉（チャリス・ウェル）」の場所に当たる。

先にも述べたがグラストンベリーは、伝説の上では、イエス・キリストの血を受けたという聖杯が安置された地であるとされ、そこから聖なる水が湧き出しているという。それは「聖杯の泉（チャリス・ウェル）」であり、実際、ここから湧く水は、口に含むと血のような味がする。実際には水に含まれる鉄分のせいであるのだが、この水は聖水として名高く、世界中から巡礼の人々を集めている。

グラストンベリーに惹（ひ）かれる人のなかには、来るべき水瓶座時代のために、この水はこの世界を浄化していると考える向きもある。

もし、この説が本当なら、グラストンベリーは大きな宇宙を地球の一角に表現した、まぎれもない聖地だということになるだろう。

残念ながら、このモルトウッドの説をそのまま受け取る学者は少ない。モルトウッドの星座図は、やはりかなり恣意（しい）的なものであるといわざるを得ないし、また、星座の輪郭を形作るという道路のなかには近代に入ってからできたものもあり、この星座図が古代にさかのぼるという説とは矛盾する。

とはいえ、大地の上に星空が存在するという考えは、「上なるものは下なるものに等しい」という、神秘学の基本概念を正確に表現している。そして、この地を星座に見立てて巡礼者が絶えず訪れること自体が、一種の壮大な儀式となり、星の神殿が歴史のなかで、イメージの上で「構築」されているとはいえないだろうか。

伝説は、虚構だからというだけではその力を失わないのだ。聖地とは自然と人の心が織り成す一種の交点(ハブ)なのである。

グラストンベリー・ゾディアック。

第53話

エレメントに見る創造性のイメージ ～前編～

占星術を学んでいてつくづく面白いのは、ホロスコープがその人物の性格や運命ばかりではなく、創造物や作品までも表象しているケースに出会うことだ。

心理学的な占星術の基本思想は、ホロスコープはその人物の人生の具体的な出来事というよりも、内的な心の状況を表すというテーゼである。そして、ある人物の創作物が本人の内的なものの表現であるとするなら……つまり、作家なら小説が、画家なら絵が、本人のホロスコープと照応しあっていることになるだろう。

実際、そのような例はいくらでも見出すことができる。

才能のことを英語でしばしば「ギフト」というが、これは文字通り、「贈り物」である。いうなれば、創造的才能は、星からのアーティストへの、そしてまたそれを享受することができるギフトなのかもしれない。

驚くような符号を見せる例は枚挙にいとまがないが、ここでは代表的なものを見ていこう。取り上げたいのは、占星術の基本である四元素（エレメント）のバランスと巨匠の画家たちの作風の比較だ。

占星術を少しご存じの方なら、出生ホロスコープには星座とともに10の主要な天体が書き込まれていることはいうまでもないだろう。12の星座は、古代ギリシアに端を発する四つの元素に分類される。つまり、火地風水の4グループである。いわゆる誕生星座は、そのうちの太陽が入っている星座にすぎない。全部で10ある天体のうち、どのような配分で天体がどのグループに入っているかによって、その人物の「タイプ」が判別されると現代占星術では考える。これはホロスコープリーディングの基本中の基本といえるテクニックだ。

それぞれのエレメントは非常に深い象徴的意義を持っているが、ごく簡単にその概要をまとめると、以下の通り。

火　高次の精神。直観。未来を志向し、いま、ここを乗り越えようとする。
地　身体性。五感。現在を志向し、いま、ここにあるものを感受しようとする。
風　知性。物事を客観的に見つめ、対象と距離を取ろうとする。高度な抽象性と論理。
水　情緒と感情。対象を共感的に見つめ、相手との距離を無化しようとしていく。

丸暗記しようとすると厄介かもしれないが、占星術は象徴言語であることを思い出そう。キーワードよりも、自然界の元素である火・地・風・水から喚起されるイメージを思い浮かべればすぐに理解できるはずだ。

さて、では、３１１ページを見ていただきたい。

これはよく知られたオランダ出身の画家Ｍ・Ｃ・エッシャーの絵である。

視覚的イリュージョンとして知られるエッシャーの作品群は、一種のだまし絵であるのだ。この絵は、絵に描かれた手が筆を執り、もう一つの手を紙の上に描き出している。その絵であるはずの手が、不思議なことに途中から立体的に立ち上がり、もう一方の手を描き出しているのである。

この一種のらせん運動、矛盾に満ちた絵は、緻密な計算によって描き出されているのがわかるだろう。この絵の面白さは、写実性でも情感でも高い理想でもなく、純粋に論理的なパラドクスを視覚的に見せつけることにある。

さて、ここであなたに問題を出したい。このだまし絵の画家、エッシャーのホロスコープでは、先に挙げた四つのエレメントのうちでどれが強調されているだろう。推測してみてほしい。

ヒントを出すまでもないだろう。

この絵は情感（水）や現実描写（地）でも、理想の描写（火）でもなく、知覚のトリックを主題としている。それは緻密な計算に基づくものである。

エッシャーの伝記などによれば、エッシャーは、スペインはアルハンブラ宮殿のモザイク模様を見て感銘を受け、以来、繰り返しを多用するモノクロの独自の幾何学的表現を編み出すことになる。この技法は、同時代のどの画家にも見られない極めて独創的なものである。

となれば、すぐさまこの絵は、風のエレメントを使って描かれたものであることがわかるはずだ。

311ページの下部にあるのはエッシャーの出生ホロスコープである。

一見して、ホロスコープのなかに描きこまれた天体が1か所に固まっていることがわかる。このような星の集合を占星術では専門用語で「ステリウム」と呼ぶ。この場合、双子座のわずか30度内の範囲に月、水星、冥王星、海王星、太陽という、通常ホロスコープのなかに書き込まれる天体のうち、実に半分までもが集中しているのである。これはかなり特殊なホロスコープのパターンだといっていい。双子座はもちろん、風の星座。さらに木星までも風の星座である天秤座にはいっていて、「超・風のエレメント強調」のチャートとなっているのである。

さらに、やや細かいことになるが占星術では星座と人体は対応しているのだが、双子座の人体部位は「手」であること、そして双子座の守護星は水星であり、神話ではヘルメス、つまり、メッセンジャーであると同時に、トリックとだましの神であることも蛇足ながらつけ加えておこう。

もちろん、このような符合を見せるのは風のエレメントだけではない。

ほかにも、歴史をたどればさまざまな例を見ることができる。

次回も続けて、エレメントに見る創造性のイメージをご紹介していくことにしよう。

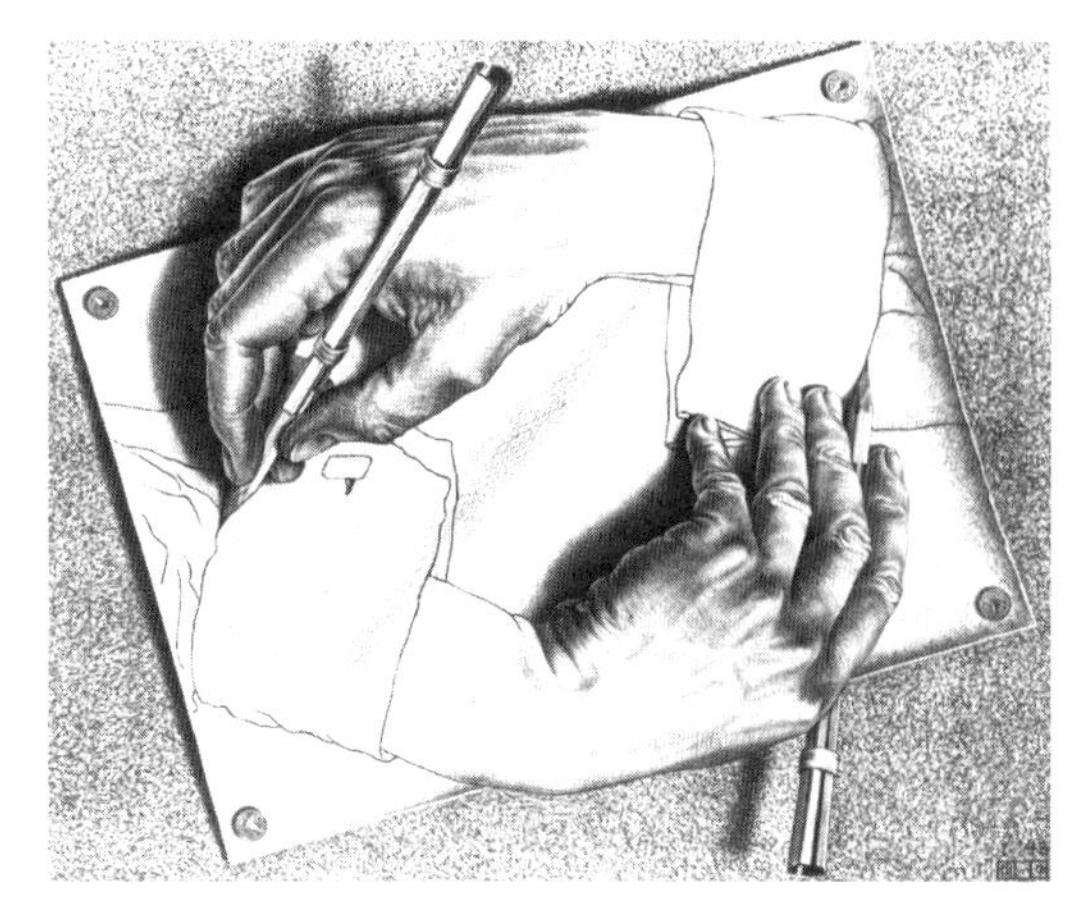

エッシャーの作品。風の星座の異常なまでの強調を示すような論理とパラドクスが見てとれる。また人体で手は双子座が象徴する。

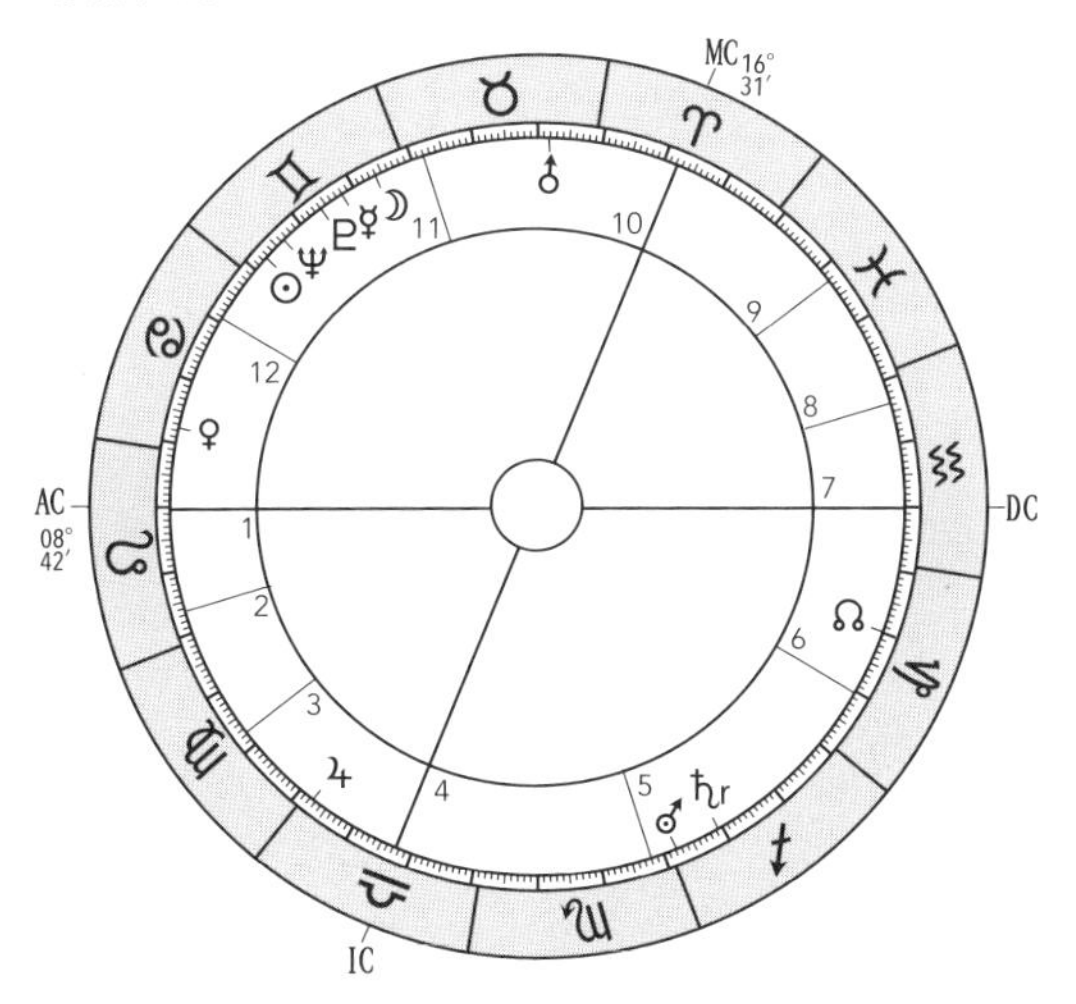

エッシャーのホロスコープ。

エレメントに見る創造性のイメージ ～後編～

　ホロスコープは星からのギフトを表している。ここでいう「ギフト」とは、まさに運命という贈り物であり、同時に才能（ギフト）ということでもある。

　芸術家と呼ばれる人々のホロスコープを見ていると、その人生ばかりではなく、作品のなかに表現される個性や作風までもが、チャートのなかによく表れていることに驚かされることしばしば、なのだ。

　前回に続いて、芸術家のホロスコープとその作風の比較を試みたいのだが、今回、基礎にしたのは、占星術の基本要素である四大元素である。

　よく知られているように、古代ギリシア以来、伝統的哲学ではこの世界は、火・地・風・水の四つの元素の組み合わせでできていると考えられてきた。近代科学から見ればこれはむろん誤りではあるが、しかし、象徴的、心理学的な観点からすれば、ここには大きな妥当性がある。

心理学者ユングが示唆したように、人間の心の働きには、直観・感覚・思考・感情の四つの機能があるが、この意識のモードそのものが四つのエレメントに対応するのである。これはフランスの著名な哲学詩人ガストン・バシュラールなどが、イマジネーションの基本素材として、この元素を取り上げたことを見ても納得できるのではないか。

前回、ホロスコープのなかで極端に風のエレメントが強調された例として、エッシャーを取り上げた。エッシャーはだまし絵の手法で知られるが、これは緻密な計算によって生み出される、「思考」（風）の典型的な創造物であるといえよう。その絵のなかには、情緒性などはまったく感じられないのが特徴的で、人間の通常の感覚を欺く論理の面白さを味わわせるものだといえる。

では、ほかのエレメントの例ではどうだろう。たとえば、３１６ページにあるチャート。射手座にある太陽、木星、冥王星、獅子座にある海王星と火星。10個の主要天体のうち、半数が火の星座に集合していることが見てとれるだろう。

火のエレメントは、この世にはない、目には見えぬ世界を照らし出す強烈なビジョンを示すものである。このホロスコープの持ち主が、大変な幻視家であることがうかがえる。

このホロスコープの持ち主の名前をきけば、あなたはうならざるを得ないはずだ。

その人物とはイギリスの幻視詩人ウイリアム・ブレイク。銅版画と詩とによって、霊的な世界を描き続けた芸術家である。その影響力は、はかりしれない。まさにブレイクの作風は火のエレメントを表現したものだといえるだろう。

一方で、317ページのチャートはどうであろうか。牡牛座に火星、金星、水星、山羊座の月。ここでは地のエレメントが強調されている。

このホロスコープの持ち主は、ギュスターヴ・クールベ、写実主義で知られる芸術家である。地のエレメントは、心理学的には「感覚」を象徴するものである。これは視覚、聴覚、嗅覚、といった身体の五感の能力をフルに使って、この世界をありのままにとらえていこうとする心の働きを象徴している。写実主義という、ありのままの対象を描こうとする表現方法は、地のエレメントにまさにぴったりではないだろうか。

最後に残ったのは水のエレメントである。水が強調されているアーティストのホロスコープとしてまっさきに思い起こすのは、印象派の画家、ピエール＝オーギュスト・ルノアールである。日本人にもとりわけ人気のあるルノアールの作風は、やさしい色使いとタッチで知られる。

318ページにあるホロスコープを見ると、水の星座である魚座に太陽、天王星、水星。エレメントの偏りは先に挙げた人ほどのものではないが、東の地平線、ホロスコープのなかでもっとも敏感なポイントに、水の象意を強く持つ海王星が上昇していることを加味すると、水が強調されているのは明らかなのである。

このような芸術家とその作風、ホロスコープの間に関連性があることは、フランスの伝説的占星術家アンドレ・バルボーの著書においても記されている。

あの心理学者ユングと交流のあった占星術家バルボーの著書がこのたび、初めて英訳され手に届きやすくなったのだが、そのなかに「気質の薔薇コンパス」という図が出てくる（319ページ参照）。これはバルボーの考える、芸術家たちの気質をエレメントと対応させ、円形の図表にしたものである。

僕の観点とは違うものなので、クールベは風のエレメントに対応しているが、これはアセンダントの水星に注目した結果であろう。水星は、風のエレメントに対応する天体である。バルボーは、単純にエレメントの偏りではなく、アセンダントやホロスコープの軸に近い天体を重視しているが、これは統計によってホロスコープとパーソナリティの間に関係があると証明しようとしたミシェル・ゴーグランの説に従っているのである。

もちろん、ホロスコープと芸術家の作品のイメージの対応は、絵画にとどまらない。文学、音楽なども深い関連を見ることもできる。そして、そうした「イメージ」を重視することは、占星術の教科書に掲載されている星の意味の「キーワード」を丸暗記するよりもずっと深く、そして生き生きとホロスコープを学習する近道となる。

もし、あなたが占星術を学ぼうとするなら、ぜひ、アートにも関心を持っていただきたいと思うのである。

ブレイクの作品。

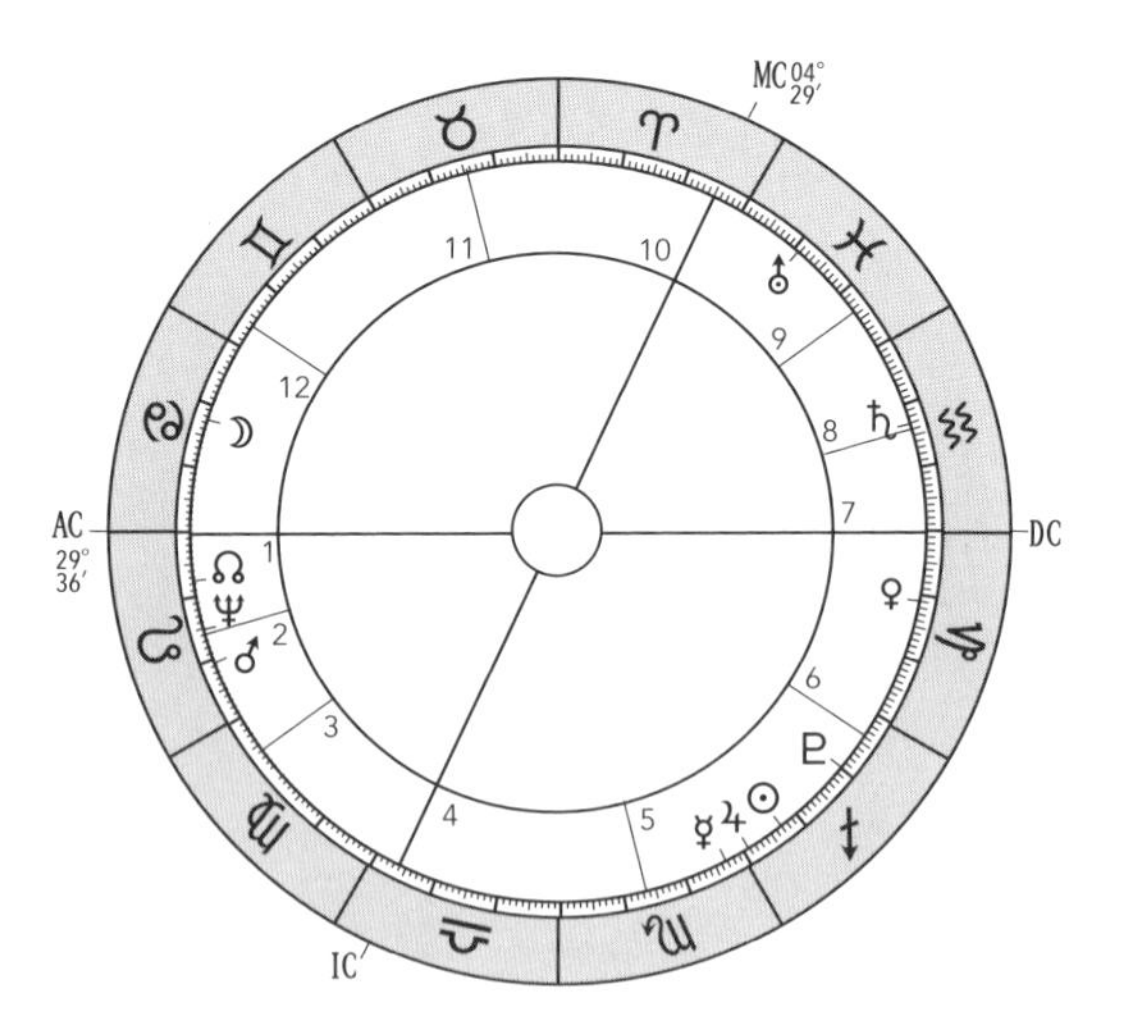

ウイリアム・ブレイクのホロスコープ。
火の星座が強調されている。

クールベの作品。

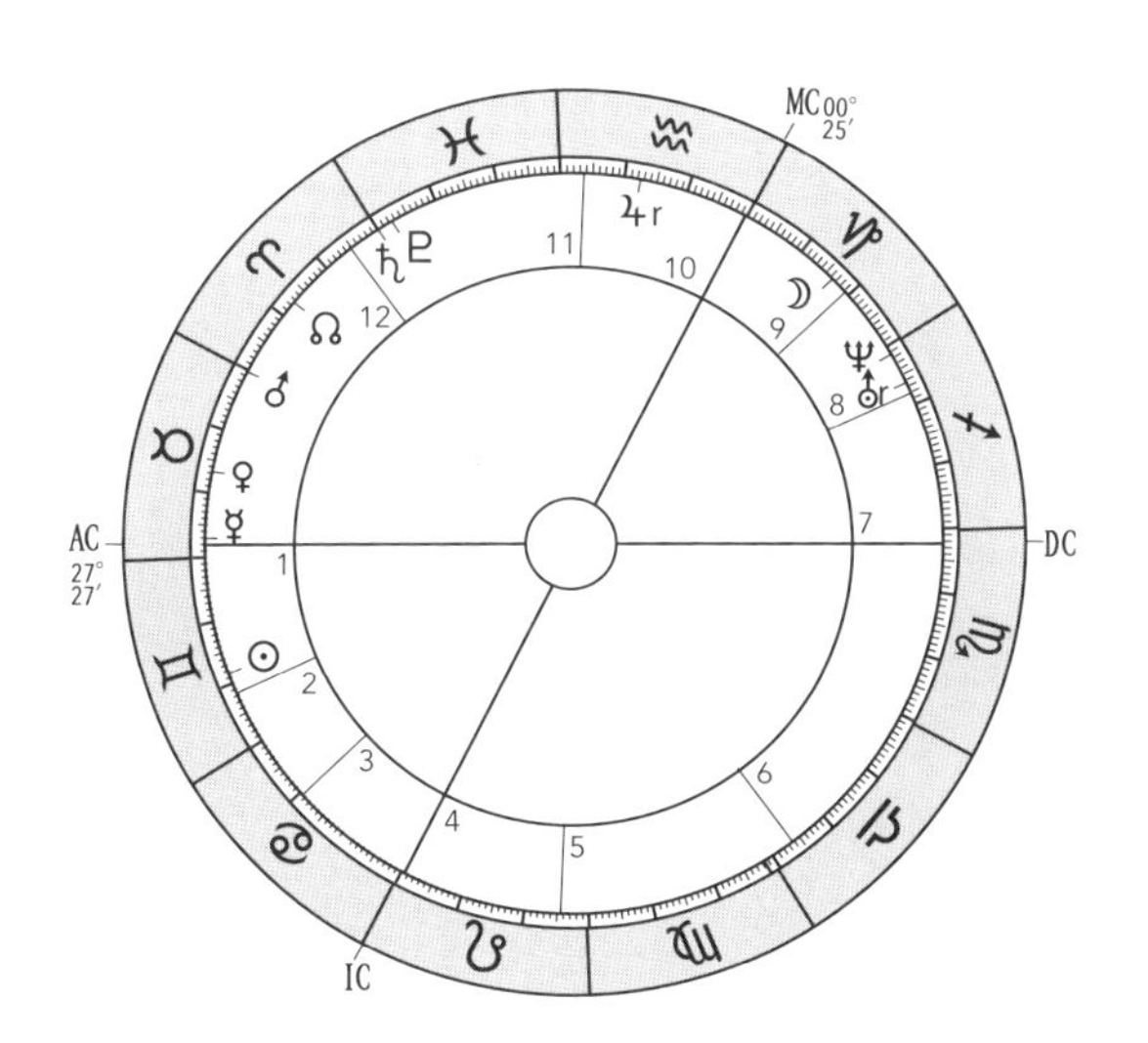

写実主義の画家ギュスターヴ・クールベのホロスコープ。地のエレメントの強調が見てとれる。

ルノアールの作品。

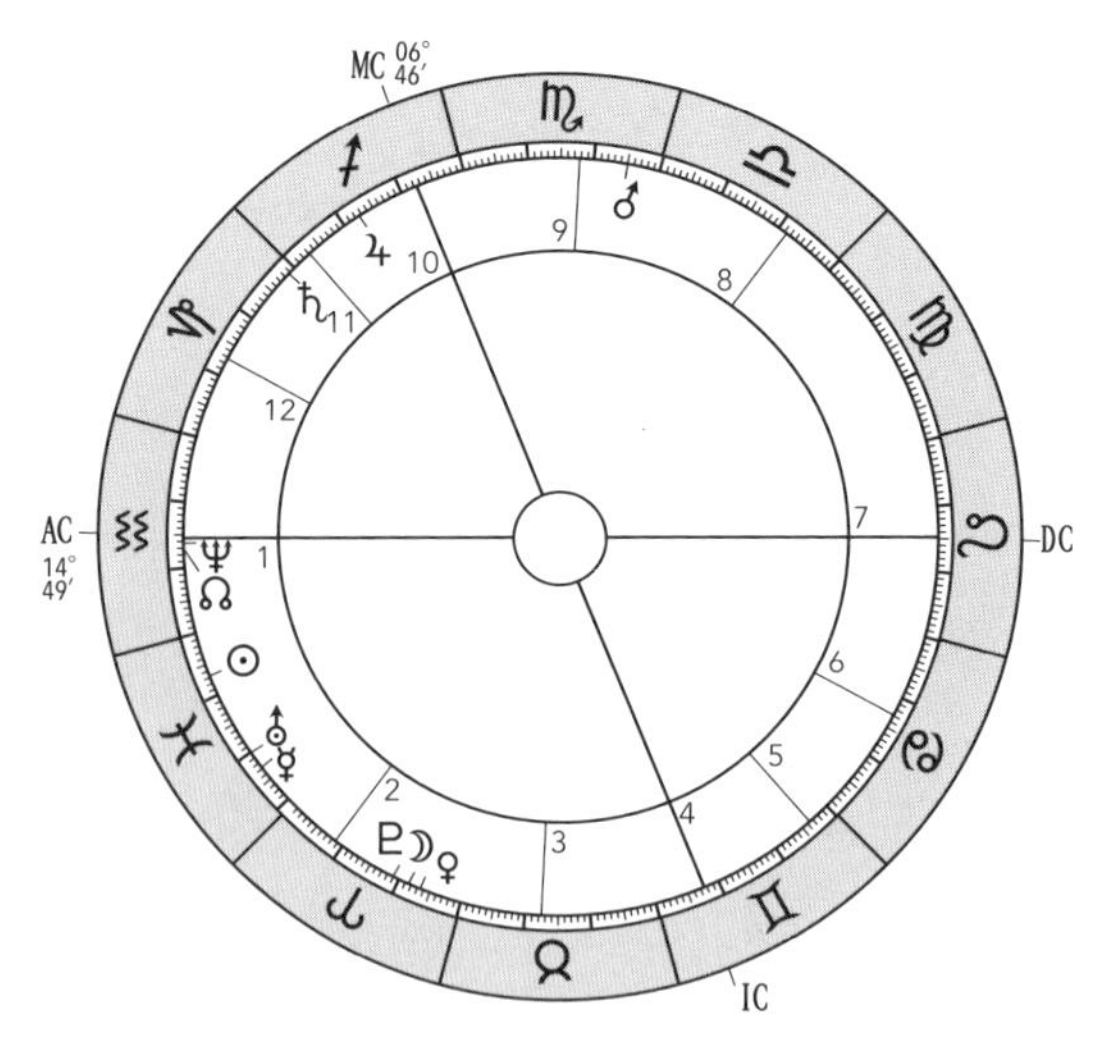

印象派の画家ピエール＝オーギュスト・ルノアールのホロスコープ。海王星上昇など水の星座の強調が目立つ。

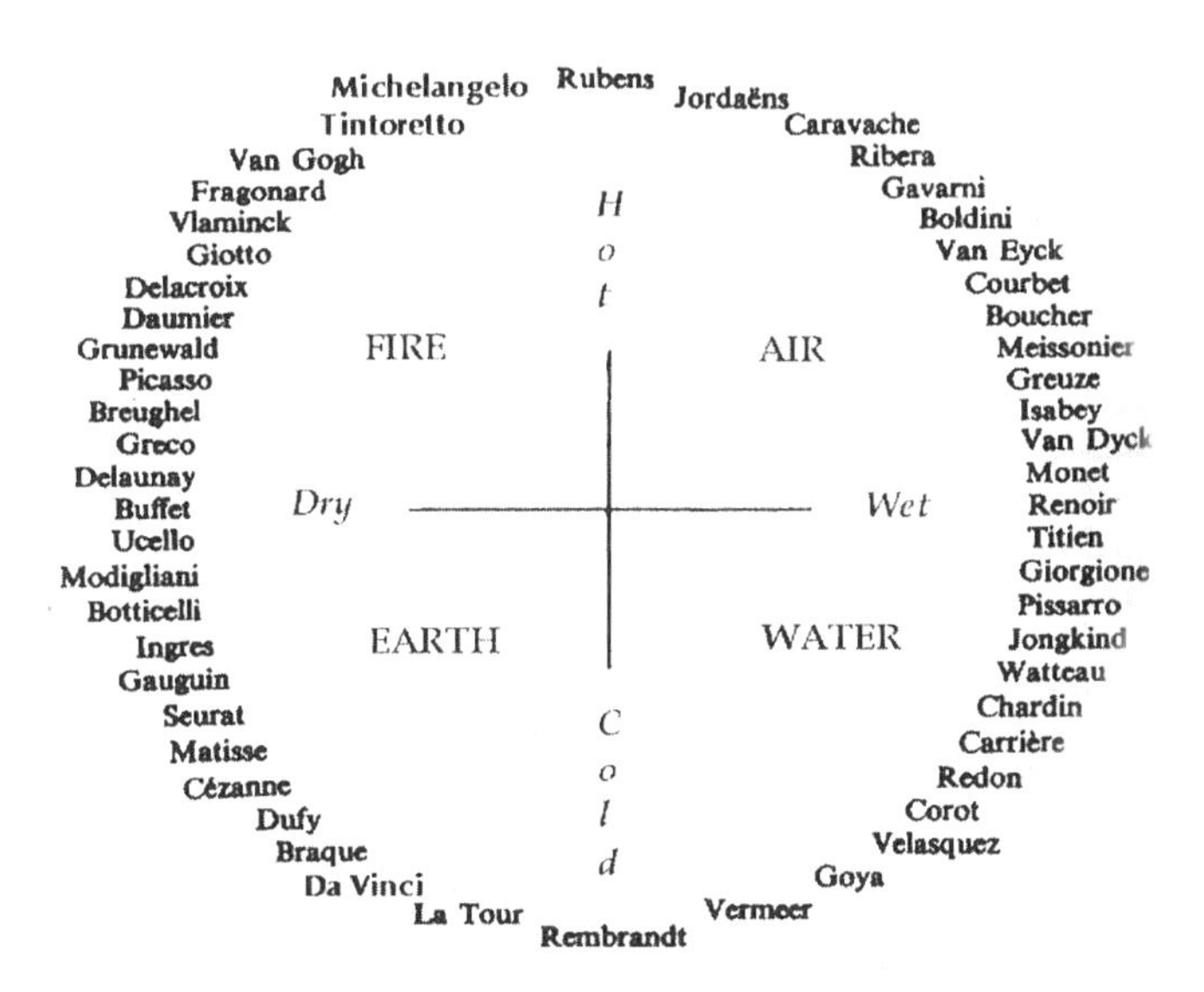

バルボーが考案した「気質の薔薇コンパス」Andre Barbault Trans, by Kate Johnston "The Value of Astrology"（The Astrological Association , 2014）

第55話

惑星記号の秘教的意味 ～前編～

占星術や魔術を魅惑的にしている一つの大きな要素が、その謎めいた記号象徴群にあることはだれもが認めるだろう。

あなたが占星術家を訪ねたとする。占星術家はあなたの出生データをもとに、ホロスコープを作成する。そのチャートの上には、素人目には解読不能な、神秘的な記号が並んでいる。たとえば、☉、♉、♃などなど……その象形文字を読み解くことができることが、占星術家の権威的なムードを高めるのに一役を買っていることは否めない。また、近代魔術の世界では、惑星記号自体が一種の魔術的護符としての力を持つとも考えられている。惑星記号を強力に観想することで、その惑星の力を召喚できるというのだ。

実際、魔力とまではいかずとも、占星術家なら惑星記号に得も言われぬときめきを感じてしまうのはだれしも同じであろう。

このような占星術記号は、いつ、どのようにして生まれてきたのだろうか。

歴史を振り返ると、現在のような惑星記号がそろって現れるようになるのは、ルネサンス時代のころからと思われる。現在では円形のホロスコープが主流で、19世紀ごろまでは正方形のホロスコープが主流ではあったが、16世紀に描かれたチャートの惑星記号を読み取るのに、現代の占星術家は何の苦労もしないはずだ。

しかし、惑星記号が以前からそうだったかといえば、そうではない。

ギリシアの最初期のホロスコープでは、惑星記号は用いられず言葉で（ギリシア語の単語で）表示されていた。

オットー・ノイゲバウアーなど天文学史の権威によれば、惑星のなかでもっとも初期に記号化されたのは、太陽と月であった。これは驚くべきことではない。この二つは圧倒的に人間世界に与える影響が大きいし、天空で目立つ（占星術では太陽も月も惑星とみなされる）。

月は、当初から三日月の形で表現されてきた。

一方、現代の占星術家を戸惑わすのは、太陽の記号だ。太陽は現在では漢字の象形文字のもとになったのと同じ☉であるが、４世紀ごろの図では、円にとんがり帽子のようなものをつけた記号であった。これは太陽の光線を表すらしいのだが、現代の占星術家なら、火星と取り違えてしまいそうだ。

また、初期のころには、木星や土星はそのギリシア名のイニシャルの文字を略号としていることもあった。

現在につながるような惑星記号がいつにさかのぼるかは、なかなか難しい問題なのであるが、2世紀の、いわゆるビアンキニの天体図に起源を求める説もある。

これはグレコ＝ローマン時代の天体図であるが、ここには黄道星座などにまじって惑星の神々が描かれている。この惑星の神々の持ち物が、神々に対応する惑星の記号の原型とみなすことも可能なのだ。

水星はヘルメスの持つ魔法の杖カドケウス、土星はクロノスの持つ鎌、木星はゼウスの持つ錫杖（しゃくじょう）、火星はアレスの槍、金星はアフロディーテの持つネックレス、月は三日月の形の冠、といったわけである。

また、このなかで歴史的な変化をほとんど受けていないのは、火星だ。火星は４９７年のホロスコープにおいては、すでに今のような形をとっている。

こうしたルーツを経て、ルネサンスごろには、現行の惑星記号が固まっていった。

しかし、さらにここで惑星記号に深遠な意味を読み取ることも可能だと主張した人物がいる。そして、現在でも多くの占星術スクールではこのアイデアを採用している。その人物は、アラン・レオ。19世紀末から20世紀にかけてイギリスで活躍した、近代占星術の父と呼ばれる大占星術家である。

レオは、占星術専門誌を発行することで、占星術の普及に貢献し、現代占星術交流の礎を築いた。その一方で、レオはブラヴァツキーを祖とする神智学の熱心な学徒であり、秘教的伝統の継承者でもあった。レオの占星術教本全7巻の最終巻は、その名も『秘教的占星術（Esoteric Astrology）』（1913年刊）であったが、その第1章「占星術の象徴学」で、レオはこのようにいう。

「黄道の星座や惑星を描写するごくありきたりの記号は、実は、中世および現代の物質主義の時代において、その内奥の意味を秘密裏に保護するべく貢献してきたのであった」

レオは、惑星記号はオカルト的意味を内包する暗号だというのである。

そのシンボリズムについては、次回により詳しく解説してみたいと思うが、まず、ヒントとして、レオが注目するのは、惑星記号がより単純な三つの記号に分解できるということである。

レオはいう。

「惑星記号に関していえば、これらのシンボルは、円、半円、そして十字を単独でか、あるいはその組み合わせによって構築されている」

円はスピリット、半円は魂、十字は肉体ないし物質を表すというのである。

レオのこの発想の背景にあったのは、おそらく、16世紀のエリザベス朝の偉大な魔術師ジョン・ディー博士の神聖文字モナドであろう。ディー博士は「モナド」と呼ぶ錬金術的記号を構築し、その解読を冊子で行っているが、その図形も円、半円、十字で構成されている。だが、これは占星術の記号ではない。

この記号を使って伝統的な占星術の記号を解釈し、さらには、近代に発見された天体に対しての記号の意味も生まれていくのは、近代占星術の大きな発明であり、貢献であるといってもいいだろう。

惑星記号を秘教的暗号として読み替えることで、さらに占星術のシンボリズムは深みを増した。次回は一つひとつの惑星の記号を検討していこう。

＊

【付記】

このコラムを執筆した時点では、惑星記号を円、半円、十字に分解し秘教的に解釈するというアイデアを出したのはアラン・レオだと考えていたが、それに先行する資料を発見した。

神智学雑誌『ルシファー』1892年のW・R・オールド（占星術家としてはセファリエルの名前で知られる）による「獣帯の象徴学」という記事である。オールドはレオを神智学協会につなげた人物であり、神智学の創始者ブラヴァツキーとも近しい関係にあった。該当する部分を訳出すると以下の通り。

「これは都（エルサレム）の四つの壁と、西洋と東洋のオカルティズムが支配するとされた力に対応する。その四つの世界のなかに存在する、霊、魂、物質、あるいは積極、消極、その帰結、原理と原因と結果などで表される三つの状態があることを見て取ることもできよう。これらの三つの側面は、円、三日月、十字の三つの記号で象徴される。これらの記号がさまざまな組み合わせで惑星の象徴を形成している。この組み合わせによって人類の進化と関係を持つ、ある錬金術的プロセスも示されている。上に述べてきた記号をすべて備えているのは水星の象徴だが、すべての錬金術作業において基礎原理となるのは、水銀［水星は水銀を象徴する］であり、この事実はオカルティズムの多くの学徒によって重視されている。」

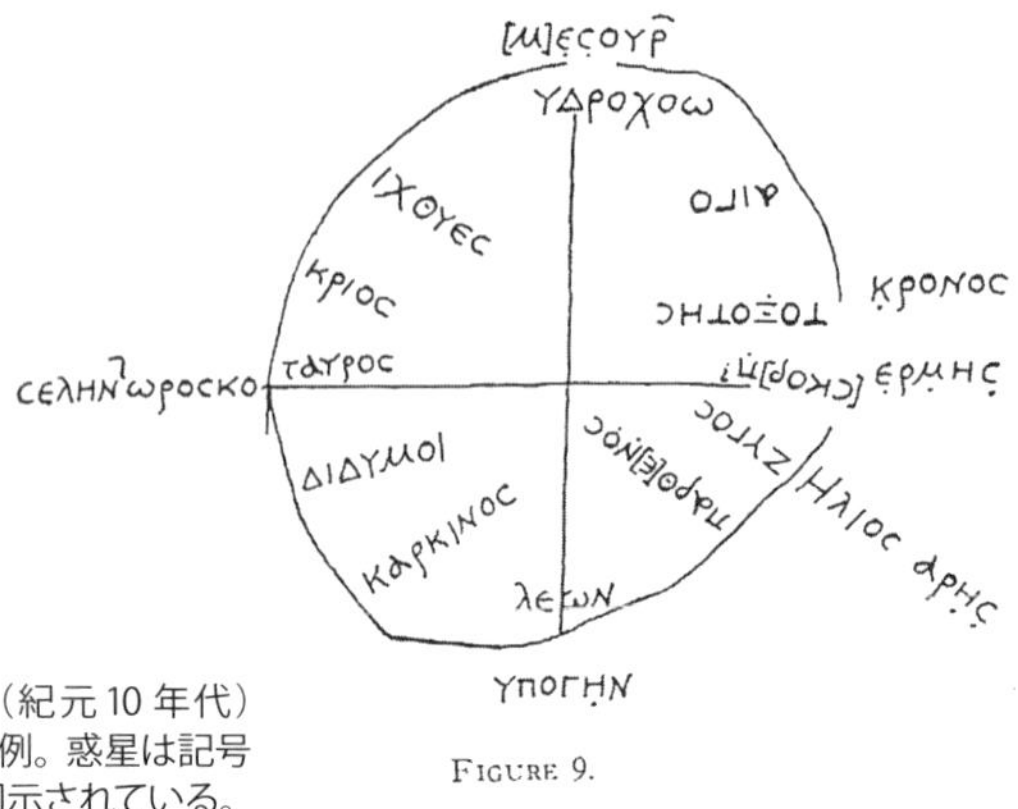

FIGURE 9.

初期のギリシア（紀元10年代）のホロスコープの例。惑星は記号ではなく単語で図示されている。

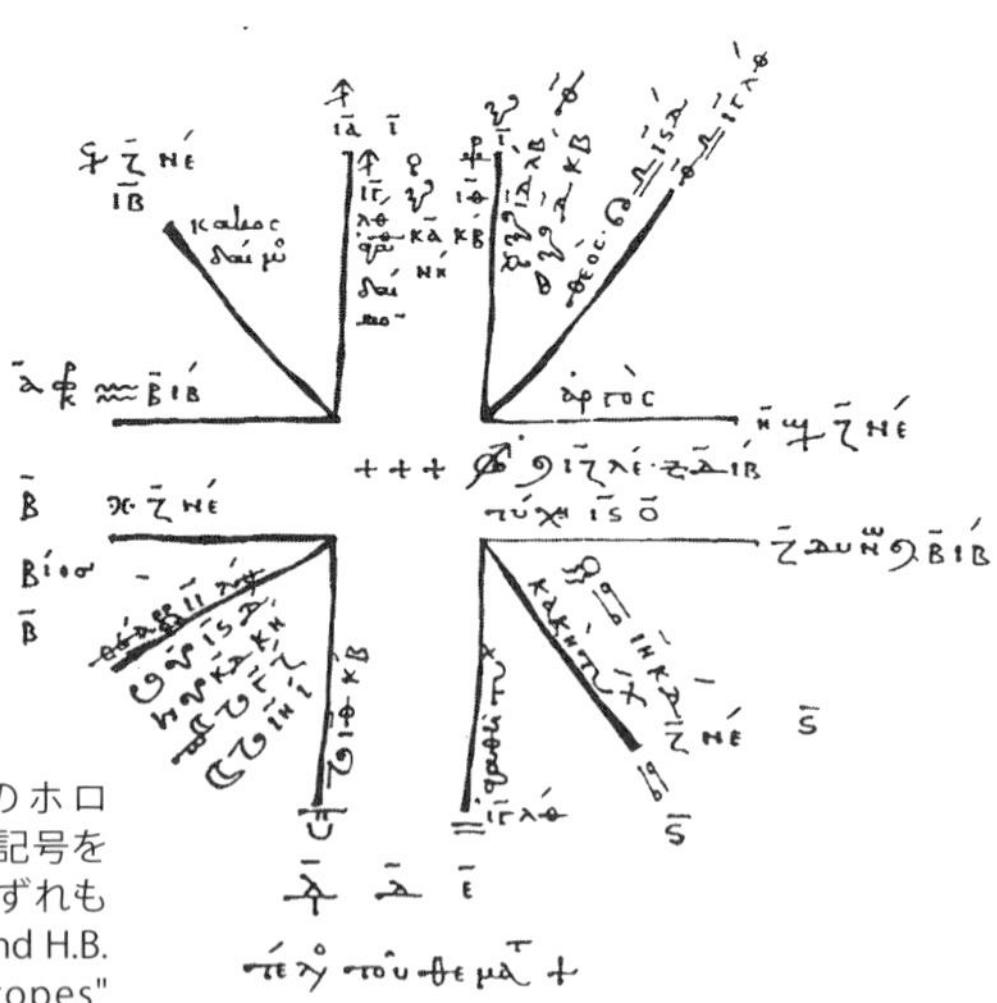

FIGURE 20.

紀元497年10月28日のホロスコープ。星座や惑星の記号を認めることができる。いずれも出典はO.Neugebauer and H.B. Hoesen "Greek Horoscopes"（The American Philosophical Society 1987）より。

第56話

惑星記号の秘教的意味

～後編～

神秘的な印象を与える占星術の惑星記号。前回は、その歴史的な変遷をご紹介してきた。ギリシア時代に惑星記号の原型は出来上がり、現行のものはルネサンスごろには使われるようになってきた。そこで、16世紀や17世紀のホロスコープを見ても、現代の占星術家は何ら戸惑うことなく、どの記号がどの天体を示しているのかを理解することができるのである。

だが、それにしても、惑星記号はミステリアスである。単なる恣意(しい)的な記号ではなく、そこに神秘的な意味が込められた象形文字である、というふうに考えたくなるのも無理はない。

そして、実際に多くの占星術スクールや教科書では、惑星記号の意味を解説しているところも多いのである。

この象形文字としての惑星記号の解釈を作り上げ、広く流布(るふ)させたのは、19世紀末から20世紀初頭に英国で活躍した、近代占星術の父、アラン・レオである。

アラン・レオは現代に占星術を復興、普及させた立役者である。占星術の専門雑誌を創刊し、今でいう星座占い（太陽星座占い）を作り上げたのもレオである。また現在の英国占星術協会をはじめ、英国の主要な占星術団体の母体である占星術ロッジを創設した。

全7巻に及ぶレオの占星術の教科書は、一昔前までは、すべての占星術家がことあるごとに開くべきバイブルとされていたのである。

だが、レオは単なる占い師ではなかった。レオは熱心な神智学者であり、秘教の伝統の継承者を自認していたのである。占星術には魂の秘密を解き明かす鍵があるとレオは信じていた。そこで惑星記号にも、神智学が説く魂と宇宙の関係が隠されていると考えたのである。

レオは、その著書『秘教占星術（Esoteric Astrology）』でこのようにいう。

「人類は物質主義に侵された暗黒時代をようやく脱しようとしているが、その暗い時代において12宮や惑星の記号はその内的な意味を保存する役目を果たしてきたのである」

レオによれば、惑星記号は円、半円、そして十字の組み合わせで構成されている。

太陽は円に中心点を与えたものである。円は、無限なる一者を象徴しているが、そこに点が与えられたときに、初めてそれは「存在」となる。円は霊（スピリット）を象徴しているが、円に点が加えられた太陽のシンボルは、無限の生命原理が現実として顕現してくることの象徴であり、宇宙の太陽のロゴスの乗り物としての、太陽を表すものとなっているというのだ。そこで⊙は「統一体、生命、ないし意識、スピリット」を表すことになる。

一方で月の記号は☽で、円を線によって二つに分けたものである。これは「抽象的なスピリットが霊―物質という二つの極に分化したということ」であるが、それを媒介している存在があることを示す。これはレオによれば「魂(ソウル)」であり「二元性、形成の原理、個人的な自己」を表すのである。

さらに十字は円を2本の線で割ったときに生まれてくるものである。占星術では円のなかに十字のある記号は地球を象徴するが、その円を省いて十字だけになったものが、物質を表すというわけである。これは「物質的自己、肉体」を表すことになる。

ほかの惑星の記号は、この三つの要素の組み合わせでできている。

金星♀は、十字の上に円が乗っている。すなわち、「物質から上昇している霊的な自己、個人性」を表すものであるという。金星が愛の象徴であることとその意味はよく合致する。

一方で、火星♂は、円の上に十字が乗っている形が変化したものだと解釈されている。つまり「物質が霊を支配している。物質的活動を通じて働く霊」というわけであり、行動力の源泉である火星の意味がここから引き出される。

木星は♃と描かれるが、これは魂を表す半円と物質を表す十字の結びつきだ。つまり「物質を超えて広がるが、しかし、物質形態をとどめている魂」を意味するという。木星の持つ高い精神性、高い理想などを表しているといえよう。

さらに土星♄。この土星も半円と十字の組み合わせだが、半円が十字の下になっている。「物質性によって制限された、具体性を持つ魂」であり、土星の持つ具象性や現実性が示されている。

水星は☿十字、円、半円がすべて含まれたシンボルである。十字は「アストラル意識、欲望体」、中央の円は「メンタル意識」、そして上部の半円は、「さらに高次の世界からの光を受け止める受容体」であり、ヘルメスの魔法の杖であるとされているのである。

さらに、レオの時代にはまだ冥王星は発見されていなかったが、天王星と海王星は発見され、占星術でも用いられていた。レオによれば天王星♅は個人化された自己意識を、海王星♆は個人的自己意識を象徴する記号だということになっている。

このような記号の解釈は、古くはエリザベス朝の魔術師ジョン・ディー博士のモナド論に見ることができるが、これはとくに占星術のみのものではなかった。レオのイマジネーションは、このようにして、惑星記号のなかに深遠な意味を見出していったのである。

レオにとって、惑星は単に人間の吉凶を決めるだけの存在ではなく、それぞれが一者からの光を色分けし、人間に伝える霊的な存在であった。

だからこそ、その記号のなかにも神秘的な意味が込められていると信じたのである。このとき、占星術は単なる占いから深い思想へと変容を遂げていったことになる。

惑星記号の秘教的解釈のルーツになったと考えられるルネサンスの思想家、魔術師ジョン・ディーによる、『神聖文字モナド』扉。

第57話

ウィリアム・リリーのオカルト占星術

現在、占星術に一番求められているのは何だろうか。

まずは、性格判断。あなたはこんなタイプの人で、こんな可能性があります、というような占星術。

次に恋愛や結婚といった相性の関係だろう。ネットでの有料占いで密かに一番人気なのは、実は不倫関係についてのものだ、という話も業界裏話として耳にした。

もちろん、いつの時代も人の悩みは共通するものだから、こうしたテーマも昔から占われてきた。だが、以前には占星術はもっと別の目的にも用いられていたのである。

古代社会においては、占星術はもっぱら王侯貴族のためのものであり、政治的な判断をするために用いられてきたし、占星術が庶民のものになってきた17世紀には、盗まれたものが戻ってくるかどうかとか、病気の治療法といったことなどが占われることが多かった。

そして、なかには現代の占いではちょっと考えられないようなオカルト的事項も、占星術で占われていたのである。

今回は、現代人の目から見ると、とてもユニークに思える実例をご紹介しよう。

これは、17世紀ロンドンの大占星術師、ウィリアム・リリーの古典『クリスチャン・アストロロジー』からのケースである。

この本は、相談者が質問を占星術家に寄せた瞬間のホロスコープによって、その問いに答えるという「ホラリー占星術」によるものだ。

まず、一つ。質問は、「魔女の呪いにかかっているかどうか」というもの。

17世紀にという科学革命を経た時代にあってもなお、魔女の存在が一般に信じられていた。その魔女の呪いが災いの原因かどうか、ということをホロスコープが明らかにするというのだから、面白い。そして、リリーは実際に魔女の呪いかどうかを判断しているのだ。

相談はこうだ。ある人物が医者にかかって薬を処方してもらっても病は悪くなるばかり。これは魔女の呪いによるものではないか……。

リリーはその相談の瞬間のホロスコープを立てる。そのチャートを337ページに掲載しておく。

「魔女」や「呪い」を暗示するのは、ホロスコープの「秘密のハウス」と呼ばれる12ハウスの支配星である。この場合は12ハウスには牡羊座があり、火星が呪いを表示する。

一方、相談者は「本人」を象徴する1ハウスの支配星、ないし、月である。伝統的な占星術のルールにおいては、呪いの表示星が本人の星を損なっていると、呪いがかかっている疑いが濃厚だということになる。

幸い、このチャートではその条件には当てはまらない。そこで呪いの強い表示はないということになる。

が、月は凶意の強い6ハウスにあり、魔女の12ハウスに入った凶星・土星に180度をとりつつある。これは伝統的なルールでは魔女の呪いが存在することを示すものではある。

しかし、とリリーはいう。6ハウスは健康のハウスであり、質問が「医者が治療しても病気が悪化する一方である」というものであったことを思い出そう。本人を示す水星は木星などとよい角度をとっていることもあり、これは呪いではない。

月は病気の6ハウスにあって性的な蠍座であり、土星は女性を象徴する金星が支配する牡牛座にあるので、おそらくこれは性病ではないかと判断できる。

そこで、リリーは魔女の呪いではない、むしろ医師に別な薬を処方させるようにアドバイスをしたという。すると、3週間も経つうちに、この症状はすっかり治まってしまったというのである。

このような判断は、決して例外的なものではなく、リリーは50に及ぶ魔女関連の占星術判断をしているという。

この場合には、幸いにも魔女の呪いではないという判断がなされたが、万一、魔女の呪いがあると判断されたらどうするのだろうか。

それに対しても、リリーは処方を用意している。

それによると、「魔女」が住む家のタイルを1枚、火にかけて熱し、そこに呪いにかかった人の尿をかける。さらに、そのタイルを火に戻して、タイルが「非常に熱く」なるまで熱することで、呪いを解くことができるというのだ。

さらに、このようなオカルト的な質問のなかでも、極めつけは「賢者の石が発見できるかどうか」というものであった。

賢者の石とは、もちろん、卑金属を黄金に変容することができる万能薬のことだ。

リリーは、この質問に対して、そのような物質を作ることは可能であろうが、それができるのは神に祝福されたものだけである、という。このような錬金術は「高度な学問」を象徴する9ハウスが示し、その支配星の火星は、本人を示す水星と90度の凶角、そして凶星である土星と合となっている。

水星は逆行から順行に戻るところであり、これは相談者がすでにかなりの間、錬金術実験に取り組んでいたであろうことを示すが、失敗していることを示している。

そしてこの水星は、健康問題を表す6ハウスの支配星である土星と合、災いを示す12ハウスの火星からも損なわれている。

リリーは、このような無謀な実験から手を引いたほうがよい、とする。

リリーが占星術から魔術的な要素をはく奪した、という説を読んだことがあるが、このような例を見てもわかるように（呪い返しの魔術の方法までが含まれているのだから）リリーは魔術の伝統の上に立っていた。

が、同時にリリーは極めて常識的、かつ現実的な判断をしていた。リリーは、まさに魔術が残る時代のなかで、理性で生きようとしていたのである。

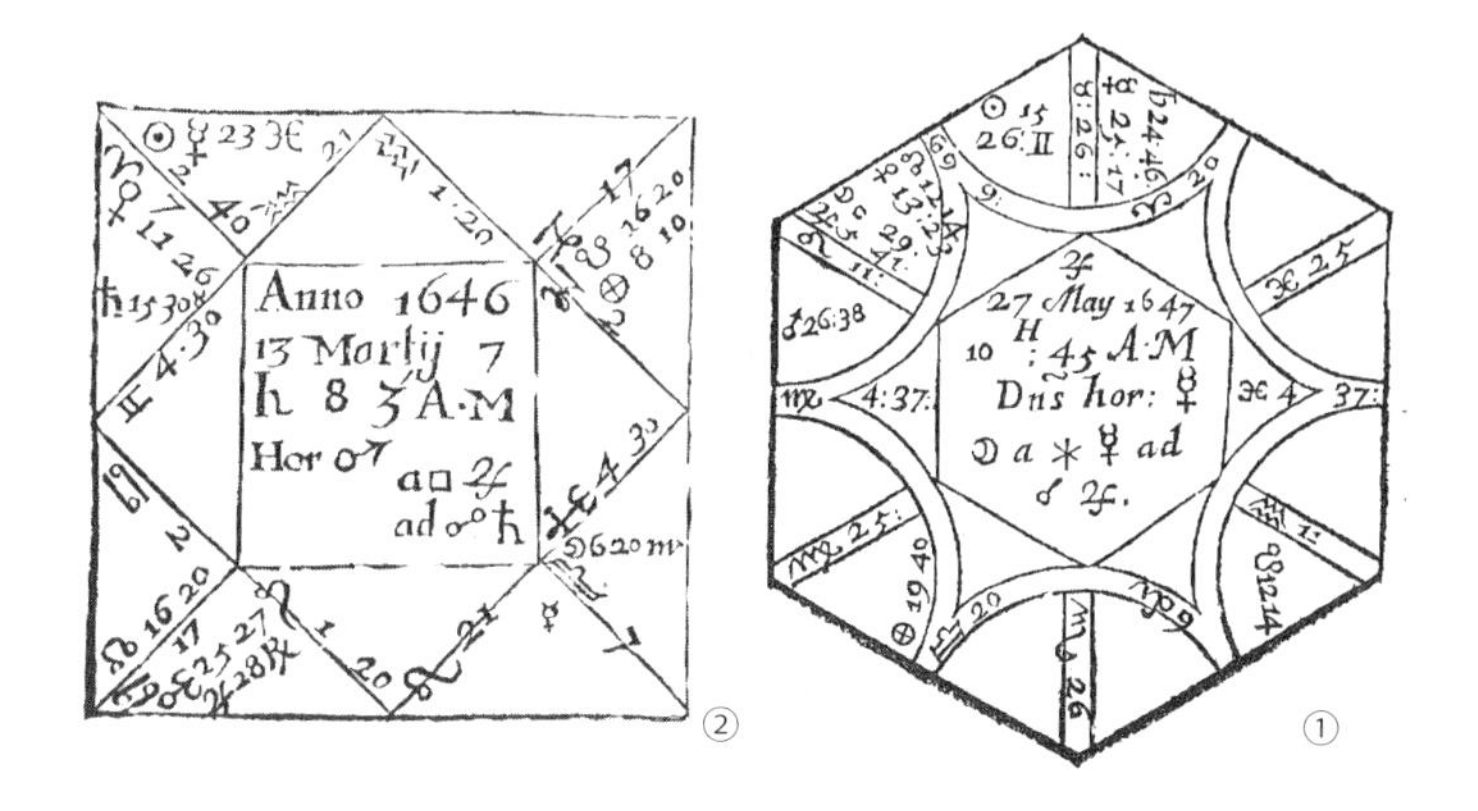

ウィリアム・リリーの『クリスチャン・アストロロジー』より。
①「賢者の石は手に入るか」
②「魔女の呪いか？」の問いに対するホラリー占星術のチャート

第58話

サビアン・シンボルの系譜

「サビアン・シンボル」という言葉をご存じだろうか。

これはアメリカや日本でとくに人気のある占星術の技法だ。ホロスコープは各30度からなる星座が12個、つまり合計で360度から構成されている。その1度1度に、それぞれ、象徴的なフレーズが与えられており、そのシンボルを解釈することで星の意味を読み取っていこうとするものだ。これはアメリカの占星術家マーク・エドモンド・ジョーンズとディーン・ルディアによって考案、普及したもの。

1925年、ジョーンズが霊能者エリス・ウィラーに、黄道の1度1度を「霊視」させて得たシンボルで、いかにも意味ありげなものが並んでいる。

たとえば、僕の出生時の太陽の度数のシンボルを見てみよう。

魚座12度が僕の太陽の度数だが、これはルディアの『アストロジカル・マンダラ』によると、

「オカルト結社の聖域において、新しくイニシエートされた団員が検討され、その性質が試される」という象徴が与えられた度数だということになっていて、オカルトや占星術にコミットした人生を送っている僕の運命によくフィットしているように見える。

複雑な解釈のテクニックを必要とせず、また360個という詳細なシンボルを内包することで、サビアンは普及した。とくに日本では松村潔氏が大きくこの技法を広めたこともあって、知る人も多いだろう。

だが、このような度数のシンボルは、いわゆる「サビアン」が唯一のものではないということはあまり知られていないようだ。

そもそも、ジョーンズが360度の占星術シンボルを着想するきっかけになったのは、英国の占星術にある。1893年の占星術雑誌「モダン・アストロロジー」に、チャルベルという筆名のウェールズ人占星術家、神智学者が、やはり霊視に基づく度数シンボルを発表しているのである。ジョーンズは、そのシンボルにかなり啓発されたものの、より時代にマッチしたものを作ろうとして、いわゆる「サビアン」を作り上げたのだ。

ちなみに、そのチャルベルのシンボル体系では、僕の太陽度数は「光の円環たちを内包する大きな円盤。なかには光の円環が渦巻き状になっていて、そのすべてが回転しているのが見える」ものになっている。解釈が難しいものではあるが、チャルベル自身の注釈では、この生まれの人はほかの人たちと同じようなことをなそうとするが、それは叶わず、光の渦巻きのように、高みを目指すしかない、となっている。

まあ、これが当たっているかどうかはわからないが、興味深いシンボルであることは間違いない。

しかし、これが度数シンボルの最初ではない。

ホロスコープの度数にシンボルを与えようとする試みは、遥（はる）か過去にさかのぼるのだ。

たとえば、4世紀の占星術書『マテーシス』（フィルミカス著）には、現代の占星術家の度肝を抜くような発想が示されている。アスクレピオスの名を冠した古代の文献によると、何と、1度をさらに60分に分割し、その1分1分に意味を与えていこうというのである。つまりは2万1600パターンの解釈が浮かび上がることになる。もっとも、実際の内容はこの書には書かれていないし、もともとの書も失われて存在しないので、実際にこのような技法が使われていたかどうかは定かではないのだが……。

現存するなかで占星術史上、もっとも興味深い度数シンボルは、13世紀のピエトロ・ダバノが考案し、15世紀にヨハン・エンゲルが絵入りの図版とともにアウグスブルグで出版したものである。

当時の伝統にならい、正方形に表示されたホロスコープがあって、その中央に各度数のシンボルが図示されるという、実に印象的な書物となっている。

このシンボルは、１６５５年に英国を代表する占星術家ウィリアム・リリーの序文を付したかたちで英訳、出版されている。

それを参照すると、僕の太陽度数は「後ろを振り返る男」となっていて、「臆病な人間」だということになる。

このシンボルは、その後も使われていたようで、手元にある１７２６年版のサミュエル・ペンスリー著"A New Guide to Astrology"という本には、先のエンゲルのシンボルを若干、改変したようなものが掲載されている。

それによると「荒々しい顔つきをした若い男が後ろを振り返っている」というもので、ペンスリーによると、「臆病で邪悪な人格」だという解釈が与えられている。

僕としては、臆病はともかく、邪悪といわれてしまっては、あまりよい気持ちはしないのであるが……。

さらに、占星術文献を見渡すと、英国の占星術家セファリエルが、あるイタリア人によるラ・ヴァラスフェラという本から訳出したというシンボルや、20世紀に入ってからもイシドール・コズミンスキー、E・C・マシューズらによるものが目に入ってくる。近代占星術の父と称されるアラン・レオも、象徴的なフレーズではないものの、１度１度の性格の描写を有名な占星術の教科書『万人のための占星術』に残している。

つまりは、ジョーンズとルディアの「サビアン」だけが、度数シンボルの専売特許ではない、ということになる。

こうした度数シンボルの世界は、まだまだ研究されるのを待っている。

日本では、サビアン・シンボルは、本国アメリカをしのいで占星術家の間で普及しているように見受けられるのだが、そろそろ、このようなサビアン以外の度数シンボルの体系に、目を向ける占星術家が現れてもいいころではないだろうか。

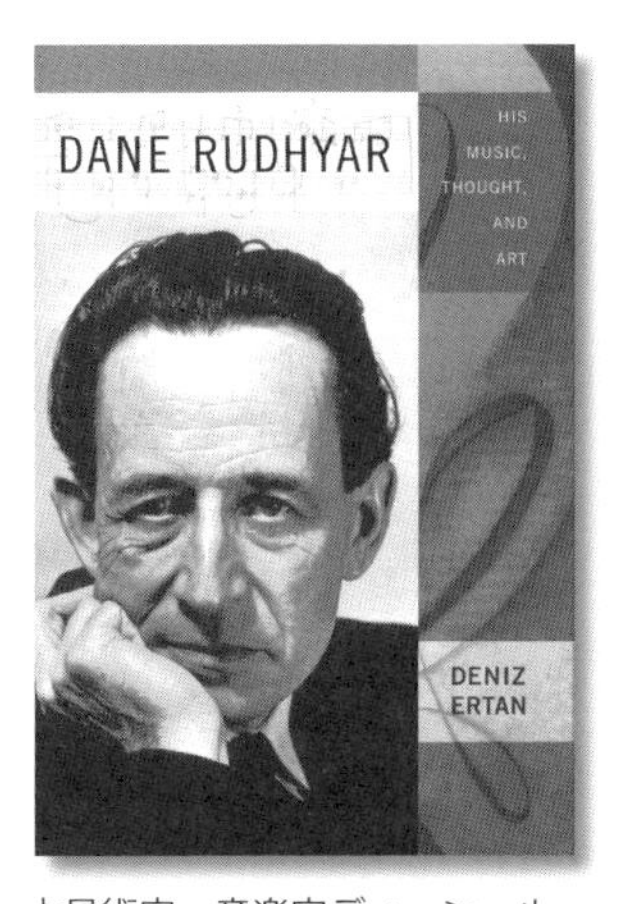

占星術家、音楽家ディーン・ルディアの伝記。心理学的占星術のパイオニアであり、かつサビアン・シンボルを普及させた。

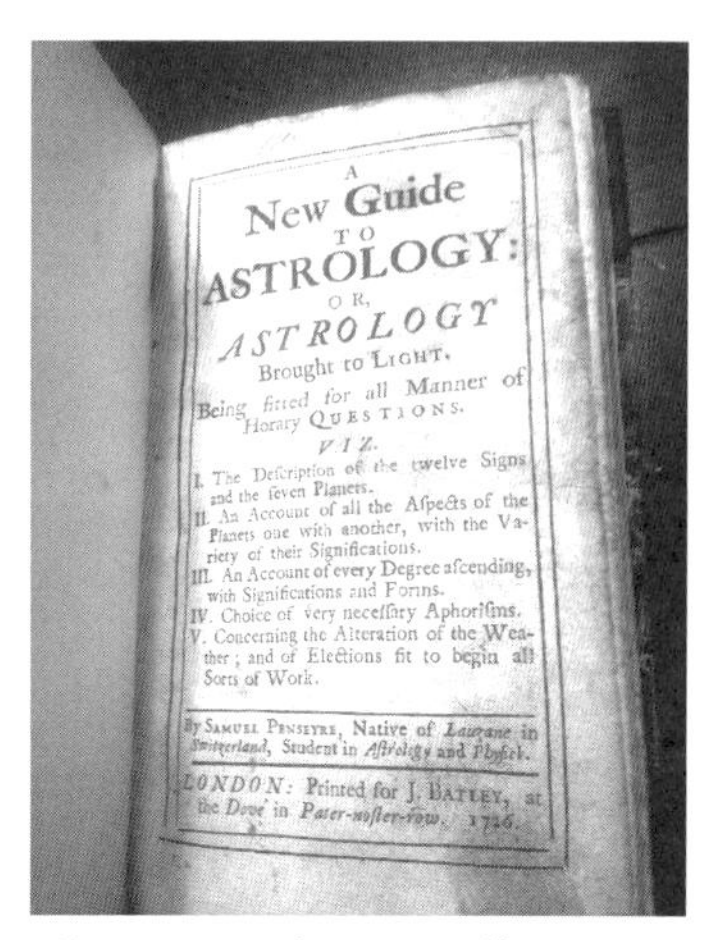

A
New Guide
TO
ASTROLOGY:
OR,
ASTROLOGY
Brought to LIGHT.
Being fitted for all Manner of Horary QUESTIONS.
VIZ.
I. The Defcription of the twelve Signs and the feven Planets.
II. An Account of all the Afpects of the Planets one with another, with the Variety of their Significations.
III. An Account of every Degree afcending, with Significations and Forms.
IV. Choice of very neceffary Aphorifms.
V. Concerning the Alteration of the Weather; and of Elections fit to begin all Sorts of Work.

By SAMUEL PENSEYRE, Native of Laufane in Switzerland, Student in Aftrology and Phyfick.

LONDON: Printed for J. BATLEY, at the Dove in Pater-nofter-row. 1726.

サミュエル ペンスリー著“A New Guide to Astrology”（1736 年）より。著者所蔵。

ヨハン・エンゲルによる度数シンボル。

第59話

エヴァンジェリン・アダムス

近代占星術の復興の地といえば英国である。19世紀末から一時低迷していた西洋占星術は、まるで不死鳥のように復興した。

しかし、かつての大英帝国の威光は陰りを見せ、代わって新大陸アメリカが世界の主導権を握っていったのはご存じの通りである。

当然、現在では占星術の大きな市場はアメリカに移っている。世界最大の占星術市場といえば、やはりアメリカだろう。

アメリカには米国占星術家連盟やナショナル・ジオコスミック・リサーチ（ＮＣＧＲ）など大きな占星術団体が存在し、数年に一度、千名規模での占星術大会（ＵＡＣ：United Astrology Congress/Conference）なども開催されている。

そんなアメリカ合衆国の占星術家のなかで、史上もっとも有名な人物いえば、女性占星術家エヴァンジェリン・アダムス（1868年～1932年）だといえるだろう。

アダムス自身は、第6代合衆国大統領クインシー・アダムズの末裔を自称しているが、これは贔屓目に見ても誇張である。

ボストン郊外で育ったアダムスは、若いころに当時よく知られていた占星術家たちから術を学んだ。その一人は、伝説的な手相占い師キローもいたようだ。アダムスは、キローから手相を学んでいるが、その返礼として、逆に占星術をこの大手相家に教えたとも伝えられている。

アダムスは、数々の伝説を残しているが、彼女を一夜にして占星術世界のスターダムに乗せたのは、ある予言であった。

彼女は1899年にボストンを離れ、3月に華のニューヨークへと出てゆくことにした。彼女のホロスコープが、生涯でも一度あるかないかの幸運の兆しを示していたからだ。

最初、フィフス・アヴェニュー・ホテルに居を構えようとしたアダムスだが、そのホテルの支配人は、客としては彼女を歓迎するが、ホテル内で占星術を開業するのは許可できないという。

アダムスは、支配人を説得するのを諦め、今度はウインザー・ホテルの扉を叩く。そのホテルの支配人は、快くアダムスを迎え、ホテル内で開業することを認めた。支配人自身も占星術に関心を持っていたようで、その日にアダムスにホロスコープを読んでもらえないかと持ちかけている。

アダムスは、荷を解くと天文暦とハウス表をスーツケースから取り出し、さっそく、支配人のホロスコープを作成した。

と、みるみるアダムスの表情が曇る。

ホロスコープは、その翌日に支配人に大きな災厄が迫っていることを示していたのだ。

警告を発するアダムスを、支配人は一蹴した。

「いやいや、明日は株式市場は休みですよ、マダム。ということは明日はうちのホテルの株は下落しませんから、大丈夫ですよ」

納得できなかったアダムスは、過去のホロスコープを逆算し、似たような星の配置のときを探し出した。そして、そのときに何が起こったかを支配人に尋ねたのである。すると、そのときにはホテルでボヤが起こっていることがわかった。

これには支配人も驚いたようで、さっそく、知人を占星術の客としてアダムスに紹介している。

悲劇はその翌日に起こった。ホテルの上層階から火事が起こり、1日にしてそのホテルは灰塵に帰したのであった。

幸い、アダムスは2階に居を構えていたので早く避難することができた。支配人はホテルも、またかけがえのない家族も失ってしまい、ほどなくして悲嘆のなかで本人も命を落としてしまうのである。

アダムスの伝記によれば、支配人が新聞社にアダムスの予言を伝え、その名声は一夜にして全米に轟くことになったという。その後、アダムスは名高いカーネギーホールの一角で開業するまでになる（しかし、これは占い師によくありがちなセルフプロモーションの一つであり、実際には、新聞に売り込んだのはアダムス本人だったことがわかっている）。

また、以前にもご紹介したようにアダムスは、占星術を詐欺とみなす裁判官を相手に、その腕を法廷で披露、占星術が真性の科学であると認めさせたエピソードを持っている。このときから占星術は違法ではなくなったのである。

英国の占星術家セファリエルは、このホテル支配人のホロスコープを挙げている。ホロスコープでは、凶星の火星と土星が天頂で合、海王星もゆるく巻き込んでいる。土星は凶意の強い恒星であるカストラと合。

この火災のとき、進行した水星と金星は合となり、この敏感な天頂ときっかり１８０度となり、また、トランジットの月は天王星と１８０度となる（デイビッド・オヴェイソン氏による計算）。

だが、この配置だけでは、なかなか火災による不幸を示すものだと読みにくい。

考えられることとしては、水星が本人の象徴星（アセンダントのルーラー）であり、一方で金星は災厄を示す12ハウスのルーラーである、ということが挙げられる。

本人と災厄の接近が、自分の足元で（天底）で起こる、ということなのである。

しかし、これは推測にすぎず、アダムスがどのような技法によってこの火災を予知したのかというのは、まだまだ検証の余地はあるだろう。

※　アダムスの伝記としては、Karen Christine "Foreseeing the Future : Evangeline Adams and Astrology"（One Reed Pubns, 2002）を参照。

エヴァンジェリン・アダムス
の自伝。著者所蔵。

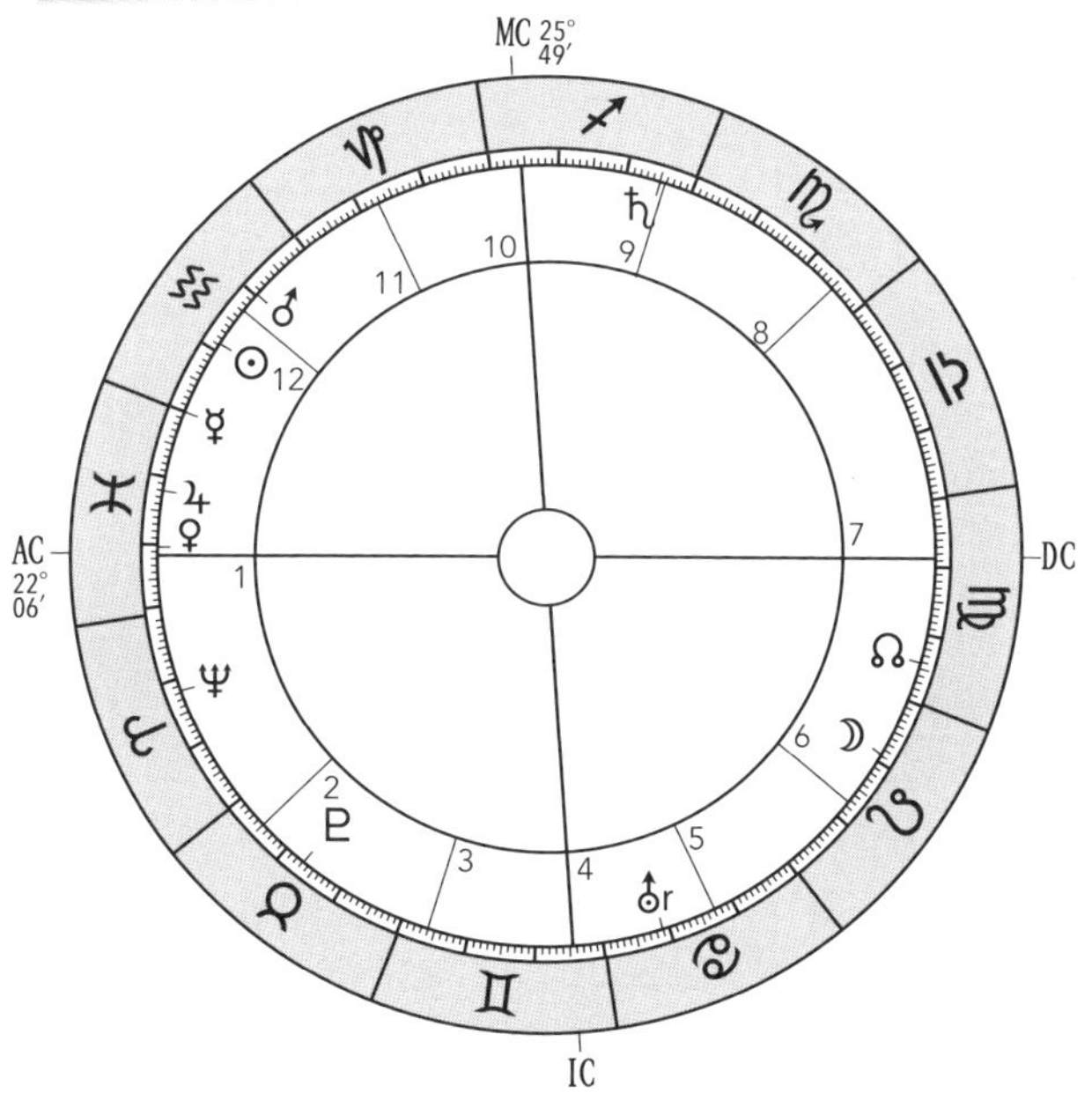

アダムスのホロスコープ。

第60話

ハーバルアストロロジー

風邪が流行する季節となると、みなさん常備薬を何種類かそろえることだろう。もちろん、拙宅にも整腸剤や解熱剤などが何種類か置いてある。

さらに、僕の場合にはその棚には「薬」ではないが、ハーブから抽出された精油も何種類か置いてある。そう、いわゆるアロマセラピーのオイルである。

日本では、薬事法の関係でこうした精油は「薬」として扱うことはできないが、英国ではメディカルハーバリストという公的な資格も存在し、ハーブを薬として処方することもできる。

実際、たとえばユーカリやティーツリーなどの精油には強力な殺菌効果があることがわかっており、僕も風邪予防に利用している。あくまで「個人の感想」としかいいようがないのではあるが、先日、手足口病という夏風邪にかかり、手足に発疹（ほっしん）ができたときも、ラベンダーの精油を使ったところ、治りが早かったように感じた。植物の力は偉大なのだ。

そんなアロマセラピーやハーブ療法であるが、背景には占星術があることはご存じだろうか。今でこそ、植物に含まれる有効成分が化学的に分析されるようになっているが、近代科学の誕生以前には、化学とは別の説明体系が用いられていた。そして、その説明体系こそ、占星術だったのだ。

たとえば、体を温める効果があるショウガ（ジンジャー）を考えてみよう。今でこそジンゲロールという化学成分が体を温める効果があることが判明しているが、昔の人にとってはそれは大きな謎であっただろう。

考えてみればショウガ自体は熱くはない。にもかかわらずお茶にして摂取すると、体がほかほかしてくる。これは、ショウガのなかに熱の要素が隠されていると考えられた。そして、その「隠された」という意味の言葉こそ、ラテン語で「オカルト」と呼ばれたのである。では、ショウガのその隠された熱はどこからくるのか。それは火の力を持つ火星に由来する、というふうに考えられたのだった。

こうした占星術とハーブ学は、17世紀までは一体のものであった。その大成者は何といってもロンドンで活躍した占星術家にしてハーバリストのニコラス・カルペパーだろう。

カルペパーの最大の業績は、それまでラテン語で書かれることが通例であった医術や処方を一般の人にも読める英語で書いたことだろう。いわば、知識人たちの専有物であった知恵を広く開放したのだ。

カルペパーの著作は多いが、なかでも重要なのは、現在は『カルペパーの薬草大全』として知られる書物である。1652年にこの書は『英国の薬（English Physitian）』というタイトルで出版されたが、以来、さまざまな版で出版され続け、300年以上、一度も絶版になったことがないというからすごい。

この本は、英国で知られていたさまざまな植物をアルファベット順に整理し、その姿、見つけられる場所、時期などを事細かに記したものであり、その効能や使い方が平易に記述されている。

そして、それぞれの植物に対応する惑星がどれかを示している。

たとえば、ローズマリーやカモミールは太陽、レタスは月、ラベンダーは水星、バラは金星、といった具合である。なぜ、そのような惑星が重要なのか。

カルペパーによる、この書の序文を見てみよう。そこにはこのように書かれている。

「多くの対立物によって構成されたこの世界（神の創造物）はひとつの統一的な身体であり、また人間がその縮図であることを知っている。人間のうちのさまざまな影響——健康や病気——はこの小さな宇宙のなかのさまざまな作用によるものである。原因を知ることは治療法を知ることであるだろう。したがって、ハーブの作用を知ろうとするものは、占星術を使って星の高みも同時に見なければならないのである。私は病がしばしば星の動きで起こることを見てきた」

つまるところ、惑星が病気を引き起こしているのだから（「天体因」とも呼ばれる）その惑星に働きかけるハーブを使うことが有効だと考えたのだ。

カルペパーの序文をさらに見ていこう。具体的には以下のように指示されている。


〈1〉まずは病気を引き起こしている惑星を考慮せよ。

〈2〉その病が身体のどの部位を傷めているのか、肉か、血液か、骨か、内臓なのかなどを考慮せよ。

〈3〉その身体の部位を支配する惑星を考慮せよ。

〈4〉その病を引き起こす惑星に対抗する惑星のハーブで病に対抗せよ。たとえば木星の病には水星で、逆もしかり。太陽や月の病には土星で、また逆もしかり。火星の病には金星で、また逆もしかり。

〈5〉しばしば、その病はシンパシーで治療する。どの天体も自分の病を治療するのだ。太陽と月のハーブは目を。土星は脾臓を。木星は肝臓を。火星は胆のうと胆汁の病を。金星は生殖器を。

カルペパーは、患者自身の出生ホロスコープはもちろんのこと、デカンビチャーといって、患者から相談を受けた瞬間の星の配置図が、その病気の正体や治癒するか否か、予後なども示しているとして、さまざまなハーブを処方したのである。

それは、貧しく正規の医師にかかることができなかった人々にはどれだけ助けになったことであろうか。何しろ、こうしたハーブはそのあたりに自生しているのであるから。自然の恵みがそのまま薬になったのである。

そしてそれは現代人にも同じく癒しの効果を持つはずだ。

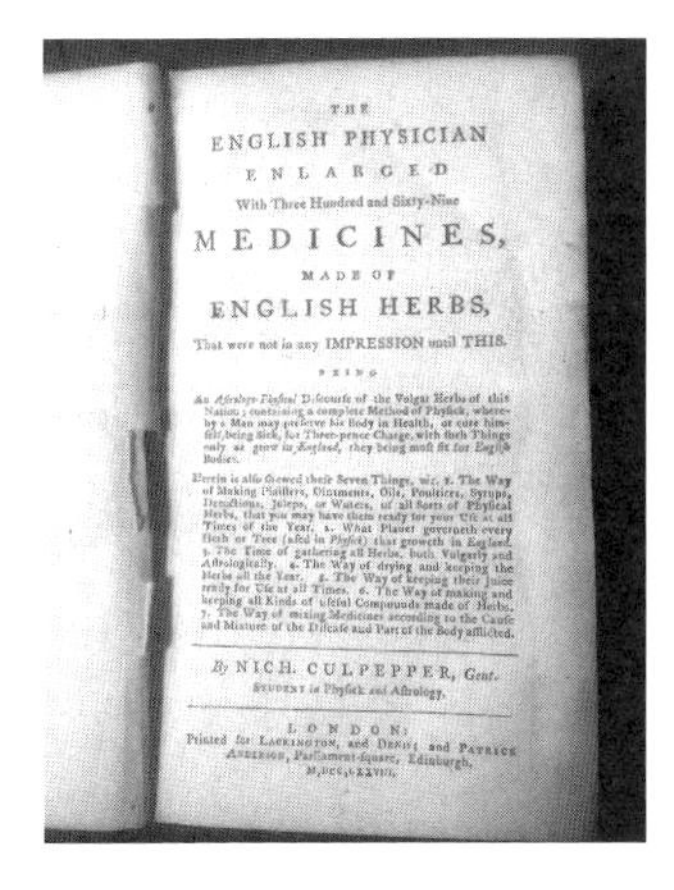

THE

ENGLISH PHYSICIAN

ENLARGED

With Three Hundred and Sixty-Nine

MEDICINES,

MADE OF

ENGLISH HERBS,

That were not in any IMPRESSION until THIS.

BEING

An Astrologo-Physical Discourse of the Vulgar Herbs of this Nation; containing a complete Method of Physick, whereby a Man may preserve his Body in Health, or cure himself, being Sick, for Three-pence Charge, with such Things only as grow in England, they being most fit for English Bodies.

Herein is also shewed these Seven Things, viz. 1. The Way of Making Plaisters, Ointments, Oils, Poultices, Syrups, Decoctions, Juleps, or Waters, of all Sorts of Physical Herbs, that you may have them ready for your Use at all Times of the Year. 2. What Planet governeth every Herb or Tree (used in Physick) that groweth in England. 3. The Time of gathering all Herbs, both Vulgarly and Astrologically. 4. The Way of drying and keeping the Herbs all the Year. 5. The Way of keeping their Juice ready for Use at all Times. 6. The Way of making and keeping all Kinds of useful Compounds made of Herbs. 7. The Way of mixing Medicines according to the Cause and Mixture of the Disease and Part of the Body afflicted.

By NICH. CULPEPPER, Gent.
STUDENT in Physick and Astrology.

LONDON:
Printed for LACKINGTON, and DENIS; and PATRICK ANDERSON, Parliament-square, Edinburgh.
M,DCC,LXXVIII.

ニコラス・カルペパー『薬草大全』（1778年版）。著者所蔵。

19世紀のオカルテイスト、エネベザー・シブリーによるカルペパー『薬草大全』への「付録」（著者所蔵）。17世紀のカルペパーの時代には知られていなかった南洋の植物、樹木などについてシブリーが解説、カルペパーの事典を補完しようとしている。これほどにカルペパーの本はよく知られていた。

おわりに

本書は雑誌『ムー』（学習研究社）に連載されていたエッセイ（「占星術秘話」と「占星術夜話」）をまとめたものです。

『ムー』といえば、超常現象を扱うエンターテインメント雑誌として長い歴史を持つ雑誌です。僕は大学生のころにこの雑誌の執筆にかかわるようになっていました。

今にして思えば、右も左もわからぬ若造をよくも起用していただけたなと感慨深いわけですが、そのうちに連載を持たせていただけるようになりました。

それがこの「占星術夜話」です。20代の終わりから30歳のころにかけて、そして似たタイトルでそれから12年ほど経ってから（！）3年ほど連載をさせていただきました。

一読してわかるように、占星術をめぐるさまざまなトピックを気楽なエッセイにしていったものです。

雑誌の連載エッセイがもとですし、時間的にもかなりの幅があるものですので、多少重複している内容があったり、順序も整理したほうがいいような気もしていたのですが、あえて連載時の順序をそのまま残しました。内容的にそもそも順序立てて読むような論理構成を持つものでもなく、むしろこのバラバラ感こそが、占星術というハイブリッドなアマルガムが持つ多様性にふさわしいという気もしたからです。

当初はエッセイの書籍化などは考えていなかったのですが、気がつけばかなりの量の原稿があることがわかり、お蔵入りさせておくのももったいないと考えて、たとえば電子書籍化できませんか、と説話社の高木利幸さんにご相談したところ、「いや、いっそきちんとした紙の本にしましょう」と望外のお返事をいただくことができ、今回の出版にこぎつけました。出版をとりまく状況が厳しさを増すなか、このような趣味性の高い本を出していただけるというのは本当に幸いなことだと深く感謝しています。

なお、本書と同様の占星術についての歴史エピソードの本としては、本書よりは少し硬いですが『占星綺想』（青土社）というものも出しております。

また占星術の全容や歴史については僕が翻訳にかかわった『占星術百科』（原書房）や『図説　世界占術大全』（原書房）、『世界史と西洋占星術』（柏書房）なども合わせて参照いただだけると幸いです。

本書出版をご快諾してくださった説話社のみなさん、また連載時から単行本化に至るまでご支援くださった学研『ムー』編集部のみなさん、英国の占星術家の諸先輩や仲間たち、そして何より本書を手にしてくださったあなたに感謝して。

4度目のジュピターリターンを迎えた年に

鏡リュウジ

著者紹介

鏡リュウジ（かがみ・りゅうじ）

翻訳家、心理西洋占星術研究家。1968年京都府生まれ。国際基督教大学大学院修了。英国占星術協会会員。著書に『あなたの星座と運命』、『鏡リュウジの占い大事典』、『ソウルフルタロット』、『鏡リュウジの占い入門1　鏡リュウジのタロット占い』、『鏡リュウジの占い入門2　鏡リュウジの12星座占い』、『鏡リュウジの占い入門3　鏡リュウジの魔女と魔法』（すべて説話社）、『はじめてのタロット』（集英社）など多数。

占星術夜話

発行日　2016年4月30日　初版発行

著　者　鏡リュウジ
発行者　酒井文人
発行所　株式会社説話社
〒169-8077 東京都新宿区西早稲田 1-1-6
電話／03-3204-8288（販売）03-3204-5185（編集）
振替口座／00160-8-69378
URL http://www.setsuwasha.com/

カバーイラスト　たなか鮎子
デザイン　染谷千秋
編集担当　高木利幸

印刷・製本　株式会社平河工業社

ISBN 978-4-906828-22-7　C 2011

本書は学研「ムー」で連載していた「占星術秘話」と「占星術夜話」に加筆修正を加えたものです。